新中国往事

XIN ZHONG GUO WANG SHI

策划、主编: 刘未鸣　张剑荆

文化记忆

中国文史出版社

图书在版编目（CIP）数据

文化记忆 / 刘未鸣，张剑荆主编 . -- 北京：中国
文史出版社，2019.6
（新中国往事）
ISBN 978-7-5205-1107-0

Ⅰ . ①文… Ⅱ . ①刘… ②张… Ⅲ . ①文化事业—文
化史—中国—现代 Ⅳ . ① G129

中国版本图书馆 CIP 数据核字（2019）第 095143 号

执行主编：詹红旗
责任编辑：刘　夏

出版发行：**中国文史出版社**

社　　址：北京市海淀区西八里庄 69 号院　　邮编：100142
电　　话：010—81136606　81136602　81136603（发行部）
传　　真：010—81136655
印　　装：北京朝阳印刷厂有限责任公司
经　　销：全国新华书店
开　　本：787×1092　1/16
印　　张：20.5
字　　数：274 千字
版　　次：2019 年 8 月北京第 1 版
印　　次：2019 年 8 月第 1 次印刷
定　　价：58.00 元

出版说明

　　1949年新中国成立，开辟了中国历史新纪元。70年，于历史长河只是一瞬，但这一瞬，却是"数风流人物还看今朝"的一瞬，却是"当惊世界殊"的一瞬，却是书写着中华民族从"站起来"到"富起来"到"强起来"、书写着中华民族伟大复兴壮丽诗篇的一瞬。也因此，这一瞬，注定永恒。

　　这套"新中国往事"丛书，主要通过亲历者口述形式，讲述新中国成立70年以来政治、经济、文化、科技、民生、基础设施、考古等领域一些标志性事件的决策、建设或发现的过程，旨在回顾新中国走过的曲折历程，反映70年的发展变化和巨大成就，展望中华民族伟大复兴的美好前景，而亲历、亲见、亲闻，以及较大的时间跨度、较广的内容涵盖，恰是这套丛书的价值所在。

　　本书在编辑出版过程中，借鉴使用了诸多公开出版的文史资料，在此，对相关文章作者致以诚挚敬意。与此同时，疏漏之处亦敬请读者批评指正。

中国文史出版社

2019年7月

文化记忆

目 录

我的老师齐白石

娄师白

齐白石先生是名扬中外的艺术大师，是民族绘画传统的杰出继承者，也是我国写意画的创新者。由于他一生辛勤劳动，富于创造精神，遗留下难以数计的优秀作品，表现了中华民族的伟大气魄，同时也极大地丰富了世界绘画的艺术宝库。

1934年，我拜齐白石先生为师，之后师徒一起生活了20余年。白石老师言传身教，他的为人、品德、创作和理论等许多方面都给我留下了永志难忘的印象。下面我就自己向白石老师学画的经历作一些回忆，希望青年朋友能从中看到齐白石先生严谨治学的精神，从而得到有益的启示。

齐白石先生的创作态度非常严肃认真，尤其画人物时，创作前一定要先起草稿，稿纸大都是利用旧包皮纸。一张草稿要改正多次，达到形象准确后才开始作画，而且在画的过程中，随画随改，以求尽美。每次老师画之后，叫我拿回家去照样临摹，画几张给他看，有时限定两天后就要临好。他将我的画和他的原作对照，指出哪些地方用笔对、用墨好，哪些地方不足。老师每画一幅新构图，总要反复地画两三遍，遇到他认为是得意之作，还要照样画五六张。他这样做，确实对我的学习大大有益。由于他画画的重复或改动，使我能全面了解他的创作过程，记

忆他的构图，加深对他用笔用墨的体会。老师教我画画，是毫无保留的。从用炭条开始，直到最后完成，都让我在旁边看着，为他抻纸。时间一长，我便成了他的上下手。因为有这样的条件，再加上我的时间充裕，就是考上辅仁大学后，每日的功课也不多，所以每天待在老师家里，有时直到晚上9点他要睡觉时，才让我走。

我向老师学画，也是尽心尽意的。记得那时，我不仅学他的画学得像，就是老师在画画时的姿态，构思时眉头嘴角的小动作，我都学得很像。齐老的子女良迟、良已、良怜，都比我小几岁，我就故意做给他们看。连老师训斥他们的话，我也学得神气十足，他们没有不笑的。齐老曾在我的画上题曰："娄君之子少怀之心手何以似我，乃我螟蛉（即义子）乎！"但是老师又谆谆告诫我说："画画小技，人拾者则易，创造者则难。拾得者半年可得皮毛，欲自立成家，至少辛苦半世。"

每当老师画完一幅画，就把它和相同的作品一起挂在墙上，仔细观看。在这样的场合，他总要向我发问："你看哪幅最好？"如果我和老师的看法一样，他就捻着胡子一笑。我们的看法不同时，他就给我分析讲解。例如，一次老师画荷花鸳鸯，两张画基本上是一样的构图，只是荷花的姿态略有不同，颜色深浅也稍有不同。我说深色的这张好。老师说："在你看来，那张画上的花颜色重些好；而我看，是这张浅色的好。它好在这朵荷花的姿态与这对鸳鸯有呼应。"老师的这种教导方法，在绘画的意境上，给我启发很大。

每次看到老师的新作，尤其是他得意的作品，我总要拿回家去临摹几张，请老师指教。老师不仅看我临摹的画面相似不相似，还说明他作画用笔用墨的意义，使我听了领会更深。隔一些时，老师还将我的画与他画的同样题材的画对照着看，再指出我的画有哪些不足之处。老师说："临摹是初步学习笔墨的办法，不能只是对临，还要能够背临，才能记得深，但不要以临摹为能事。"他还说过："古人说，行万里路，读万卷书，我看还要有万石稿才行。"我体会老师这番话的意思，是教我不但要到实际生活中去观察体验，多读书，提高文艺修养，还要把凡是看到的好画都尽可能地临下来，作为创作的参考素材。

在这里我又想到老师对收藏字画的看法。他曾对我说："有些收藏家只注意画的真伪，却不着重看画的好坏，我看你不要学他们。只要画画得好，莫管它真假都可以买下来。"

大家都知道齐老画虾、蟹是很成功的。每逢夏秋市上卖虾、蟹的季节，老师总要买虾、蟹来吃。在旧社会，卖虾的人经常走街串巷地吆喝，老人听到卖虾的到了门口，就亲自走出门来挑选。他告诉我，对虾以青绿色的为最佳。老师买虾，有时一买就是一箩筐，除吃鲜的以外，还把虾晒起来。每次买来虾，他总要认真细致地观看一番。买到小河虾时，他也总要从中挑出几个大而活的河虾，放在笔洗中，细致地观察；有时还用笔杆去触动虾须，促虾跳跃，以取其神态。

当我学画虾时，先是照老师的画对临。老师看了我的画说："用笔不错，但用墨不活，浓淡不对，没有画出虾的透明的质感。"过了一段时间，老师又让我背临画虾给他看。他又给我指出，虾头与虾身比例不对，有形无神，要我仔细观察活虾的动作，对着活虾去画工细的写生。也就是通过临摹知道用笔墨后，还要通过写生去观察体现虾的神态。隔一段时间，老师又要我画虾，再指出虾须也应有动势。老师这样再三谆谆教导，使我不仅对虾的结构有所了解，同时对齐老画虾的用笔和表现手法，也就知道得更清楚了。

齐老早年画虾的过程可概括为三个阶段。他在五六十岁时画的虾，基本上是河虾的造型，但其质感和透明度不强，虾腿也显得瘦，虾的动态变化不大。到70岁后，他画虾一度把虾须加多，对虾壳的质感和透明感加强了。不久，他画虾又把虾头前面的短须省略，只保留了六条长须。从齐老画虾对造型的三次变革来看，说明他对事物观察的敏锐。他搞创作，从生活中汲取材料时，不仅观察了对象的结构、自然规律，更主要的是运用艺术规律抓住对象的特征。

在画虾塑造典型的过程中，我个人体会到，齐老的画法之所以一变再变，他的意图，首先是要不落前人窠臼，富于创造精神；另一点是他通过对生活的观察，要塑造出他理想中的艺术典型。我认为，齐老绘画创作的虾，是他对生活的体验、感受与他的主观愿望有机结合的成品。齐老常说，他年幼时为芦虾所欺。他的祖父说："芦虾竟敢欺吾儿乎！"原来是芦虾把他的脚给钳破了，这是他在生活中对于虾的认识的一个侧面。老师又常说，河虾虽味鲜，但不如对虾更丰满；对虾固然肥硕，但无河虾的长钳造型之美。这就说明齐老画虾的艺术创作，是有深厚的思想基础的。这正是齐老胆敢独创的动力。齐老塑造的生动的河虾兼对虾的形象，是取河虾及对虾各自的特征，按照齐老自己想象中的虾，而创造了虾的艺术典型形象。

老师喜食螃蟹。买到蟹后，他也是反复地观察。老师向我说："古人画蟹，多重视蟹钳，忽视蟹腿。而我画蟹，则主要是画好蟹的腿爪。"一次老师让我买蟹，我买回来之后，他把每个蟹腿都捏了捏，然后告诉我说："你买蟹，不要只看蟹的大小，要捏一下蟹腿是否饱满，腿硬则肥，腿瘪则瘦。"他向我指出，画蟹的腿爪，一是不要画成滚圆的，而应当画得扁而鼓、有棱角、饱满，要画出腿壳的质感来；二是要画出蟹横行的特点来，不要像蜘蛛那样向前爬。当他看到我画的蟹，特意给我指出没有画出横行的姿态，要我再细致地观察蟹腿的活动规律。他说八条蟹腿的活动，亦如人之四肢，左右活动差不多，左伸而右必屈，右伸而左必屈，但亦不可死用这个规律，如果死用这个规律，那又会失其生动的神态。他更提出要求，说画蟹腿最好能画出带毛的感觉来，这是用水墨的技巧达到较高的程度，才能画出来的，要想画好，只有不断地练习水墨功夫。

齐老说，画写意画没有细致的观察，就概括不出对象的神态；但是画得太细致，就和挂图一样，那就不是画了。他说："太似则媚俗，不似为欺世，妙在似与不似之间。"画好就好在似与不似之间，这是齐白石先生的画论，也是我学画的座右铭。

当我学画鹰的时候，老师曾教我说，画鹰要画它的英俊，注意嘴、眼、爪三处。又说："凡画鸟的眼珠，切莫要点个圆点，要用两笔点出既方又圆的黑眼珠来，这鸟眼就有神。"

我常常看到我的一些师兄们找白石老师看画，请他指教。老师看了一会儿，常说："也还要得。"很少给他们指出什么毛病，或提什么意见，态度比较和婉。而齐老对我这个最小的徒弟却很严格。对于我的画，无论是临摹的或是自创的，凡是他认为画得好的，就给我题词鼓励。老师曾在我画的几十幅画上题字，都不是我请求他题的，而是他自己主动题的，所以他写了"皆非所请，予见其善不能不言"。

但是，当老师看到我的画上有毛病，必定严肃地指出，有时还批评。我初学画工笔草虫时，老师看了我画的一只螳螂。他问："你数过螳螂翅上的细筋有多少根？仔细看过螳螂臂上的大刺吗？"我答不出来。老师又说："螳螂捕食的时候，全靠两臂上的大小刺来钳住小虫，但是你这大刺画的不是地方，它不但不能捕虫，相反还会刺伤自己的小臂。"可见老人对小虫观察入微，这是多么严肃的批评和教诲啊！

这样的事还有几件。一次，我看老师画鲤鱼，老师问我："鲤鱼身上有一条中线，它的鳞片有多少，你数过吗？"这一下问得我张口结舌，无法答对。老师循循善诱地告诉我有32片。又如虾的结构，是从第几节弯起？当老师问我的时候，我说是从虾身第四节弯起。老师满意地笑了，说："也还如得（也还不错）。"我初次看老师画牡丹时，只见老师在红花头上用焦墨点出了花蕊花心，然后又在花心外分散点了几点。我问老师，为什么在花心外，还点花蕊。老师告诉我："你要仔细看看牡丹，它的花蕊和菊花花蕊不同。菊花的花蕊只长在花心上，牡丹的花蕊是每一层花瓣下都有。你看'层层楼'品种牡丹的花蕊，就会看得更清楚了。"

1950年，人民画报社请白石老师画"和平鸽"。老师对我说："我

过去只画过斑鸠，没有养过鸽子，也没有画过鸽子。这次他们要我画鸽子，我就请他们买只鸽子来仔细看看再讲。"当时我自作聪明地说，鸽子和斑鸠样子差不多，尽管去画。老师听了很不以为然，"嘿嘿"了两声，用他一双敏锐的眼睛看了我一眼，没说话。后来他把买来的鸽子放在院子里，反复观察鸽子行走的动态；又花费了一天的时间，到他的养鸽子的学生家里去熟悉鸽子的生活，观察鸽子飞起来落下去的动态。老师曾有这样一段话："凡大家作画，要胸中先有所见之物，然后下笔有神。故与可（北宋画家）以烛光取竹影，大涤子尝居清湘，方可空绝千古。"

每逢老师发现我学画不认真、不虚心，或者应付，画得不对的时候，他就说："我教你作画，就像给女孩子梳头一样，根根都给你梳通了。"老师尽心地教我，唯恐我不能体会。他的表白，使我非常感动，永远记在心上。正是在白石老师严格要求、亲身带领下，我亦步亦趋地学，才比较深地继承了老师的一些本领，在中国画的创作上有了一点成就。

（原载于《纵横》1985年第1期）

美术大师柳子谷的坎坷人生路

方 岩

1996年10月17日，一个由中国美术家协会、中国画研究院等单位破例为一位非中国美协会员画家举办的最高级别的画展正在中国美术馆进行。一切都显得非同寻常。美术馆里，闪现着一个个人们熟悉的身影。迟浩田、程思远、萧克、谷牧、洪学智等诸多老同志挥笔为画展题词，邓力群、荣高棠、赵健民、王琦、廖静文等为画展剪彩。

这个非同寻常的画展，就是柳子谷先生遗作展。

1901年，柳子谷出生于江西省玉山县一个书香人家。其祖父是前清秀才，其父亲在乡里举办私塾，还颇通医术。柳子谷自幼就对书画表现出浓厚的兴趣。他用好奇的眼睛，注视着周围的一切，树木、池塘、房屋、牛羊，都被他用稚嫩的笔悄悄摹绘。甚至，当他受继母欺凌、暗自伤心流泪时，望着自己蘸着泪水画的小耗子，竟笑出声来。在父亲的熏陶下，伴着画笔，柳子谷渐渐长大。15岁，他成了乡里有名的小先生，写得一手好字，出口成章，四周乡邻争相请他题春联、作碑文。

1924年，柳子谷辗转来到上海，考入上海美专。当时的上海美专，名师荟萃，刘海粟、黄宾虹、潘天寿都任教于此。在这里，柳子谷接受了系统的美术教育，尽情地在艺术天地中遨游。

当时，柳子谷家道中落，已无力供他上学。校长刘海粟怜惜这位深具艺术天赋又刻苦用功的年轻人，不仅免去他的学杂费，还介绍他给书肆邑庙，画一些扇面来维持生活。黄宾虹、潘天寿等也很喜爱这位天资聪颖的学生。黄宾虹经常亲自指导柳子谷作画，还把他精心收藏的大量古今名家字画，供柳子谷精心揣摩，他还与潘天寿一起，领着柳子谷去拜访当时海派画坛领袖吴昌硕、谢公展等国画大家，聆听他们的教诲。

得益于名家指点，吸吮着丰富的艺术营养，柳子谷的画艺日渐成熟。从上海美专毕业后，经过一段短暂的从军，1928年，柳子谷来到南京，开始了职业画家生涯。短短几年间，他便以精湛的绘画技艺名噪沪上与金陵，在那里，他与张叔旗、徐悲鸿成为至交，三人独秀艺林，并称"金陵三画家"。在南京，他还结交了许多文化名人，如于右任、柳亚子、经享颐、陈树人等，以及民国许多要人及社会贤达，像李宗仁、李济深、冯玉祥、陈立夫、邵力子、蔡元培、马寅初、林伯渠、张治中等，他们都曾向柳子谷或索或买其作品。李宗仁竞选总统时，还包下柳子谷的画作为礼品。

柳子谷的画，根植深厚的中国传统文化而又极具个人特色。他继承了传统文人画的精髓，将诗书画融为一体，是个"全能型"的画家，山水、花鸟、人物俱精，诗书修养全面，尤其擅长画竹。蔡元培曾称其为"画竹圣手"，徐悲鸿则赞其竹"画到朦胧翠欲滴，先生墨妙耐寻思"。早年写竹，他师承郑板桥，青年后，随着视野的扩大，则上追宋、元、明诸家，又融入自己对竹的观察，另创一格。20世纪30年代，徐悲鸿在南京中央大学艺术系任系主任时，曾请柳子谷去为学生示范画竹。柳子谷先演示了竹子的干、枝、叶、节的各部画法后，将纸横放、饱蘸浓墨，边走边挥洒，顷刻间，一幅水墨淋漓的墨竹跃然纸上。徐悲鸿见后，击节赞赏，并改变了自己画竹的方法。柳子谷笔下的竹，不但有风花月夜下的晴竹，也有雪竹、风竹、雨竹及四季时节的竹。

柳子谷不但中国画功力深厚，早年在上海艺专学习时，还打下了深厚的西洋绘画技法基础。在南京时，徐悲鸿与他泛舟玄武湖，两人换笔写生。徐用毛笔，柳用炭笔，画毕，徐对柳的绘作惊讶不已。柳子谷作画，讲究抓住临摹、写生、创作三个环节，创作态度严谨。他在创作中，还注意研习、借鉴了不少日本画风。柳子谷早年转益多师，加之后来的勤奋和才华，使他的画独辟蹊径，在中国画坛卓然独立，自成一体。

1934年冬，柳子谷的首次个人画展在南京中山饭店举办，展出其多年创作的山水、花鸟、人物精品200余件，当时居住南京的各界要人几乎都参观了画展，仅五天时间，展品全部被订购一空。冯玉祥、蔡元培等都为画展题诗祝贺并选购画作，远在上海的张大千、高剑父、梅兰芳等艺苑名流纷纷赶来祝贺，柳子谷再一次名震金陵。

从那时起至新中国成立，柳子谷一共举办了11次大型个人画展，都大获成功，他的名字，多次被列为当代大师收入《中华民国美术年鉴》；他的作品，被争相集辑出版。

命运之神与柳子谷开了一个大大的玩笑，荣誉的乐章在他盛年之际戛然而止，他的后半生，似乎从中国画坛销声匿迹，中国画坛，也似乎将他遗忘了。

1949年，客居杭州，以卖画为生的柳子谷迎来了解放的新中国，为了抒发内心的喜悦之情，柳子谷创作了大型张《竹林图》，题词曰："百年大旱，适逢甘霖……"怀着这种"久旱逢甘霖"的心情，柳子谷满怀希望和憧憬，开始了自己的新生活。1950年，经马寅初推荐，这位20世纪三四十年代的上海美专教授、南京美专国画系主任重拾教鞭，来到东北，先后任教于大连四中、沈阳师专及辽宁艺专。在东北，柳子谷满怀激情，创作了大量反映新生活的作品，也是在那里，他开始了坎坷的后半生。

1952年，抗美援朝战争开始，全国人民的拥军爱国热情也感召了柳子谷。当常香玉率团义演，以其所得向志愿军捐献一架飞机的消息传来，柳子谷再也按捺不住自己。他找到东北画家朱鸣冈、罗叔子，提出

三人举办联展书画义卖，以所得捐献国家。三人书画展顺利进行，柳子谷的画好评如潮，短短几天，就被订购一空。柳子谷满怀喜悦，连日赶画义卖。正在这时，一盆冷水兜头泼下，他所在的学校领导找到了他，勒令他立即停止义卖，因为他"有历史问题，不具备参与此类活动的资格"。柳子谷不理解，为什么自己连爱国的权利都没有了？望着满室画稿，多少年来，第一次，刚毅的他流下了眼泪。自此至1979年，柳子谷极少有机会发表作品、参加社会活动。柳子谷，似乎从画坛销声匿迹了。

在柳子谷的档案中，有这样一段记载：20世纪30年代中期，供职于国民党中央党部；1938—1940年，任湖南通道及绥宁两县县长。

这，就是他的全部"历史问题"。

20世纪30年代初期任中共中央机要一处主任，后任周恩来总理机要秘书的革命老人张纪恩，80年代中期撰文回忆了他与柳子谷的交往经过：1936年，我党一位同志在上海被捕，因"案情重大"，被解往南京司令部，我奉命赶往南京设法营救，当时，柳子谷挂名于国民党中央党部训练部。经友人介绍找到他时，出乎我的意料，柳子谷一口承诺，挺身而出，进行营救，遂使这位同志得以判处轻刑。在营救过程中，柳子谷正直、热情、富于正义感的精神，至今令我感念不忘。从此，我们不时有所过从。柳子谷虽在国民党中央党部训练部，但他终日伏案作画，国民党中有人说他不务正业，"挂羊头卖狗肉"，柳子谷一笑置之，作诗云："雷鸣瓦釜太纷坛，傲骨生成玉石分。闻达不求羞肉食，回时供养有烟云。"在国难民穷的时代，他创作过《水灾图》《流氓图》等作品，受到舆论界赞扬。

柳子谷的县长史，也尤有说头。1938年，张治中任湖南省主席，提出建设"廉政勇勤"的"模范省"，举用了一批文化名人，柳子谷也在其中。在任上，他勤政爱民，废除苛捐杂税，颇得民心。他以书生文弱之身，设计智擒当地一有名的土匪恶霸，安定了民心，一时传为美谈。

时年正值饥荒，柳子谷又画竹义卖，所得颇丰，全部用于赈济灾民。1940年，张治中改革流产，柳子谷遂辞职返回故里，路资皆为沿途卖画所得。他带回的四个大木箱里，除衣物、行李外，全是书画纸砚，别无长物，所见之人无不感叹他的两袖清风。

这些，柳子谷都向组织原原本本地汇报了。1952年，上级组织将他定性为"历史清楚，属一般历史问题"。

尽管有了第一次打击，柳子谷并未消沉，他坚信，自己爱国没有错，他以更大的热情，投身于创作之中。

1956年，由朝鲜战场回国的军旅青年画家满健，遍访东北名师，找到了正在沈阳任教的柳子谷，提出联合创作一幅反映抗美援朝战争的画卷——"三千里江山"。柳子谷一口应承。用中国传统画法反映现代战争场面，这在中国画历史上绝无仅有。在没有任何成品可以借鉴，又无亲身体验的情况下创作，谈何容易。柳子谷面临着巨大的挑战，面对满健带回的一幅幅速写、一张张草稿、一帧帧照片，柳子谷苦苦思索，细细琢磨。河流、山川如何布局，人物、器械怎样安插，千头万绪，一齐涌上心头。终于，柳子谷胸有成竹。1958年，历经三年时间，耗尽无数心血，柳子谷在满健草图的基础上，成功地进行二度创作，完成了中国画《三千里江山——抗美援朝二次战役歼敌图》的绘制工作。这幅长卷共27米，气势磅礴，宏伟壮观。画面上，河流山川历历在目，人物、现代重型武器栩栩如生，成功地再现了抗美援朝战争的激烈场面。这幅画创作完成后，呈送给当时的军委领导，受到高度赞赏。他们一致认为，这幅画的内容已不仅仅是二次战役的反映，它较好地概括了抗美援朝战争的全貌，经原志愿军政治部主任杜平提议，这幅画被更名为《抗美援朝战争画卷》。

当年，这幅长卷在沈阳展出，立刻引起轰动。人们惊叹，原来，中国画也有如此表现力，可以展现如此宏大的现实生活场景！柳子谷完成了一件所有的中国画家想完成而又未完成的事情。柳子谷骄傲、自豪，

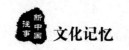
他沉浸在喜悦之中。然而，他没有想到，厄运，再一次来临了。

1959年，作为国庆十周年全国美展东北地区重点推荐作品，《抗美援朝战争画卷》即将送往北京。正在这时，沈阳师专一位年轻教师的一句话，改变了这幅巨作的命运。"这是在为彭德怀树碑立传！"一句话，画卷被匆匆撤出展厅。柳子谷抱着自己心血凝聚的作品，默默地回到了自己的小屋。这一次，他没有流泪，他的心中，奔腾着无尽的悲哀。自此，这幅画蒙尘20载，直到1985年，柳子谷将它捐献给北京中国军事博物馆，成为博物馆的珍藏品。

打击，接二连三地到来，柳子谷却没有倒下，他执着地用画笔描绘着身边的一切，也在无形中完成了自我肖像，展示了他的风骨。

20世纪50年代末60年代初，柳子谷生活于辽宁。在那里，他深入山区写生，完成了自己的又一重要作品——人民公社画卷《山村新貌》。这一画卷长10米，人物、山水造型优美，笔法细腻，过渡自然，丝毫不显人工雕琢，充分显示了长卷的魅力，是一幅不可多得的反映现实生活的作品。作品完成后，由于无处发表，它静静地陪伴主人几十年，直到柳老先生辞世。

1962年，一直为柳子谷际遇鸣不平的张纪恩上书周总理，经总理批示，中央统战部部长徐冰将柳子谷介绍给当时正在为山东艺术院校网罗人才的山东省副省长李宇超。柳子谷接受邀请，来到山东，任教于山东艺专（山东省艺术学院前身）。

在山东，柳子谷先生潜心教学，将自己一生所学，倾囊传授给弟子，为山东培养了大批艺术人才。柳老当年的学生，如今也都已两鬓斑白，说起敬爱的老师，他们唏嘘不已。课堂上，柳子谷手把手地教学生如何剪裁笔锋，详细讲解不同质地的画笔的不同用法，狼毫画什么，羊毫画什么……他将自己的绘画过程——做成分解图，教学生着色、构图的诀窍……这些都是他多年作画的经验所得，是一般画家所不愿传授的。

平静的教学生涯没过几年，1966年，史无前例的"文化大革命"开始，柳子谷在劫难逃。多少年后，他对孩子感慨着："十年了，我没有握笔。"

在他的床头，挂着一条横幅：眼前得失无经记，历史是非自分明。他将这作为自己的座右铭，以之自慰，同时勉励别人。

"你可以夺走我的画笔，但你夺不走我的思维。"苦难中，老人一刻也没有停止思考，他不停地观察、构思，同时悄悄地收集材料，为将来撰写画论、回忆录做准备。

1978年，十一届三中全会召开，柳子谷如沐春风，在他生命的最后几年又迸发出惊人的创作力。

年近八旬了，他还坚持去趵突泉公园写生，去观察壁上的藤萝。他看风中的藤萝，看朝阳中的藤萝，看晚霞中的藤萝，终于，他画的藤萝成为一绝。他到万竹园观竹，对着竹林，入了定，发了痴，普普通通的竹叶在他眼中焕发出万千光彩。发现形状殊异的竹叶，他忙小心翼翼地剪下，夹在书里，如获至宝，带回家反复把玩。学生送给他鱼虾，他舍不得吃，养在缸里，观察鱼虾嬉戏游玩的神态；他养着一窝鸡，没事他就用菜叶逗鸡，抱着画板追逐着鸡群写生，被老夫人斥为"老疯子"。在他的晚年，他又创作了大量炉火纯青的艺术作品。1980年春节，他画《劲竹图》，题曰："八十初春画竹枝，生逢大有作为时。老竿犹有冲天劲，揽月九天向往之。"1985年，他将一幅精心绘制、题有"天欲坠，赖以柱其间"的四尺整张《磐松图》，送给了邓小平同志。

然而，不幸还是不可避免地给柳子谷的生活留下了太多的遗憾。"文革"中，柳子谷先生受迫害，和老伴蜗居于八平方米的斗室，一住就是十来年，这极大地限制了柳老的创作。一次，柳老拜访济南市文联主席吴泽浩，在他的家里，看到了他居住的18平方米的房子。老人羡慕极了，不由说了一句："我要是有这么大的房子，能创作出多少大画、好画啊！"限于条件，柳老的晚期创作大都篇幅有限，最大者不过六

米，这不能不说是一个巨大的遗憾。尽管如此，柳老不以为意，他说："方寸容天地。"

柳老没有想到，在他的有生之年，他会再一次流泪。

1983年，刘海粟先生游历山东，来到济南，住在南郊宾馆。听到这个消息，柳子谷激动极了。师生都已白头，来日无多，相见的机会更少。今天，老师来到了家门上，柳子谷多么想把老师接来，尽一尽地主之谊，叙一叙相见之欢啊。可是，看一看自己居住的八平方米斗室，柳子谷的心沉了下来，八平方米斗室，何以待客？柳子谷长叹一声，终于决定不见。那一边，刘海粟先生也正大光其火，他所到之处，哪个学生不赶来拜见，唯独这个柳子谷，生不见人，死不见尸，是何缘故。他向有关部门提出，点名要见自己的这个学生。柳子谷诚惶诚恐地来了。望着银发满头的老师，柳子谷的泪水夺眶而出。刘海粟对柳子谷的境况也已有耳闻，望着这个饱受委屈，同样白发苍苍的学生，刘海粟也禁不住老泪横流。两个人紧紧抱在一起，唏嘘不已。那一次，柳子谷送给刘海粟一幅大型《竹鸡图》，祝老师长寿，刘海粟当场向众人展示，赞道："你的竹鸡无与伦比。"同时，刘海粟赠柳子谷一帧条幅，上书：青山不老松长翠，雪压霜欺只枉然。题曰：子谷老弟存念。

1986年1月12日，柳子谷在睡梦中安然辞世，享年85岁。临终，仍未恢复教授头衔。

在柳子谷先生辞世十周年之际，他的遗作展在北京、山东受到了人们的关注。他的画在中国美术馆展出期间，参观者络绎不绝。五天时间里，中国美术馆迎来了近万人次的观众，创下了历年之最。这其中不乏一幅幅动人的画面。一位70岁的老者，连看了四天画展。他在柳子谷的画前流连，不住赞叹："好东西啊，好东西。"一对在航空公司供职的年轻夫妇，头天在画馆看了一下午，第二天、第三天又自备食物，在展馆里待了整整两天。一群青年学生，看了画展后激动不已，在留言簿前沉思良久，写下"大开眼界"四个大字；人民美术出版社出版的《柳子谷画辑》及小型画册，展出期间被抢购一空。

据悉，荣宝斋的书画鉴赏家，收藏家对柳子谷的作品评价颇高，已决定为柳子谷出版大型画册，这是只有大师才能享受的殊荣。柳子谷若地下有知，也会感到欣慰了吧。

（原载于《纵横》1997 年第 4 期）

傅抱石和国画《江山如此多娇》

刘智勇　刘聿文

凡参观过北京人民大会堂的人都会注意到，在我们党和国家领导人经常会见外宾的大厅里，有一幅毛泽东主席亲笔题词"江山如此多娇"的巨幅国画。画面上，一轮红日映照大地，近景是高山悬瀑、苍松翠柏，远景是雪山浩茫、黄河逶迤，象征着中华民族的长城在山势中蜿蜒延伸。这幅巨画堪称是震古烁今的杰作，参观者无不为之倾倒。它，就是由国画大师傅抱石和关山月共同创作完成的。

一

1959年7月，正在湖南长沙、韶山一带参观写生的傅抱石，突然接到南京拍来的电报。电文大意是：抱石同志，中央来电，请你火速进京，为人民大会堂作画。

这太出人意料了，傅抱石毫无心理准备。就在前几天，他在韶山毛主席故居参观时，从广播里听到了人民大会堂落成剪彩的消息。作为一个从旧社会过来的知识分子，现在能被中央选中，为人民大会堂作画，这是党和人民对自己的莫大信任啊！傅抱石只觉得身上的担子有千钧重，他暂时中断《韶山》组画的创作，匆匆收拾行李，冒着盛夏酷暑，赶往北京。

傅抱石下榻于北京前门的东方饭店，这儿离人民大会堂不远。住下之后，他才知道，这次被邀请来作画的，还有广东来的关山月，他也住在东方饭店。两人以前虽未谋面，但在美术界，尤其是在国画界，这金陵笔和岭南风可都是大名鼎鼎的。两人互相仰慕已久，此次受命而来，一见面，大有聊不完的话题。

1959年，是中华人民共和国成立十周年，中央准备在北京举行隆重的庆祝大会。恰好，首都著名的十大建筑之首的人民大会堂赶在国庆前夕竣工。为布置这座宏伟壮丽的大厦，中央调兵遣将，全国各地大批画家正云集北京。进大会堂临长安街的北门，向南通过一段长长的红地毯通道，便直达一座宏大的楼梯，登上楼梯就是宽阔的平台，从这里往北转有一座可容纳千人的大宴会厅。这儿，便是以后中央领导经常接见外宾，并同他们合影留念的地方，也是此次傅、关二人为之作画的场所。

翌日上午8时，总理办公室便派人来接他们。听说要去人民大会堂参观，二人心情格外高兴。汽车向大会堂一路驶去，从车里远望这座乳白色的建筑，果然气势非凡。陪同的工作人员对他们说："本来总理要来亲自接见你们，但他临时有个外事活动，不能来。总理特别关照你们要好好休息，不要紧张。"傅抱石便感激地说："谢谢总理关心。"三人下了车，边走边聊，一支烟工夫就来到宴会厅。工作人员领着他俩转了几圈，然后指着楼梯上方的两块，告诉他们："这是两幅画的位置，按原来的设计，拟请你俩各作一幅，还有平台南侧一堵大墙，计划做一个浮雕。可现在离国庆只有三个月了，浮雕来不及制作，所以中央改变设想，代之以一幅大画，原来楼梯两侧两幅取消，大画就由你们两人合作：不知你们有什么困难没有？"

"困难是有，不过我们保证按期完成。"傅抱石说。

关山月问："画一幅什么画？"

工作人员就说："总理交代过,画的主题是'江山如此多娇',取毛主席的《沁园春·雪》词意。傅老师,听说你以前也以这首词画过一幅画,是吗?"

傅抱石点点头,说："那还是1950年的事了,那时是试着画画。"

1950年,傅抱石刚过45岁,便迎来了新中国的诞生。和许多著名的知识分子一样,傅抱石怀着对革命领袖的无限崇敬,也由于毛泽东诗词本身所具有的巨大魅力,他开始着手尝试用主席的诗词为题材来作画,这对傅抱石来说也是一种新探索。不久,他的《七律·长征诗意》《沁园春·雪词意》《清平乐·六盘山词意》等一批作品就问世了。他把它们送去参加南京市第一届美术展览会,引起了极大的轰动。

时隔九年,如今被总理亲自点将,虽说技艺已达到炉火纯青的地步,可傅抱石的心里还是不敢有丝毫的轻松。他对关山月同志说:"老关,你还记得毛主席这首词吗?"

"哪能忘呢。"关山月笑着回答道。于是两人不约而同地轻轻地吟诵起主席的《沁园春·雪》来:"北国风光,千里冰封,万里雪飘……"

<h1 style="text-align:center">二</h1>

画画是在东方饭店进行的。

为人民大会堂绘制这样的巨画,这可以说是自有绘画以来从未有过的事,自然,对傅、关二人来说也是一次重大的考验。这幅巨画原计划高5米半,宽7米。我国著名的老字号字画店荣宝斋派来两位师傅协助他们竖起一块9米长的特制画板,并将中国历史上最大的书画用纸——乾隆"丈二匹"宣纸一张张拼接起来,背后用麻木作衬。这样,他们作画时,便只能用两根大轴将纸从上下两端卷起,然后逐段作画。

　　绘画的工具也是特制的。墨和颜料用大号搪瓷画盆盛装，摆了五六个，大笔和排笔的杆子足有一米多长，像扫帚一样。不过这么长的笔杆，举着它像抡大刀似的颇难受，实际上傅抱石使用的还是短杆斗笔。

　　在确定了画的主题后，7月中旬，他们便开始正式作画。两人商定，各自根据词的内容来打稿子，然后由傅抱石设计小稿。可是，最初的几次草图观摩后，双方并不满意，绘画一时陷入了困境。

　　中央也在密切地关注着这次绘画。此次请傅、关二人进京，中央是作为一件重大的政治任务来抓的。周总理几次派人过问作画的进程，因为要赶在国庆前夕完成，任务确实是相当艰巨的。

　　随后的几天里，绘画小有进展。

　　8月初的一天，正当他们二人又一次讨论修改草图时，中办忽然通知他们，说这天陈毅、郭沫若、吴晗、齐燕铭会来。听到陈老总、郭老等人要来，二人的心情既紧张又高兴。特别是傅抱石，他与郭老的关系非同一般，可他来京快一个月了，还没拜访过郭老。傅抱石于是想，正好借此机会当面向他们请教。

　　9点过后，陈老总一行准时来到。傅、关二人以前从未见过陈毅，今天一见，果然是一派儒将风度。傅抱石握住陈毅的手，笑着说："大救星来了。"陈毅挥挥手，幽默地说："毛主席是大救星，我陈毅是颗小行星。"

　　关山月对陈毅说："请陈老总指教。"

　　陈毅哈哈大笑，用手指着郭沫若："大秀才在此，我陈毅焉敢指教。我今天来，一是观画学习，二是代表总理向二位问好。"

　　郭沫若此时正握着傅抱石的手，听陈毅这么一说，也便说道："谁不知道陈老总是个儒将呢，梅岭三章，当流芳百世。"

　　气氛一下子就变得活跃起来了。寒暄过后，服务员端上茶来，六人开始喝茶论画。

　　傅抱石先简单地向陈毅四人汇报了一个月来的进展情况，接着就把

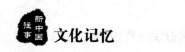

他们在构思创作过程中遇到的困难也说了。陈毅认真地听着，有时也点点头。郭沫若站起来，走到画板前，仔细地端详了一番草图，然后发表自己的看法："抱石、山月，我认为笔力太拘谨了些，应当放开，要抓住主席词中的意境，而不要在具象上兜圈子。"

"对，郭老说的是。"陈毅指着画，接着说，"画画主要是立意，江山如此多娇嘛，我看应先抓住一个'娇'字。"该如何来体现这个"娇"字呢。陈老总一口气说出图中一定要包括"长城内外""大河上下"，还要见东海，见塞上皑皑的雪山、郁郁葱葱的江南大地，地理包括东西南北，季节包括春夏秋冬。陈毅说，这样才能"娇"得起来，才能充分体现"娇"的本质，也才能体现"多"字的磅礴气势。最后，陈毅用浓重的四川口音对傅、关说："我放了一大通炮，不一定对，仅作为二位画家参考参考。"

两人边听边点头称是。陈毅和郭沫若这番话，确实使他们茅塞顿开，断线的思路又接上来了。傅抱石紧接着问："要不要出现太阳？要不要出现人物？出现什么人物？"

这时郭沫若又说开了，"毛主席'咏雪'的时间在解放前，所以说'须晴日'，现在解放10周年了，还不出太阳？我看应画上东升的太阳，这样才有气势嘛，诸位以为如何？"

"郭老的意见很对。"吴晗呷了一口茶说。这位明史专家，话虽不多，可看问题总是一针见血。他说："我认为还不能出现人物，有了人物就害了意境，燕铭，你讲呢？"

齐燕铭一直在听大家谈话，这时就点点头，附和道："我同意老吴的意见，既然是画山水画，最好不要出现人物。"

六个人边喝边聊，从画说开去，掌故人物、历史地理、古今中外，无所不谈。特别是陈毅，他那爽朗诙谐又妙趣横生的四川话时不时把大家惹得开怀大笑。就这样，不知不觉间，半天时间过去了。陈毅握着二人的手，再次嘱咐他们要注意休息，别累坏了身体。临走时，郭沫若对傅抱石说："你今年多大？""55岁。""我比你大11岁，希望看到你更多的作品问世。"

三

以后，陈毅和郭沫若又来过几次。每次来，都提了许多中肯的意见，这对他们的绘画启发很大。

郭沫若一向是很器重傅抱石的，他们是交往二十几年的老朋友了。此次为人民大会堂作画，中央召开了专门会议研究人选问题，郭沫若就向周总理推荐了傅抱石，他对总理说："抱石是个难得的画家，可当此任。"

傅抱石也非常尊重郭沫若，他常把郭老引以为师，两人的友谊可追溯到1933年。

傅抱石的童年是在苦难中度过的。1904年，他出生于江西南昌，他的故乡是江西新余市北岗乡一个小小的穷山村。父亲很早就外出谋生，后来，到南昌以补伞为业养家糊口。傅抱石断断续续读完了高小，后来又考入了免费的师范学校，毕业后留校教美术。1931年，绘画大师徐悲鸿途经南昌，发现了傅抱石这位旷世奇才，于是极力向当时的江西省政府主席熊式辉举荐，并亲自画一匹奔马赠给熊氏，终于得到熊式辉的支持，派傅抱石出国留学。

1933年，傅抱石只身东渡日本，入东京帝国美术学校研究部，从师于该校著名的东方美术理论权威金原省吾博士。也就在东京，他结识了在日本政治避难的郭沫若。两人一见如故，从此，奠定了他们终生的友谊。

1937年7月7日，卢沟桥事变爆发，中华民族处于生死存亡的危急关头，国内掀起了轰轰烈烈的抗日运动。因时局的变化，郭沫若自日本回

国，出任政治部第三厅厅长。1938年秋傅抱石也携家眷辗转到重庆，投身于抗日的滚滚洪流中，傅抱石担任郭沫若的秘书，两人又一起合作共事了几年。那时，郭住在重庆西郊歌乐山下的赖家桥，傅则住在金刚坡，两家相距不远。两人常以诗词唱和，讨论时局，切磋技艺，还一同开过书画展。

1958年12月，《傅抱石画集》出版，郭沫若特意为之作序题词。他写道："抱石作画别具风格，人物善能传神，山水独开生面。盖于旧法基础上摄取新法，而能脱出窠臼，体现自然。"这个评价是非常精辟和中肯的。

君子之交淡如水，两人的友谊一直维持到傅抱石逝世。

正是在郭沫若，还有陈老总等人的不断指点、帮助和督促之下，傅抱石和关山月的绘画速度大大加快。

傅抱石有个习惯，就是作画之前必须喝酒，否则，没有酒精刺激的兴奋，笔好似千斤重，拿不动，更挥不开。1959年，人民共和国遭受严重的自然灾害，因为买不到酒，傅抱石"罢工"了。他对前来观画的郭沫若说："郭老，你向总理反映反映。"郭沫若就把这事向周总理说了。我们的总理真是个少见的好总理，事无巨细，都躬亲关注，他立刻派人给傅抱石买来了佳酿。有了酒喝，傅抱石作起画来格外轻松，挥洒自如。两个人把自己关在东方饭店，夜以继日地画着，他们互相配合，力求在画面上，把关山月的细致柔美的岭南风格和傅抱石的奔放雄浑结为一体而又使整幅画保持各自的特色。

经过近三个月的苦战，到9月中旬，两人基本上把画赶出来了。装裱是在东方饭店大厅内的地板上进行的。当成品挂到人民大会堂现场请周总理鉴定时，二人的心情有说不出的紧张。傅抱石想，要是总理看着不满意，这几个月的功夫白搭还不算，那可怎么向人民交代呀。正在他们忐忑不安地等待时，陈毅陪着周总理来了，傅抱石和关山月于是赶紧迎上前去与总理握手。周总理风趣地说："没想到你们还很年轻嘛。"

两人都是第一次见总理，情绪不免有些慌乱。周总理这一句话就把他们二人的拘束打消了。傅抱石说："请总理鉴画。"周总理立即登上汉白玉台阶，凝神看画。在场的人都屏声敛气，他们二人更是心里没底。周总理上下阶梯多次，又爬到画的左右两侧的最高处反复地看，认认真真地审阅了近一个钟头，然后才对陈毅说："陈老总，你看呢？"

"我认为画得很好，很有气势。"陈毅说。

"总理，您的看法呢？"关山月小心地问。

"我和陈老总的意见一样，很满意。"周总理终于发表意见。"不过……我觉得画幅小了些，必须加高加宽，最少要加宽2米，加高1米，太阳也小了，和建筑一比就显得不相称，最少要加倍地放大，你们认为有困难吗？"

周总理把关切的目光转向他们二人。关山月说："没困难，照总理的意见办。"傅抱石也说："请总理放心，我们会改好的。"周总理满意地点了点头，临走时，又叮嘱他俩："时间不多了，画要改好，但也要注意健康啊。"

二人又用了几天时间，按总理的意见把画修改了一遍。9月29日晚，画便在东方饭店装裱完毕，然后由四人抬着悬挂到人民大会堂宴会厅；画刚挂好，中办就派人送来毛主席在外地亲笔书写的四份"江山如此多娇"。之所以写四幅字条，主席考虑的是要傅、关二人从中挑选要用的六个字。他们于是按照主席画圈多的字来挑选，然后请工人师傅放大照描到画面上。

这幅壮观的巨画无疑是祖国壮丽山河的缩影，是对中华民族灿烂文化的一首颂歌，也是中国绘画史上一个空前的创举。当时国家领导人会见外宾，经常以此画作为背景拍摄合影。通过报章刊物的传播，更使得这幅画家喻户晓，饮誉海内外了。

四

傅抱石是一位具有革新精神的画家。

他一生服膺石涛。这位大才横溢的大画家，一扫清初以四王为宗的山水画那种陈陈相因的保守风格，以自己从真山真水中得来的笔墨，写出了大自然的恢宏奇伟，这使傅抱石十分佩服：从早年在江西发现石涛起，傅抱石就临摹了不少石涛的作品，可以说到了以假乱真的程度。但是，他并不在大师的阴影下亦步亦趋。他"法大师"更"法自然"，"搜尽奇峰打草稿"，表现出了一种可贵的探索精神。

为表示自己对石涛的崇敬，傅抱石把自己原先的名字瑞麟改为抱石，并把他在重庆金刚坡的斋名取为"抱石斋"，以志对石涛的永久纪念。傅抱石还在《石涛上人年谱》自序中说："余于石涛上人妙谛，可谓癖嗜甚深，无能自已。"

大师对大师的影响，更多的是一种精神的传承。傅抱石以石涛为楷模，他的名作，如《万竿烟雨》《桐荫读画》《兰亭图》《丽人行》《平沙落雁》《西风吹下红雨来》《待细把江山图画》等就是他承继石涛革新精神的产物。这些画，为中国传统的山水画带来了一种全新意境。

1957年5月，傅抱石率团访问捷克斯洛伐克和罗马尼亚等国。这是新中国成立后他第一次出国。异国风光激起了他巨大的创作热情，旅途居处所见，皆入画稿。欧洲中世纪古城堡、哥特式教堂、现代化摩天大楼，出现在他的山水画中，令人耳目一新，这期间，他共画了50多幅画。他在《克罗什古城堡》《布拉格》《罗米尼采风景》等作品中，以中国山水画的笔墨、意趣把西洋建筑巧妙地糅合进去，统一于中国艺术风格之中，达到高度的和谐，而又兼中西风格之美，成功地探索出了一条如何用中国画技法表现西洋建筑的山水风光的新路子。

傅抱石对传统山水画的革新是多方面的。不仅如此，他还是中国美术界一位不可多见的全才。深厚的理论修养，加之他恢宏豪迈的气质，便形成了傅画所特有的那种雄浑凌厉的气势。而傅抱石在国画技法上的最大贡献，便是创造了后人以他的名字命名的"抱石皴"。

皴法是中国山水画的一种重要的技法。传统的皴法有的适于表现土山，有的适于表现岩石，而"抱石皴"则既能显示山岳的整体结构，又能充分表达植被覆盖以及烟云笼罩的真实景观，丰富了对山的表现力：这种皴法与传统的皴法有着密切的血缘关系，却又是前人所从未有过的，是傅抱石在几十年的艺术实践中独具匠心的创造，它对中国山水画的发展产生了不可估量的巨大影响。

在中国山水画的历史上，皴法被后人用首创者的名字命名的只有宋代米芾、米友仁父子的"米点皴"。现在，傅抱石又创造了这种具有对大自然更大的概括力、表现力和生命力的"抱石皴"。而巧合的是，傅的子女也在继承和发扬这种皴，这真可与900年前的米氏父子相媲美了。

傅抱石用他独有的这种"抱石皴"，与关山月共同创作了《江山如此多娇》。这幅巨画完成的当天晚上，傅抱石整个人好像大病了一场，心力交瘁。10月1日，周恩来总理在人民大会堂宴会厅举行盛大的国庆招待会，当中外来宾步入宴会厅时，他们都被这幅雄视千古的巨画吸引了。那天，傅抱石和关山月也应邀出席了招待会，他真想痛痛快快地大喝一通，来个一醉方休。

这幅巨画是傅抱石走向巍峨艺术顶峰的一件代表作，可是他对这幅画并不十分满意。此画近观气象雄浑、笔力千钧，每个局部都显得精彩照人。然而正是由于画幅太大，内容过多，远看却有些像从飞机上俯瞰，反而使细部隐去。正如缩得很小的印刷品那样不易看到画家精心雕刻的许多内容，画面的整体感觉反而显得简单了。况且他和关山月初次

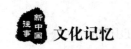

合作，画这样的大画，更是经验不足，落笔时难以看到最后效果。因此，这幅巨画比起傅抱石其他山水画中那种叱咤山河、吞吐大荒的气概来，不免逊色。两人都感到没有画出应有的水平，于是在第二年就酝酿重画，但要实现却非易事。

1961年5月，傅抱石和关山月再次来到北京，准备重画此画。两人还是住在东方饭店。他们拟打算请首都一批知名画家开一个座谈会，征求修改意见。工作尚未开始，周总理就知道了这事。他派人把傅、关二人叫来，对他们说："画还是不错的。抱石同志，你年龄大了，体力已不比前年，我看画就不必重画了。但既然二位来了，我也不能让你们空着手回去，给你们安排一次东北旅行写生，你们看如何？"

周总理这样关怀、体贴他们，这叫二人十分感激，傅抱石说："听总理的，行万里路作万里画嘛，东北我还没去过呢。"

于是两位画家又开始了他们人生中的第二次愉快的合作。

（选自《新中国往事·文苑杂忆》，
中国文史出版社 2011 年 1 月版）

画坛大师李可染的艺术之路

张一峰

1999年10月30日，中国美术馆隆重举办了"东方既白——李可染艺术展"。艺术展前言写道："李可染以对中国绘画艺术前所未有的使命承担，以最大的功力打入传统，又以最大的勇气打出传统，致力于探求根植于民族文化并融通中西的艺术创作道路，终于登上了可以鸟瞰世界艺术原野的高峰。"他是中国文化在绘画艺术领域的一代托命之人。

快哉亭中一痴童

李可染，1907年出生于江苏徐州，父母都没有文化，对子女学业从不过问，李可染得以逍遥自在，经常悠游于民间游乐场所，模拟仿效，乐此不疲。可染自幼聪慧，痴迷书法、京剧与民间音乐，尤喜绘画。9岁时，他曾按照脑中印象，仿徐州书家苗聚五笔意，写四尺大幅"畅怀"二字，观者无不惊叹。此后求写对联者络绎不绝。而可染真正迈向艺术殿堂是在13岁一个偶然的机缘。

　　离可染家不远有一片幽静雅致的园林，园林以快哉亭为中心。据说北宋著名诗人苏东坡任徐州知州时，常与友人来此吟诗作画，此亭由此远近闻名，并成为文人们经常聚集的场所。园林后面有一段旧城墙，是可染常常玩耍的地方。这年暑假的一天，小可染又来到此处，无意中发现一间平房内有人作画，十分欣喜。他顺着城墙滑下去，趴在窗口静静观看，整个身心都被吸引过去。

　　屋内有几位老人，其中一人正挥毫画梅，只见他先画出枝干，然后以红笔圈花，画面的境界便随着老人的手起笔落铺展开来。小可染仿佛来到一个别有洞天的神仙世界，全身说不出的喜悦。他痴痴地看着，一直到夜幕降临，老人们都离开了，他才一个人慢慢回家。第二天，可染起一大早，黎明时便来到快哉亭，等几位老人先后到来，小可染继续趴在窗外，静静地盯着他们作画。如此连续三天。一位先生长叹一声道："后生可畏。"然后连连招手，让他进去。从此，小可染天天必到，帮先生们洗砚磨墨、打扫房间。白天他看先生们作画，认真琢磨；晚上回去用心模仿，画出大量的作品。过了一段时间，他把模仿画作拿去给先生们看，先生们大吃一惊，重新看待眼前这位小孩。众人将画家钱食芝推举出来，让他收可染为徒。钱食芝欣然应许，成为可染艺术生涯中的第一位恩师。

　　钱食芝，字松龄，山水画家，师承王石谷，在传统绘画上有相当造诣。他非常看重可染，正式拜师后，钱师花了整整一个星期的时间，在四尺整幅宣纸上，认认真真画了一幅"四王"模式的大帧山水中堂送给可染。钱师已预料到可染日后的前程不可限量，附诗一首写着"童年能弄墨，灵敏世应稀，汝子鹏搏上，余惭鹬退飞"，认为可染日后必将青出于蓝而胜于蓝。

独特画风得赏识

李可染16岁时考入上海美术专门学校。在校期间，他曾聆听康有为先生的演讲。康有为在演讲中提到"周游全球，以为中国绘画为世界艺术之高峰"，让可染极为振奋。毕业时，李可染创作了一幅工细的山水中堂，名列全校第一，时任校长的刘海粟亲笔为之题跋。

离开上海后，李可染任教于徐州私立艺专，并在19岁时举办了第一次画展。1929年，李可染得知杭州西湖国立艺术院招收研究生，遂前往应试。

在风景如画的西湖岸边，可染被大自然的无限风光深深感染，为之激动不已。在这儿，他结识了来自山东的考生张眺，两人志同道合，成为挚友。当时，可染面临着巨大的挑战。论学历，他毕业于中专，报考研究生显然不够资历。论专业，他学的是国画专业，而艺术院的招生章程中规定，必须通过油画主科考试。怎么办？让从未学过油画的李可染参加油画考试，怎么能行？

就在李可染忧心如焚的时候，张眺及时帮助了他。经过短期的"培训"，李可染从张眺处学到油画的基本技法。他有国画的功底，悟性很高，再加上张眺一再鼓励他要有自己的风格，他进步神速。考试中，李可染的画竟被艺术院校长林风眠看中，认为其画风独特，雄厚大胆有气魄，于是破格录取。这对李可染来说，是一个改变命运的转折点。

春天的花开了，李可染在杭州西湖国立艺术院开始崭新的生活。他在恩师林风眠和法籍教授克罗多的指导下，专攻素描与油画，并自修国画，研习美术史论，与好友张眺同时加入进步团体"一八艺社"。他如饥似渴地饱汲着外来的营养，努力学习西方绘画，对西方印象派和后期印象派有了深入了解。他放开眼光看世界，对文艺复兴时期的大师如米

开朗基罗、达·芬奇、波蒂彻利等人的作品十分钦佩；喜欢米勒的画作，认为其感人至深；伦勃朗则用笔豪放，表现力强；尤其是鲁迅出版的珂勒惠支画集，令可染受益良多……

来自四面八方的思想吹入李可染的脑海，这是李可染一生非常重要的时期。林风眠先生高尚的人格与高洁的画风，以及大学内民主进步的风气，都对李可染产生巨大影响。这为他日后大展宏图，将西方艺术中的优点融入中国绘画而大放异彩奠定了坚实的基础。

"一八艺社"是鲁迅先生培育的进步青年美术团体，李可染积极参与其中的活动，渐渐与张眺成为杭州"一八艺社"的领袖人物，共同为新艺术的蓬勃发展做着不懈的努力，代表着新艺术运动的希望。然而，由于当局的迫害，"一八艺社"不久以后被迫解散。同年秋，李可染也因艺社活动被迫离校。在林风眠恩师的帮助下潜离西湖，返回故乡，在徐州私立艺专任教。

1938年，李可染到达武汉，参加由周恩来、郭沫若领导的政治部第三厅做抗战宣传工作，画了许多爱国宣传画，其中以《是谁破坏了你快乐的家园》影响最大。他以愤怒的画笔激发人民对侵略者的仇恨。后来，三厅改为文化工作委员会，李可染在郭沫若领导下工作五年之久。

1941年，文委会的工作告一段落，李可染重新恢复对中国画的研究，逐步进入他创作的第一个时期"古典期"。

"以最大的功力打进去，以最大的勇气打出去"

"水牛／水牛／你最最可爱／你有中国作风／中国气派／坚毅雄浑无私／阔达悠闲和蔼／任是怎样辛劳／你都能够忍耐……"

这是郭沫若先生的诗作《水牛赞》，写于1942年。当时，李可染正与郭沫若一起，居住在重庆金刚坡下的农舍。他曾回忆这段经历："当时我住在重庆金刚坡下农民家里，住房紧邻着牛棚。一头壮大的水牛，天天见面，它白天出去耕地，夜间吃草、喘气、啃啼、蹭痒，我都听得清清楚楚。记得鲁迅曾把自己比作吃草、挤奶水的牛，郭沫若写过一篇《水牛赞》，世界上有不少对人民有贡献的艺术家、科学家把自己比作牛，我觉得牛不仅具有终生辛勤劳动、鞠躬尽瘁的品质，它的形象也着实可爱。于是就以我的'邻居'作'模特'，开始用水墨画起牛来了。"

此后，李可染一发不可收，终生画牛，并以"师牛堂"作为画室的名字，把自己的人格与风韵融入画牛当中。

也就是在1942年，著名画家徐悲鸿在某会议厅发现了李可染的水彩风景画，赞叹不已。随即写信给可染，并附水墨画《猫图》赠送，希望以此交换水彩风景画一幅。两画家开始订交，友情不断加深，为可染进一步发展提供了机会。

次年，李可染应重庆国立艺专校长陈之佛邀聘，任中国画讲师，全心致力于中国画的教学、创作与研究当中。他有心变革中国绘画，定下自己的座右铭："传统必须继承，要用最大的功力打进去，用最大的勇气打出来。"这成为他一生的艺术追求。

这一时期，他博览历代名家作品，选择董源、巨然、郭熙、李成、范宽、李唐、黄公望诸人作为主要研究对象。清初的渐江、八大山人、石溪、石涛等人的作品，也成为李可染饱汲艺术营养的源泉。尤其是石涛，从传统中来而不为传统所囿，强调深入生活，追求创造性的思想与画风，对可染影响巨大。可染画《松下观瀑图》，潜心传统，但处处未落前人窠臼，显示出不凡功力，初见大家风范。

李可染以山水写意画著称于世，其实他的人物画同样具有突出的成就。其"执扇仕女"图，高古细笔，刻画入神。他的钟馗图也是一绝，有阴气森森的，也有貌似粗鲁实则憨厚的，形象多样，均达到形与神的高度统一。此外，平民、和尚，历史人物如屈原、李白、杜甫、王羲之

等，既是可染学习的对象，也是他画中的角色。这些画作使可染的画廊变得更加丰富多彩。

游子旧都拜恩师

1946年，李可染艺术生涯中的又一关键时刻出现了。两份聘书同时到达他的手中，一份是母校杭州国立艺专发来的，另一份是徐悲鸿请他到北平国立艺专的。毋庸置疑，李可染对母校感情深厚，回母校工作可以了却他的心愿。可是，后者更有吸引力，北平是中国文化古城，有故宫藏画，还有李可染素来仰慕的大师齐白石、黄宾虹。

此时李可染40岁，在中国画坛已有较高声誉，然而他觉得自己最紧要的还是学习，向前辈艺术家学习，抓住艺术传统的接力棒。到北平不久，经徐悲鸿引荐，李可染见到了心仪已久的80多岁高龄的齐白石，表达了自己想拜师求教的心情。当时齐白石门生三千，对李可染并没有特别注意。1947年春，李可染带了20幅作品再次登门拜见齐白石，由此引出一段动人的故事。

那一天，齐白石正在躺椅上养神，李可染将画送到他的手边，他顺手接过。起初他还是半躺着看，待看了两张以后，他已不知不觉地坐了起来，仔细地端详，再继续看，齐老的眼里放出亮光，身子也随着站了起来，边看边说："这才是大写意呢！"齐白石晚年有个习惯，认画不认人，看完以后，他将注意力转移到李可染身上，问："你就是李可染？"李可染忙回答。齐老高兴了，赞许道："30年前我看到徐青藤真迹，没想到30年后看到你这个年轻人的作品。不容易呀。"徐青藤即徐渭，明朝著名的花鸟、山水画家，其画以用笔豪放恣纵、潇洒飘逸，名重一时，对后世亦有极大影响。齐白石生平十分推崇徐渭，由此可见他对可染的赏识。齐老还满含深意地说："但是，你的画就像写草书。我一辈子都想写草书，可我仍在写正楷呀……"就这样，齐白石与李可染以画为媒，一下子变得十分亲近，结下了不解之缘。

不久之后，李可染正式成为齐白石的得意弟子，十年工夫，尽得齐师艺术精髓。

齐白石将晚年收弟子视为人生一大快事，对可染十分推重。他曾画《五蟹图》送给可染，上面题句："昔司马相如文章横行天下，今可染弟书画可以横行也。"可染画一幅写意人物《瓜架老人图》，齐师题句曰："可染弟画此幅，作为青藤图可矣。若使青藤老人自为之，恐无此超逸也。"还在《耙草歇牛图》上题："心思手作，不愧乾嘉间以后继起高手，八十七岁白石丁亥。"

可染对齐师有深厚的感情，直到晚年仍怀念着恩师。他多次提及，"我在齐白石老师家学画10年，主要学他的创作态度和笔墨功夫。""我从师齐白石，最大的心得是线条不能快，好的线条要完全主动，要完全控制，控制到每一点，达到积点成线的程度。"他学的是齐师的精髓，却不是所画题材。常入齐老画面的虾、蟹之类便很少出现在可染画中。

1984年，李可染为湖南湘潭举行的纪念齐白石120周年诞辰大会赠对联一副，表达对恩师的怀念之情，联曰："游子旧都拜国手，学童白发念恩师。"

在拜齐白石为师的同年，李可染还投师黄宾虹门下。黄宾虹的画风与齐白石截然相反。齐白石先生的笔墨讲究简洁，简到无法再简；黄宾虹先生的笔墨则讲究浓重，繁到不能再繁。两人风格不同，却均达到当时画坛的顶峰。黄师性格爽朗，宽厚待人。他的敬业精神深深激励着可染，认为"前辈老师用功之勤苦，实非我等后辈所及"。而黄师之"积墨法"可谓一绝，给可染很大的教益。他后来总结说："画山水要层次深厚，就要用积墨法，积墨法最重要也最难，黄宾虹最精此道。"

可贵者胆，所要者魂

为变革中国画，李可染于1954年镌"可贵者胆""所要者魂"两方印章，背负画具，徒步走向大自然。从此时起，他将中国古代山水大家师法造化的传统转变为面向自然，对景写生，"要以最大的勇气打出来"，其艺术历程也由古典期进入转型期。

他以顽强的毅力，先后持续进行江南写生、长江写生、东德写生、两度桂林写生、三次广东写生……从1954年到1964年十年间，他行程十数万里，克服了无数的困难，也创下辉煌的业绩。

祖国的山山水水召唤着他，使他游思万里，神飞笔下。他在绘画过程中巧妙地将中西方画法融合在一起，既取景于造化，又要超乎其上，创造出真正的大意境。

李可染最重意境之美。他的《万山红遍》，大量运用朱砂，以墨为底，红作主调，酣畅淋漓地将毛泽东"万山红遍，层林尽染"的境界表现出来。全图风格艳丽、静穆，又庄重又热烈，以积色法与积墨法两者并用的手法，将"红"画透、画遍。《雨亦奇》《无锡梅园》《人在万点梅花中》《德累斯顿暮色》等优秀画作，无不体现着或浓郁或清新或迷蒙的意境之美。

李可染的变革精神与变革实践，更为中国绘画做出杰出的贡献。著名画家吴冠中称："李可染是把传统山水画的画室搬进大自然里去的第一人。"著名艺术理论家王朝闻说："李可染面临不同的对象写生，不是简单的写生，而是带着对它的爱，来表现了不同的自然的特点。这特点，照他自己的说法，叫作'魂'。"

这十年，是李可染开拓性的十年，"标志了（中国）传统山水画的一个转折：由写心与模拟阶段向写生与写实阶段"过渡，具有划时代的意义。

白发学童树丰碑

"文革"期间，李可染被迫停笔，他的名作《阳朔胜景图》《快马加鞭图》被指为"黑画"，身心均遭受严重打击。1974年，他曾患重病失语，靠书写与家人对话。但他没有抛弃他的艺术，艺术就是他的生命。他将自己对生命的思索，贯入书法大楷当中，自创"酱当体"书体，笔势凝重有力，如同碑拓。

1976年起，随着时代的变迁，李可染走出精神的冰川，重新拿起画笔，书写新的篇章。几年时间，李可染已成为享誉海内外的画坛大师。作家柯岩著专文在《人民日报》介绍李可染其人其画；文化部批示，拍《李可染的山水艺术》纪录片；李可染画展在海内外展出并多次获大奖；《李可染画语》出版；李可染故居被修复；李可染艺术基金会成立；各种各样关于李可染的研究广泛开展……

从1979年到1989年，李可染的画风有了令人惊奇的变化。他由描绘对象的丰富性转向笔墨形式的丰富性，由写生向写意、由对象向形式自身的变化，重新靠近了文人画的传统，但并非文人画。画中的空间层次更加微妙深远，场面更加大气磅礴，意境更加丰富自由，不追求完全符合实景，追求的是似与不似之间的神韵精华，真正达到返璞归真、无可比拟的境界。对此，李可染曾欣慰地说："晚岁信手涂抹，竟能苍劲腴润，腕底生辉，笔不着纸，力似千钧，此中底细非长于实践独具慧眼者不能也。"

李可染晚年镌不少印语，表达他的艺术主张与精神追求。他于1986年刻"为祖国河山立传"，表达他对祖国的无比挚爱之情，也体现了他一生的艺术观念。1989年刻"东方既白"，题跋曰"有人谓中国文艺传统已至穷途末路，而我却预见东方文艺复兴曙光"，表达他对中国绘画艺术的深刻理解和无比信心。他特地请画家唐云刻"白发学童""七十

始知己无知"印，觉得天地之大、万物之多，自己真是微不足道。他的"凝于神"印语，出自孔子"用志不分，乃凝于神"之语，是他艺术世界最精确的写照，他把全部身心都凝结于艺术当中，创造了无比瑰丽的艺术作品。

当李可染先生于1989年去世时，中国画坛少了一位大宗师。

（原载于《纵横》2003 年第 5 期）

缅怀美学大师王朝闻先生

王泽庆

新中国文艺理论与美学的开拓者和奠基人之一王朝闻先生，以96岁高龄仙逝。先生为之奋斗的事业永存，他的音容笑貌宛在，他的谆谆教诲言犹在耳。

一

朝闻先生于1909年4月8日生于四川省合江县乡村，原名昭文，后续孔子《论语·里仁》："朝闻道，夕死可矣。"遂改为朝闻。1932年，先生考入杭州国立艺术专科学校学习雕塑，1940年奔赴延安，在鲁迅艺术文学院美术系任教，并从事雕塑创作。新中国成立后，先生任中央美术学院教授兼副教务长，讲授文艺理论课，为《毛泽东选集》创作了毛主席浮雕像及圆雕《刘胡兰像》《民兵》等，成为新中国美术的经典作品。先生1952年调到中共中央宣传部文艺处工作，1953年调文化部中国美协，主编《美术》月刊杂志，同时受文化部委托筹组民族美术研究所，任副所长（黄宾虹任所长），经常为中央美术学院师生讲学。1960年至1965年，我在中央美术学院美术史论系学习期间，多次听朝闻先生

讲美学和美术理论，他每次都带来一两件牙雕、陶瓷等工艺品，给我们留下了美好的记忆。

1986年，改革开放给我国文艺界带来第二个春天。文化部启动了艺术学科国家重点科研项目《中国美术史》的编撰工程，王朝闻先生任主编，从全国26个单位中选调了60余名专家撰稿。我有幸参加了这一中国有史以来最大的美术史编撰工程。接到通知后，我于第二天就乘火车赶到北京，于6月6日8时准时参加了文化部召开的撰写《中国美术史》的学术讨论会，见到了久违的王朝闻先生。

"文革"中，朝闻先生受到冲击，被打成"反动学术权威"，受到错误的批判。他的头发已经灰白，身体更加清瘦，但宽边眼镜后面睿智的眼光更深邃锐利。先生时任文化部艺术委员会委员、中华全国美学会会长、中国美术家协会副主席、中国艺术研究院副院长等。身兼数职，肩上担子很重。作为《中国美术史》的总编，他在会上首先致欢迎词，讲话简短亲切，富有感染力。先生从史论关系、美术史与兄弟艺术关系、创造性和个性讲起，谈了分析判断的科学性，历史地辩证地认识其发展，要求有所发现，并阐明了审美观的发展规律，提出了编写的指导思想和要求。

参加会议的中宣部原部长朱厚泽、文化部原副部长高占祥等先后讲话，指出编写《中国美术史》是推动中国美术走向世界艺术之林的需要，同时提出要高标准、高质量，努力使《中国美术史》成为世界艺术史宝库的明珠。

会后，编撰人员集中到北京西山石化招待所讨论、研究。这里远离闹市，依山傍水，环境幽静，景致优美，很适合编撰人员工作。当天下午，在朝闻先生主持的全体编撰专家参加的大会上，气氛热烈，发言踊跃。我在发言中提出，应给民间艺术以应有的历史地位，在新编写的《中国美术史》中，有必要把民间有代表性的美术家及其作品写进去，创造中国美术史的新体例。朝闻先生对此给予首肯和好评，并安排我会后给来自全国的专家介绍晋南民间剪纸和香袋（包），作为《中国美术史》编写讨论的"第一课"。

我将多年搜集的晋南民间剪纸和数十种香袋展示给与会专家，并讲了民间艺术的实用功能、审美价值和科学价值。香袋（包）古称香囊，是民间小型实用艺术品，每年端午时群众都争相购买，或挂在胸前，或挂在台灯或蚊帐上。在晋南农村，妇女将自己缝制的香袋（包）赠送给亲朋好友，旧称可以辟邪、保平安，还可作为男女之间友好爱情的信物。现代研究发现，佩戴香袋（包），具有科学功效，可以预防感冒。因为香袋（包）中装有几味中草药配制研磨调和的香料，不仅闻之有浓郁扑鼻的香味，春夏防止五毒，而且香料分子挥发慢，可以保留多年，大大超过法国名牌香水的寿命。听了我的讲解，大家颇感兴趣，朝闻先生也十分高兴！先生属猴，我选了一枚缝制精致的香袋（包）猴，赠送给先生。先生让我将香袋（包）佩戴在他的胸前，幽默地讲："这是最好的奖赏！"后来在先生的提议下，《中国美术报》编辑约我写了篇介绍香袋（包）的短文。

在《中国美术史》编写会上，王先生就民间美术问题专门作了讲话。他说："山西一位专家向我们展示并讲了香包、民间剪纸，很受启发。写《中国美术史》，如何对待民间美术是一个重要问题。民间美术是美术之母。不同时代的民间美术理应为美术史家所尊重。"

20世纪80年代，正当西方现代艺术流派在中国泛滥成灾，使文艺界一度处于思想混乱时，王朝闻先生为了弘扬民族文化的优秀传统，倡导真善美，于1983年7月在贵州主持召开了全国民间美术学术讨论会，发表了具有深远影响的《民间美术研究漫谈》，澄清了一些概念，肯定了民间美术的文化价值及审美教育功能，在国内掀起了"民间热"的高潮。中国美术界出现了可喜的民间艺术回归的趋势。这次将民间美术写进《中国美术史》，更是史无前例的创举，充分地肯定了民间美术的历史地位和艺术价值。

以后几年，民间美术、工艺品得到迅猛发展。民间剪纸、香袋（包）、农民画、布老虎等，受到外国友人和国内观众的青睐，在全国旅游点和工艺品商店，民间美术品热销，成为新型的文化产业。

2002年，《中国美术史》获"美术学奖"特别奖。这部12卷本的巨著《中国美术史》，附有1000幅精美彩图，凝结了总主编王朝闻先生数年的心血。从提纲到成书，从指导思想到具体章节，王先生自始至终指导了这部书的撰写。先生强调写书过程就是研究过程，"是创造美术史实的过程"。因参撰人员多数为中青年专业人员，大家都说这次编写等于实地参加了一次朝闻先生任导师的研究生班。

二

朝闻先生是著名的戏曲理论专家，对地方戏曲情有独钟。山西是戏曲的摇篮，蒲剧是古老的梆子声腔剧种之一，在全国享有盛名。王朝闻先生对此十分重视，1987年10月，王先生来山西视察时曾亲自到"戏曲之乡"运城调研。他不仅看了蒲剧梅花奖演员武俊英、景雪变等精彩演出，对《起解》《柜中缘》等蒲剧折子戏也予以赞扬，而且还到博物馆参观展览。在接待室，我将运城西里庄发现的元代戏曲壁画（临本）展示给他，并向他们作了汇报。

1986年3月，运城市西里庄农民在村南土塍取土时，于东堰下发现壁画墓一座。墓室四周墙壁券顶砖砌抹白灰，上绘元杂剧演出图。墓室东壁绘乐队演奏图，西壁绘演出场面，东西呼应，乐队计六人，前导"徕儿"和乐队指挥——"竹竿子"（即引舞人，介绍演出内容，因手执竹竿而得名）。其左依次画弹琵琶女乐人，吹笛、击鼓男乐人，拍板女乐人。墓室西壁绘元杂剧演出场面。右侧第一人手持戏折，双手张开。戏折第一行墨书《风雪奇》。由他向观众介绍剧情大意。背后躲藏一小孩，头扎双髻，探头张望。其左侧依次为副末、装孤、副净、正旦，共五个角色。副末左侧为装孤戏中装官者。其左为杂剧演出的中心人物副净，身穿方格子长衫，头戴瓜皮小帽，边歌边舞，以滑稽动作和幽默语言引逗观众笑乐。其左为女装正旦，手持乐器，杂剧曲牌由女独唱：前边画一张红色长方桌子，上边放置果盘和切开的西瓜，果盘内放甜瓜、桃子。

墓门位于正南方。门口两边绘二人。右绘一蒙古男子，穿长靴、双带袍裤，手持丁字棍守护。左绘一带三角木枷男子，似为罪犯。

墓室北壁为正堂画，帐幔启开，正中放一供桌，上有香炉，二只烛台，两边立二侍女举蟠。杂剧正是为祭奠墓主人演出而作。时令是夏季。演出内容为《风雪奇》。这在已发现的元墓壁画中尚属罕见。

朝闻先生对元墓壁画十分感兴趣。他一边仔细观赏，一边讲：副净画得生动传神；弹琵琶女乐人背向观众，很含蓄，画面有变化；持戏折人身后画一小孩偷看，富有生活气息。从演出特色看，保持了元杂剧且歌且舞的特点。这是戏曲美术的重要发现：取材于元代社会生活，对研究中国戏曲史、美术史都是难得的第一手材料。他鼓励我把戏曲壁画艺术与戏曲联系起来研究。古代戏曲壁画是民间画家的可贵创造，讲究以形写神，笔墨简洁，群众喜闻乐见。我向朝闻先生谈了临摹壁画的体会和研究心得，提出元代戏曲壁画《风雪奇》可能是元代杂剧《六月雪》即《窦娥冤》。从壁画中人物分析正旦像窦娥，装孤像窦天章，副末像张父，副净像张驴子，戴枷者似卢医。从剧名"风雪奇"分析，刮风下雪本是自然规律，"风雪奇"令人想到六月风雪才会令人生奇。《山西通志》记，关汉卿是河东解州人。联系起来看，悲剧《六月雪》很可能最早产生于河东。元杂剧《风雪奇》即是世界十大悲剧之一的《窦娥冤》的最早演出形态。朝闻先生听了，认为这种分析不无道理，鼓励我扎根基层，深入系统地研究戏曲美术，定会不断有所发现，大有所为。后来在先生提议下，中国艺术研究院戏曲研究所的所长来信，约我为戏研所临摹了一套元代戏曲壁画《风雪奇》，后收入新编《中国戏曲词典》等书中。

1993年，旅美画家丁绍光作品在中国历史博物馆展出，王朝闻先生应邀参加了画展开幕式。在展览大厅我与先生相遇，先生兴奋地说："山西地灵人杰。你们家乡运城又出了个美术大师。"下午，丁绍光在人民大会堂举行招待宴会，我与先生、师母同坐一席。先生谈起丁绍光曾到天水麦积山石窟考察，曾将传女飞天吸收在绘画作品中，受到欧美观众欢迎，为中国民族艺术添了彩。我也谈到1963年在中央美院学习时，曾去麦积山实习、绘图，我画了一张麦积山石窟侍女，竟和我后来毕业分配到吉林省博物馆工作时见到的一位说明员姑娘十分神似。朝闻先生解放初与画家吴作人等曾去麦积山考察、临摹，对麦积山石窟艺术深有研究。他听后笑着说：古人讲佛教艺术中菩萨像宫娃，你发现侍女像女娃，说明艺术源于生活是一条规律，古今相同。古人讲："礼失而求诸野。"艺术家要面向生活，眼睛向下，继往开来，作品才能出新。

朝闻先生著作等身，坚持"面向生活"，以人民群众的喜闻乐见为己任，坚持用马列主义、毛泽东思想、邓小平理论研究艺术，建构了中国社会主义艺术理论体系和唯物辩证法美学观，主张艺术"以一当十"，倡导真善美，热爱民间艺术，为我们树立了一座理论与实践相结合的美学丰碑，实为我们学习的楷模。

（选自《新中国往事·文苑杂忆》，
中国文史出版社 2011 年 1 月版）

齐派艺术的传人——娄师白

邹士方　秦宝春

娄师白先生是齐白石大师的嫡传弟子，现为北京中国画研究会副会长、中国书画函授大学名誉教授、燕京书画社顾问。师白先生历经坎坷，但他对绘画艺术孜孜不倦地追求，做出了杰出的贡献，把齐派艺术推向了一个新的高峰。

"抓周"时他抓了毛笔

1918年6月，娄师白出生于北京。原名绍怀，号燕生。他的父亲娄德美，湖南浏阳县人。祖父娄守慰是佃农，租种别人的地，地租很高，又加上子女众多，一家生活如牛负重。娄家兄弟姐妹12口人，他的父亲行三。大姑从小给人做童养媳，后来失去了联系；二伯父十几岁时给人撑船，不幸掉在江里死去；娄师白的父亲成为家中的劳动主力。

师白父亲14岁这一年，由于天大旱，田中颗粒未收，祖父急瞎了眼。为了减轻家中的负担，师白的父亲不得不投靠到一个做官的本家中做用人，挣钱养家。当时县衙里的其他用人认为他是官老爷的本家，出来进去都拿他当少爷来称呼，他心里很不是滋味，自觉难看，实在无法待下去，就又托人到常德一个姓朱的太守家做书童。后来，朱太守的女儿朱琪慧，出嫁给湖南凤凰县的熊希龄，朱夫人不放心女儿，即让娄师白的父亲随她到了熊家。

1913年，熊希龄到北京任北洋政府的国务总理，师白父也随之到了北京，后来便成为熊府的管事，并在北京娶了景宇贤为妻。景宇贤是北方人，家境贫寒，没什么文化。师白的父母亲在熊家的环境熏陶之下，不断地自学读书识字和记账，逐渐掌握了一定的文化知识。

有一年，天津闹水灾，遗留下许多孤儿，熊希龄主办了香山慈幼院，收纳这些孤儿。师白的父亲被派到慈幼院采办处工作，筹办粮食和衣物，同时兼管工程，忙得不可开交，师白的母亲即帮助收发清点货物，这样就接触不少商人。商人们为了拉买卖，都要请师白父母关照。此时可谓是娄家的鼎盛时期。娄师白就出生在这样一个家庭环境中。由于父母文化少，吃过苦头，所以希望孩子长大成为一个有文化的人，这种望子成龙之心是非常迫切的。

在"抓周"的那天，桌子上摆满了吃食、玩具刀枪、算盘等东西，师白都不抓，却抓了毛笔，父母亲很高兴，认为将来他会成为一个了不起的人物，于是，更加强了对师白培养的信心。

听"封箱戏"

师白五六岁时，父亲经常带着他去拍卖行看古玩字画，培养他对字画的兴趣。还经常带他看京剧，尤其是每到旧历年前，梅兰芳、杨小楼等一些名角为了梨园行的人过年举行义演，这叫"封箱戏"，意思是唱完后封了箱过年。这一场戏的收入全部捐给梨园行的困难户，而他们一个钱也不要。这种戏票票价比平时戏票要高两三倍，经常摊派给当地士绅之家。熊希龄家这种票摊派很多，他们自己没有时间看，就让师白父亲去。父亲总是带着师白一起去看戏。回来后，师白总要把戏中的人物画出来。尤其喜欢画那些武生人物，像赵子龙、周瑜、黄天霸等。

师白7岁时就读于西城铁匠胡同师大第二附小，初中上的是志成中学（今北京35中）。小学时手工、写字、图画课成绩很好，他的画还在学校展览过。中学时，他对数学、几何、物理不感兴趣，喜欢图画课和动植物课，常常照着标本图作画，画动物、植物。

后来熊夫人朱琪慧故去，熊家大院起了变化，师白的父亲调到香山去上班，全家从熊家大院迁出，搬到西城沟沿太平桥居住。

初中毕业后，师白因病辍学，师白的父亲为他请了位家庭教师，在家里给他补习功课。此人叫金茂卿，有50余岁，是个失意破落的满族人。他不仅对古文深有研究，而且深谙医道。这个老师使师白接触了老庄的哲学和一些隐逸遁世的文章，培养了师白对古典文学的兴趣。同时也灌输了"两耳不闻窗外事，一心只读圣贤书"的思想。

巧遇名师

1932年暑假，师白的父亲从家返回香山上班时，在长途汽车上等着开车。他的座位前面，坐着一位长须老人和一位中年妇女，带着两个孩子。一些卖香烟、糖果的小贩老是围着他们转，惹得孩子叫嚷着要买糖。这位老人突然对小贩大声喊道："你们不走开，吃了东西我是不给钱的。"他的一口湖南腔，引得全车人都对他注目而望。父亲听他是同乡口音，就问老人到何处去。老人说是送两个孩子到香山慈幼院去读书。二人互通姓名后，师白父亲知道了老人就是著名的大画家齐白石。

恰好白石大师的家住在跨车胡同，娄家住在太平桥，两家只隔三四百步远。由于师白父亲和齐先生不仅是同乡，又在慈幼院工作，而且两家是邻居，因此，齐先生委托师白父亲照顾他的两个上学的孩子——齐良迟、齐良已。

这以后，齐先生常到娄家来，有时托师白父亲给他的两个孩子带些东西。师白也常到齐先生家去，送个口信，或者取送东西。就这样，他进入了齐家大门。

第一次去齐家时，两扇黑漆大门紧紧关着，在右手门框上有一个拉铃，两次拉铃之后，又等了一会儿，才听到齐先生的声音。师白从门缝中看到齐老撩起衣襟，拿出钥匙开了门锁，打开一扇门。等师白跨进后，老人随手把门关了，又把锁锁上。

堂屋两边放着猪肝色漆的大画案，画案中间铺一块灰色毛哗叽，放着笔筒、水盂和砚池。画案后面有个大立柜，立柜顶上挂着徐悲鸿先生给齐老画的油画像，另有两个屉柜，两柜中间有齐老父母的小照，靠北墙的一张长条案上，放着他祖母的墓志铭。齐老和气地让师白坐下，并开了柜子，拿出几片麻糖放在碟子里让他吃。

当师白告辞时，老人拿起笔画了一幅棕树小鸡交给师白说："这画是给你父亲的，你带回去吧。"师白告辞出来，老人还是跟着到大门，又撩起衣襟，从裤带上拿出那串钥匙开锁开门。后来，每次他去齐家，总要待个大半天，在画案旁默默地看齐老画画。有时哄齐老的女儿齐良怜玩耍。

正式拜门

齐白石先生已经70岁了，他看到14岁的师白很斯文，在他面前规规矩矩有礼貌，就时常夸奖师白讨人喜欢。

1934年暑假，师白父亲的一些朋友和同事知道师白喜欢画画，他们就拿了一些扇面来让他画。原先他常照《芥子园画谱》和《张子祥课徒画稿》给人画，自从看到齐老画画后，他就仿着齐老的画法画。一次，他画了十几个扇面，摆在桌子上晾着，正好齐老来娄家，看到这些画连连夸奖。他对师白的父母说："你的这个孩子胆子很大，敢画，笔墨很像我。我愿意收他做徒弟。我们两家'易子而教'，如何？"师白父母听了很高兴。于是母亲选了个好日子，在立秋前一天，买了两盒干果、两件衣料，父亲用大红纸写了祖孙三代的门生帖子，领师白，带着礼物，去齐老家行了叩头拜礼。并对他的夫人胡宝珠也行了礼，从此称她为姨师母。齐老开了他的柜子，拿出李鼎和笔铺做的一套纯羊毫笔、一本《白石诗草》、一本《借山吟馆诗草》、第三册《白石画集》和两本白石印谱，还亲自用戥子称了一两西洋红，装进一个空瓶里。他笑着说："你的穷老师没有什么东西送你，就拿这些做师徒的见面礼吧！"从此，师白就成为白石老人最喜爱的一个正式门徒，也是师从白石老人25年之久，诗、书、画、印全面继承的唯一的入室弟子。

言传身教师徒情

齐老喜欢师白的少年老成，沉默寡言，学习踏实，无急于成名成家的追求。师白对老师毕恭毕敬，想趁老师健在之时，抓紧时间尽量多学几手。

老师对师白要求很严，每隔两三天，如果学生不拿着画去让他指教，或者不去他家看画画，他就叫用人来家找他。

每次老师画画后，叫师白拿回家去照样临摹，画几张给他看，有时限定两天后就要临好。老师将学生的画和自己的原作对照，指出哪些地方用笔对、用墨好，哪些地方不足。他不仅看学生临摹的画相似不相似，还说明他自己作画用笔用墨的意义，使学生体会更深。一次，师白见老师画室的墙上，悬挂一幅梅花喜鹊，署名"古月可人"。老师向学生介绍说，这个人是湖南家乡的一位画家。梅花画得俗不可耐，但是，这只喜鹊的笔墨，神形可同八大媲美，我现在还要学学。老师教师白画画，是毫无保留的。从用炭条开始，直到最后完成，都让师白在旁边看着，为他抻纸。时间一长，师白便成了他的上下手，像自家人那样出入室内。

那时，师白不仅学老师的画很像，就是老师在画画时的姿态、构思时眉头嘴角的小动作，他都学得很像。老师的子女良迟、良已、良怜，都比师白小几岁，师白就故意做给他们看。连老师训斥他们、骂他们的话，他也学得神气十足，逗得他们哈哈大笑。老师在师白的画上题："娄君之子少怀之心手何以似我，乃我螟蛉乎？"老师又谆谆告诫学生："画画小技，人拾者则易，创造者则难。拾得者半年可得皮毛，欲自立成家，至少辛苦半世。"

老师每画完一幅画，就把它和相同的作品一起挂在墙上，仔细观看。这时候，他总要向师白发问："你看哪幅最好？"如果学生和老师看法一样，他就捻着胡须一笑。看法不同时，他就给学生讲解。

师白以为，大写意画只不过是对绘画的对象大概有所了解就行了，其实不然。愈是大写意，愈是高度的概括，就更需要对绘画的对象有仔细的观察和深刻的了解。一次师白看老师画鲤鱼，老师问他："鲤鱼身上有一条中线，它的鳞片是多少，你数过吗？"这一下问得他张口结舌，无法答对。老师循循善诱地告诉他有32片。又有一次老师问学生，虾的结构是从第几节弯起？师白说，从虾身第四节弯起。老师满意地笑了，说："也还如得（也还不错）。"

改　名

学画三年之后，老人教师白学篆刻。他要师白先读汉印，从临摹入手。

老师要师白多买些石章，但不一定要买好石头。师白首先刻自己的名字和号：娄绍怀（名）、燕生（号）。一白文，一朱文。老师看了说："用刀也还如得（要得），篆字章法安排得不好。明日拿两方图章来看我刻。"

师白高兴极了，到琉璃厂伦池斋纸店买了两方干黄图章送了去。老师看后，问花了多少钱。他说干黄这种石头比较硬、价钱又贵，还不如买一般的寿山石或青田石，最好到晓市上去买，价钱也便宜。从此，师白就常到晓市去购买旧石章。由于老人曾自称"三百石印富翁"，师白也要刻它三百块石章，想以后自称"后三百石印富翁"。

当老人为学生刻名章时，把绍怀的"绍"字改成"少"字。他说："老者安之，朋友信之，少者怀之。'少'字比那个'绍'字意义更好些。"刻完名章，老人又为师白刻号。他说："你号燕生，这个号太俗了。你向我学画，学得很像了，将来要变一下，必能成大家。他日有成，切莫忘记老师。我给你改个号叫'师白'吧？"学生听了很高兴。

齐白石老人的画在市面上卖得很快。当时有几家南纸店经售老人的画：一是清秘阁，二是荣宝斋，三是伦池斋，后来又增加了欣生堂等书画南纸店。

一天，师白拿了几幅已经完成的画去请老师看，老师看后摆在侧案上，师白有事就离开画室了。恰巧琉璃厂伦池斋来人找齐取画。老人说，现在还没有画好，过几天再给你。来人就在侧案上翻看师白的画，以为是老人画的，一定要求老人题款让他拿去两张。

后来，老人从师白画中，选了一幅《青蛙芦苇》，题词："少怀弟能乱吾真，而不作伪，吾门客之君子也。"

"老师健在，我决不出名卖画"

师白向白石老人学画的同时，于1936年考入北京美术学校。1937年七七事变，日本帝国主义军队侵入北平，天津、华北相继沦陷，这个学校由日本人接管。当时，李苦禅教花鸟画，罗芷园教山水。

1939年，师白考入辅仁大学美术系。

大学一年级时，师白的父亲去香山慈幼院上班，发生汽车翻车事故，不幸去世。家中只有母子二人相依为命，靠领取抚恤金生活。那年师白只有23岁。勉强维持到大学毕业，家庭生活的担子落在了师白身上。齐白石老人介绍他到京华美术学院任讲师，学院的待遇特低，每月收入只有一袋面粉。齐老见师白生活困难，十分同情，就对他说："少怀，如今你的画和刻印也都学得可以了，我为你写个润格，你也到南纸店去挂个笔单，试试看，多少也可以贴补点家用。"师白对老师非常尊重，他说："老师健在，我决不出名卖画或刻印。我不能与老师唱对台戏，更不能与老师争名利，得便时请老师给我找个事情干好了。"

老师对学生的表态十分满意，就在师白画的一幅草虫上题写："娄生少怀，不独作画似予，其人之天性亦酷似，好读书，不与众争名，亦不为伍。"这就是过去师白为什么一直把绘画作为业余之事，直到白石老人逝世后，1958年才从事专业绘画，以画家面目出现的原因。

日本占领时期，师白生活最困难之时，恰巧有一天，齐老的同乡胡汉翔（新民会北京市总会的部长），来看齐老，齐老就把师白介绍到他那里做雇员，以挣钱养家。可是没想到后来给他派了个去郑州为日本军宣抚的差事，他认为"苟且偷生于乱世"已经够惨了，为日军宣抚万不能干，于是决心辞职。为了免遭迫害，他只好装精神病住进北大医院（背阴胡同），一住就是两个月。朋友们去看望他，他装疯卖傻不认识，给他买的食品，他不吃。看护他的护士以为他真是精神病，就随意地吃他的那些食品，他装作看不见。直到风头过去，他才出了院。

抗日战争胜利，举国欢腾，这时国民党92军接收北平，军部设在现中央音乐学院，政治部设在石附马大街路北的原女子师范学院。齐老的亲戚易恕孜在92军任报纸总编，政治部主任侯吉辉是同乡，都特意来看望齐老，齐老异常高兴。通过这些关系，齐老把两个儿子齐良迟、齐良已和师白三人一起推荐到92军政治部里工作，师白在那里教美术。

1946年国共和谈破裂，内战兴起，师白反对内战，马上辞职。又到《民语报》当校对，每天晚上上班。有一次头条新闻中一个关键的字没有校出，造成大错。被社长写了个条子："此人无头脑着即辞退"，于是又失业了。

齐老非常关心师白，通过一个在傅作义手下工作的湖南同乡介绍师白到补给区司令部下属的一个委员会做雇佣工作。直到北平和平解放，傅作义将军率部起义，师白被编到中国人民解放军京津前线司令部人事处理委员会第一招待所做财务组组长。离部队后，师白又担任过美术教员，北京市房管局干部等工作。1957年，齐老逝世后，在周恩来总理的关怀下成立北京中国画院，师白被调到画院工作，才正式成为专业画家。

创　新

1958年"大跃进"，师白作为画院的花鸟组组长，带头下到街道搞"诗画满墙"。随后又到人民公社去体验生活。那时团中央号召种蓖麻，师白也亲手种了蓖麻，对蓖麻有所了解，知道它无需占用田地，只

是在田边堰埂上撒下种子即可生长，既不用施肥，也不用深耕细作，而它对工业油料贡献很大。因此，他把蓖麻和不求人知的革命战士的崇高人格联系起来，使蓖麻人格化了。他觉得过去画家只画牡丹而无人来歌颂蓖麻是不公平的，应当把蓖麻画得比牡丹更好看。这是他开始离开前人范本的第一步。他反复运用笔墨概括形象，表达自己的思想感情，经过了百十张画面实践之后，才勉强选出一幅较满意的作品《蓖麻的丰收》。这张画参展后博得好评，并被选入花鸟画选集中。他画的蓖麻，造形夸张，旨在表现这一植物对人类生活的重大贡献。通过这次创作，使他进一步体会到生活是一切艺术创作的源泉。这是他学习齐老师"衰年变法"的开始，也是对老师"学我者生，似我者死"教导的具体实践。

1961年，师白参加了中国美协组织画家去西南四省（云南、广西、四川、贵州）的写生。同去者有吴一舸、伍一真、秦仲文、王雪涛、潘絜兹、关松房等人。他看到了祖国秀丽的峨眉山，幽静的青城山，雄伟的玉龙山，云雾环绕的苍山，辽阔的洱海、滇池，奔腾的天险乌江，以及山水甲天下的桂林。历时一个多月，使师白眼界大开。遗憾的是他上峨眉时摔坏了腿，没能到达金顶。

这次远游，使他在创作方面收获极大，不仅在山水画方面多有裨益，就是对花鸟画意境方面的变化也产生了很大的作用。回来后不久，他创作了一幅《八哥百合》，在笔墨和意境上都有变化。此幅作品与白石画法明显的不同在于构图、色彩的相异，如齐老画石惯用圆勾、写意，而师白则采用斧劈皴。他深深体会到"外师造化，中得心源"的重要。这幅四尺整纸的《八哥百合》受到各方面好评，被北京市美协收藏，对外友协多次携其出国展览。

同年师白与崔子范、秦仲文到长春出席东北三省画展，顺便登上了千山，并参观了鞍钢、抚顺露天煤矿，看到我国工业的发展，心中充溢着创作的欲望。

在三年自然灾害期间，师白随画院花鸟组深入京郊永丰公社去体验生活。他在养鸭场生活了几个月，对雏鸭产生了感情，觉得这些雏鸭和儿童一样，洋溢着天真活泼的稚拙气，给人生机勃勃的感受。于是师白以白石大师塑造雏鸡的笔墨创作了雏鸭的形象，成为他的主要代表作。这是他继承和发展白石艺术的自然变化。同年，他将学习齐派治印的体会并结合多年来对我国治印艺术发展的研究而写出的《怎样治印》一书由人民美术出版社出版了。

1963年，他与画院的胡絜青、屈真、徐聪佑、洪怡等画家前往山东菏泽观赏牡丹，写生作画。他改变了齐老的画法，又作了新的尝试。

1964年后，师白参加了"四清工作队"下乡搞"四清"。接着"文革"到来，在批判齐白石的浪潮中，师白是当时唯一首当其冲的弟子。正当娄师白的艺术创作进入创新层次的时候，"文革"摧毁了他的艺术憧憬。

1972年，师白调到北京美术摄影展览办公室工作才又拿起了画笔。1973年，借全国美展，师白创新之作《鸭场归来画此一角》同观众见面，这也是他画雏鸭形象的首次公开问世。不久此画为《人民画报》刊出（1974年第1期）。

1976年，粉碎"四人帮"，北京画院举办"双庆展览"，师白精心创作了《春满人间》（藤萝牡丹）参展。所绘的牡丹独具特色，自成风格。与齐白石大师的牡丹大不一样；所绘藤萝更是另辟蹊径，别有韵味。

1979年，他到湖南，在岳麓山看到霜打的枫树林，不禁联想到杜牧和毛泽东的诗词，产生灵感，着手创作《层林尽染》。为突破樊篱，他运用了西画的透视和水彩画的一些表现手法，着意于远近深浅的处理，加强了枫林的层次和空间感，在创作出新中又迈出了一大步。后来该画选进了《北京画集》。

足迹遍及海内外

1981年8月，师白和尹瘦石、张仁芝三人代表北京画院去加拿大温哥华文化中心展出其四张作品，得到好评，同时应邀在维多利亚大学和文化中心以"齐白石艺术欣赏""齐白石的艺术"为题做演讲，使很多专家学者对齐白石的艺术有了更深一步的了解，产生了广泛的国际影响。

1981年8月，《娄师白画辑》由人民美术出版社出版，30万册，当年就被争购一空。翌年春，师白为京丰宾馆大餐厅创作了12m×4m的巨作《春满人间》，画面上牡丹怒放，簇拥着两块巨石，流光溢彩，藤萝迎风竞秀，石畔清溪潺潺，两只黄鹂轻歌曼舞，一派艳阳春色。如此结构严谨、气韵生动的巨幅花鸟画，在我国花鸟画史上是罕见的。师白在此画上题句云："予从事绘画五十载，未曾作此巨幅，今以大笔积墨为之，试图新意，或有别趣。"观此画不但可以领略到师白清新、典雅的画风，而且可以感受到老画家宏伟的艺术气魄和他对祖国新貌的一片热忱。

1984年春，师白应美国加利福尼亚工艺美术学院和马利兰艺术学院之邀赴美讲学。这两个学院分处于美国大陆的东、西两岸，这就使他有机会由太平洋岸边到大西洋岸边走马观花，得以与美国的许多艺术家接触。一个月的时间，他参观了洛杉矶、纽约、华盛顿等地。

1986年4月，"李可染中国画展"在北京开幕。5月，师白为此撰写长文《胸中藏丘壑，笔底壮山河》。这篇画论是师白重要的理论著作之一。

1987年1月，师白携夫人出席新加坡举行的"娄师白书画篆刻欣赏会"，展出佳作80幅，博得好评。师白并在新加坡国立大学校外进修

系、颐年中心、南洋美专、鹅榜民众联络所等地讲学。讲演的题目分别
为《我的创作体会》《妙在似与不似之间》《齐白石艺术欣赏》《齐白
石绘画艺术的特色》《齐白石篆刻特点》《齐白石艺术特色——画法及
色彩》。

新加坡的报纸如《海峡时报（双语版）》《联合早报》《联合晚
报》《新明日报》等报刊以及广播电台都编发了关于师白的消息、访问
记、画家像、作品图片等。吴启基在其所撰《齐派艺术万古长青——论
老画家娄师白》一文中认为师白"所画的鸭，可以和齐白石的虾、徐悲
鸿的马、黄胄的驴一样，都属于'只此一家'之作"。在《海峡时报
（双语版）》发表的陈万发所撰的《师承白石也创新》的访问记中报道
了师白的谈话。他说："跟齐白石先生学画，能兼学写意和工笔画的比
较少。齐白石的三个儿子全面继承他，其次就是我。"

同年3月底，应美国旧金山州立大学之邀，师白赴美讲学，为时十
周，讲授国画和篆刻。美国《中报》《世界日报》《国际日报》、香港
《文汇报》等分别以《大陆国画家娄师白金山传授齐派画艺》《师承齐
白石的娄师白》《从中国来美讲学、齐白石弟子娄师白访问记》《国画
篆刻名家娄师白开班授艺》等为题刊发了消息、访问记和照片。文中写
道："娄师白教授除了继承齐派概括力强，移形写神及主题健康有活动
力的画风之外，并另创新意，于构图、背景上增加空间感和层次感，可
谓承名师而创新意，有其独特之风格。""娄先生的画'瞩目自然，留
情景物'，他的书法和篆刻在传统上又有所革新。""他在金石方面随
时代而变，立意创新。"

在美时，他打听到师妹齐良怜在台湾的下落，就用电话和她及她的
丈夫易恕孜取得联系。告诉她"文化部发给了你们家捐画的奖金，你也
有一份，存在你四哥那里，希望能回来看看。"

《齐白石绘画艺术》出版

为纪念白石大师逝世30周年，1987年9月，师白的绘画理论和绘画技法著作《齐白石绘画艺术》第一分册——《水族水墨写意画》由山东美术出版社出版。其余三个分册——《花卉、蔬果》《翎毛、草虫、走兽》《山水、人物》也将陆续出版。这是他作为齐派传人对齐白石大师绘画理论和绘画技法的一次全面地介绍和总结。可以说他对艺术辩证法的掌握已达到了炉火纯青的地步，这是作为一位成熟的艺术家的重要标志。

在他所著的《齐白石绘画艺术》一书中深刻阐述了齐白石的创作思想及其艺术发展过程。

当时师白特为《齐白石绘画艺术》出版作诗五首，悼念恩师：

其一

少年拜在名师下，授我专长绘百花。

警句吟来提笔注，传真画就著词夸。

回思南院摘新苋，更忆西山看晚霞。

门客三千惟厚我，缅怀遗范泪如麻。

其二

趋步追随廿五秋，诗书刻画眼中收。

锻钢为剑依磨练，育树成材赖整修。

涂蟹告知足四对，观花必数蕊多头。

书分四部当思报，欲把师传付五洲。

其三

忌日隔年已卅秋，萧萧落叶使人愁。

读诗联想借山馆，食蟹还思八砚楼。

往岁遗言声既邈，此时哀挽泪空流。

衰年变法承师训，突破樊篱已白头。

其四

立雪程门对降帱，先生为我细梳头。

痴顽弟子思恩极，绘画书成志已酬。

其五

音容笑貌梦中醒，读罢哀章寄九冥。

下笔千言成四部，艺传千古慰英灵。

1989年2月11日，师白艺术研究会在北京成立。娄师白任名誉会长。

娄师白以他广泛的艺术实践和精深的理论研究将白石大师的艺术精髓全面系统地继承和发扬，把齐派艺术的浪潮推向一个新的高峰。

（选自《文史资料选辑》第 122 辑，

中国文史出版社 2011 年 9 月版）

国画家齐佛来的人生和艺术

屠建业

齐佛来，一位和善、谦恭、不事张扬的86岁老者，为了弘扬祖国的传统艺术，仍在国画艺术的殿堂中苦苦求索，孜孜不倦地研习、升华。

初识齐老

齐老是北京市文史研究馆馆员，身兼多种学术和艺术职务，如西北大学美术系教授，湖南湘潭市政府和燕京书画社顾问，山东、吉林等省的齐白石艺术馆馆长、名誉馆长，等等。

13年前的一个春光明媚的三月天，在钓鱼台国宾馆芳菲苑宽敞的多功能厅，首都一批闻名遐迩的书画大家，在一起洒翰墨、挥丹青，欢天喜地迎接马年。一位中国美协的朋友，指着正在全神贯注、重彩浓墨一幅"老来红"的写意花鸟的老者，"这位先生就是艺术大师齐白石的嫡长孙齐佛来。"在此之前，我只是久闻其大名，而无缘与老先生谋面。朋友的指点和心仪已久的钦佩，令我着实端详了好一阵。齐白石老人的这位爱孙，当时已七十有二，1.75米的身材，矍铄而儒雅，瘦而不弱，老而弥坚，与人交谈是那么和善、友好，发自内心的笑容中带着艺术家的质朴和率真。从佛来老的神态和脸部的轮廓、长相上看，颇具白石老人的遗传基因。

佛来老给我的第一印象非常深刻：其形象年龄远远低于他的生理年龄，不知根底的人看来也就60岁上下。其精神状态，与年轻人相近，文思敏捷，多才多艺，诗书画均能挥洒自如，特别是古体诗词，佛来老更是驾轻就熟，每每有感而发，多有佳句。

逆境育英才

老先生生平好动，喜游山玩水，祖国的名胜古迹，大都留有老先生的足迹。2001年，已届83岁高龄，还应成都军区之邀，到世界屋脊的日光城拉萨从事艺术活动。临行前，家人和朋友都有些担心，怕老先生适应不了高原气候而产生意外，齐老坚持以种种理由说服大家，直至登上前往西藏的飞机。在拉萨从事艺术活动的间隙，他还游览了布达拉宫和大昭寺等名胜古迹。老艺术家的胆识和良好的身体素质，使西藏友人和老先生的亲朋至爱称羡不已。

齐老常说："我的好身体是从饱经磨难和患难中修炼出来的。"正如其诗中所云："我生逢不辰，军阀相混扰。吞声草莽中，廿载惊弓鸟。倭寇会侵凌，残生一线渺。黑夜过八年，东方天始晓。满拟旭日升，万物春回早。曷忆水旱风，灾害连年搅。哀哀彼生灵，朝夕苦难保。衣没以衣寒，饥尤无以疗。奚独荷天恩，一粥独能饱。"

在新中国成立前二三十年的战乱年代，齐老备尝艰辛，他在精心照顾祖母（白石老人原配夫人）和妻子的同时，还在湘潭、耒阳、邵阳一带为雪家仇国耻，参加一些抗日救国活动，受尽颠沛流离之苦。

1966年，齐老一夜之间沦为"阶级敌人"，饱受造反派的欺凌侮辱。一家五口被遣送回湖南老家劳动改造。由于当地政府不敢接收，举

家三次往返湖南、北京之间，折腾得昏天黑地。衣食无着，饥寒交迫，几经周折，终于在老宅借山馆后自建茅舍草屋住下，一家人在艰难岁月里，靠放牛、种菜、拾粪、捡薪度日。逆境下，齐老没有悲观沮丧，而是以积极的态度、顽强的精神迎接命运的挑战。他白天从事繁重的体力劳动，晚上挑灯赋诗作画，诚如他在一首《山居》诗中所言："自作吞声草莽氓，菜花香后枣花香。雨来防漏移床架，夜不闭门待月光。米贵疗饥多煮粥，盐荒烹菜少加汤。山层未减同仇忾，舞罢鸡声气更昂。"

多灾多难不但没有压倒齐老，而是更加激发了齐老的斗志和诗画创作的激情。这正应了太史公在《报任安书》中所言："仲尼厄，而作《春秋》；屈原放逐，乃赋《离骚》。"愤怒出诗人，逆境育英才。

笔耕不辍活力无限

少年时代，齐老在白石老人身边朝夕耳濡目染，不但酷爱国画，而且喜爱诗词歌赋，特别对旧体诗很是偏爱。白石老人对童稚时的齐老即言传身授，教其攻读《剑南诗钞》《千家诗》《唐宋诗词》等。外祖父王仲言在当时的湖南亦有诗名。他对聪颖好学的外孙启蒙学诗的作用也不小。曾以"向使春华能努力，挥毫端可扫千军"的诗句见赠，以励后进。几十年来，齐老笔耕不辍，著作颇丰。得益于改革开放的新形势，靠着他结实的身板和旺盛的精力，齐老的书画创作进入了一个高峰期。在近20年内，他游遍了祖国名山大川，应邀出访了不少友好国家，访问、讲学、传艺，笔会雅集，艺术青春似乎又回到了老先生的身上，创作热情胜似青壮年。老先生有近4000幅书画作品在国内外流传，旧体诗3000余首，结集面世。

我与齐老及其公子——中年画家、书画文物鉴定家齐来欢是多年的朋友。前年农历马年，适逢齐老本命之年。春节期间，到齐府拜访。在谈及老先生的老当益壮时，齐老颇多感慨。

"第一，我一生不被名利所缠，不随世俗俯仰。能安于清贫，能以平常之心待世间人和事。

"第二，生活起居有规律。习惯于早睡早起。没有极特殊的情况，中午睡一觉的积习雷打不动。

"第三，不抽烟，不喝酒，饮食顺其自然，不挑食，不偏食，什么都吃，不忌口；但平日餐桌上更多的是一些清淡食品和新鲜的瓜果蔬菜。

"第四，多活动，勤走路。常安步当车胜似大补之营养品。

"第五，心平气和，能善待自己的身心，能驾驭自己的情绪。遇到高兴事，不忘乎所以，不失态。碰到糟心事，能从积极方面换位思考，福兮祸所伏，祸兮福所倚嘛。'塞翁失马，安知非福'的事是常有的。要向林则徐看齐，能制怒，少烦恼。"

在与齐老交友的十年多中，什么时候见到齐老，他都是那么精神、乐观，面带微笑，言语蔼然。

我相信，凭着齐老的天赋、勤奋和执着，他的艺术生命一定会和他的健康身心一样，生机盎然，活力无限。在祖国艺术百花园中，会展现出更加馥郁芬芳的光彩。

（原载于《纵横》2004 年第 6 期）

一代戏剧大师焦菊隐

张　帆

　　焦菊隐，原名焦承志，1905年生于天津，祖籍是浙江绍兴。他的曾祖父焦佑瀛是清咸丰皇帝托孤的八大顾命大臣之一，后因冒犯慈禧太后被罢黜，蛰居天津，以后焦家日趋没落，到了焦菊隐的父辈，家境更为贫穷，几乎是苦不堪言。因为穷，焦菊隐九岁才上小学。就在他小学行将毕业的时候，"五四"运动影响到了他的学校，他参加了同学们组织的新剧社，自编自演《聊斋》里的故事。当时演剧者盛行用艺名扮演角色，"社长"派给焦承志的名字叫菊影，他觉得此名偏俗，于是改为菊隐。这个名字便伴随他度过了以后的人生。焦菊隐全身心地研究戏剧，是在大学毕业后的1931年，那年他受人之托，创办了"中华戏曲专科学校"。焦菊隐对中国戏剧事业的贡献，可从他创办"中华戏曲专科学校"谈起。

　　留洋学生来办戏曲学校，在旧中国是首创。焦菊隐过去很少接触戏曲，要摸索办学的一套办法，颇费苦心。这个不甘无所作为、苟且因循的年轻人，在中国戏曲史上，首次向旧的传统教学方法发起了挑战。他在继承科班教学优良传统的基础上，大胆地采用了一套新型的教育制度和教学方法。比如实行男女合校，开设京剧音乐伴奏专业。课程设置也十分广博，除做功、唱功、武功、昆曲等课程外，还开设了国文、历史、音乐、话剧、国画等课，甚至还设有外语课。此外，他还破除了梨园行中后台供奉祖师爷，演出时饮场、扔垫子等陈规陋习。在排演时，为突出人物的思想性格，他对一些传统唱腔也作了革新。这一切在现在看来，理所当然，但在当时，那就是叛逆！焦菊隐在校任职的三四年间，把自己充沛的精力全部献给了这个学校，他为中华戏校培养了德、和、金、玉四科京剧演员，其中不少已成为一代名优。

1935年9月到抗日战争爆发，焦菊隐在法国的巴黎大学攻读文科博士学位。在异国他乡，他认真地、广泛地学习和研究西方的文学和戏剧，在融会、鉴别和比较中西方戏剧的基础上，经过一年的潜心学习和研究，以流畅的法文写出了博士论文《今日之中国戏剧》。在这部十余万字的著作中，焦菊隐详细论述了中国京剧的发展和艺术特色以及20世纪30年代戏曲的教育体制及发展前景，同时也反映了话剧在中国的情况，内容涉及剧目、表演、化妆、服装、布景、灯光、剧场管理、人才培养等各个方面。这篇论文凝结了焦菊隐对祖国戏剧遗产的深厚感情，从中也显示出他对戏曲艺术的渊博知识和真知灼见，即使在今天看来，这篇论著仍不失为一部研究中国传统戏曲艺术的宝贵文献。

1938年，焦菊隐拒绝了留在国外优厚物质条件的教授聘请，毅然回国投入抗日洪流。但迎接他的却是一生中最为坎坷的岁月。战争给他带来的是失业、颠沛流离和穷困潦倒。尽管如此，他并不后悔回国的抉择，义无反顾地投身到进步的戏剧活动中，决心为抗战戏剧做出自己的贡献。这期间他在桂林、江安、重庆等地分别导演了《一年间》《明末遗恨》《日出》《原野》和《桃花扇》等剧。他还应聘江安国立剧专任话剧科主任，教授导演、表演、舞台美术、剧本选读等课程。精力充沛的焦菊隐，除排戏、教书外，还撰写了《旧剧构成论》《旧时的科班》《旧剧新诂》《桂剧之整理与改进》《桂剧演员之幼年教育》等文章，在理论上为旧剧和桂剧的改革做出了贡献。

1942年底，焦菊隐到了重庆。他很想组织一个剧团，排演自己喜欢的戏。然而现实是残酷的，等待他的是失业。有两年左右的时间，他没有固定的职业和住处。有一次，他病倒在床上，身无分文，发着高烧，几乎到了死亡的边缘，没想到在这濒临绝境的关头，一个业余爱好文艺的青年来看望他，临走时，在他的枕下悄悄地塞了一把钱，他才活了下来。就是在这样艰难的岁月里，焦菊隐系统地研究了苏联戏剧大师斯坦尼斯拉夫斯基的演剧体系，并以惊人的毅力翻译了丹钦柯的《文艺·戏剧·生活》《契诃夫戏剧集》及匈牙利剧作家贝拉·巴拉希的《安魂曲》，还翻译了左拉的长篇小说《娜娜》。

投身于进步的戏剧活动、研究地方戏曲的改革、探索斯坦尼演剧体系并翻译苏联进步戏剧家的著作，这是焦菊隐在抗战时期的主要贡献。

1946年下半年，焦菊隐回到了阔别多年的北平，在北平师范大学任西语系主任，但他所向往的依然是他所酷爱的戏剧事业。不久，他被地下党领导的演剧二队请去排《夜店》。

《夜店》是柯灵和师陀根据高尔基的《底层》改编的剧本，完全中国化了，该剧没有曲折的故事情节，它所展现的是一群下层人的生活。导演《夜店》是焦菊隐有意识地运用斯坦尼体系的初步实践。为了在舞台上表现真实的生活，他要求演员们到天桥的鸡毛小店和三等妓院去观察生活，要求演员和舞美设计自觉地把体验生活与创作结合起来。这些在今天看来是天经地义的事，而在那时提出这样的要求，可是个创造。结果《夜店》成功了！活生生的人物形象、逼真的舞台场景、令人耳目一新的导演构思，轰动了北平的剧坛，在北方的戏剧史上揭开了新的一页。一向只被人看作学者教授的焦菊隐，以其杰出的导演才能，第一次引起了人们的关注。

这次与二队的融洽合作，使焦菊隐增添了实现自己远大抱负的信心。在有关方面的支持下，他筹建了北平艺术馆。艺术馆设戏剧、电影、美术、音乐、舞蹈五个部，其中戏剧又包括话剧和京剧。艺术馆成立后，焦菊隐选排了夏衍的话剧《上海屋檐下》和欧阳予倩的新京剧《桃花扇》。这两个戏的演出对当时的剧坛产生了不小的影响。不久，北平艺术馆又解散了。之后，焦菊隐不甘寂寞，组织校友剧团将莎士比亚的名剧《罗密欧与朱丽叶》改编为京剧《铸情记》，并担任导演。这在中国的戏曲史上是第一次将莎翁的戏搬上京剧舞台。这不能不说是焦菊隐的又一次创新。

纵观焦菊隐前半生的坎坷经历，我们不难看出，在旧中国，一个爱国学者要想实现自己的追求和理想是多么地不容易。正当他非常苦闷的时候，新中国诞生了，他怀着游子找到母亲般的兴奋参加了全国第一次文代会，看了不少解放区的文艺作品，熟读了许多马列经典和毛泽东的文艺理论。他期待着施展才华的机会。

1950年元旦，北京人民艺术剧院（称"老人艺"）成立了，院长李伯钊约请老舍先生创作了多幕话剧《龙须沟》，并特邀焦菊隐来院执导。两年多以后，1952年6月12日，今天的北京人艺成立，曹禺为院长，焦菊隐离开北师大，正式调入北京人艺，任第一副院长兼总导演。

倘若从老人艺算起，焦菊隐与我们共同生活了25年，刨去"文革"时代，他在人艺实际上工作了16个年头。在这16年里，焦菊隐为北京人艺和中国的话剧事业作出了不朽的贡献。曹禺说："焦先生在北京人艺尽心致力于中国话剧民族化的创造，奠定了现实主义创作方法的基础。他创造了富有诗情画意、洋溢着中国民族情调的话剧，他是北京人艺风格的探索者，也是创始者。"

在此只举两个戏的例子。

老舍先生的《龙须沟》，剧本写得很好。人物性格突出，语言生动，全剧写得特别简练。当时于是之也才二十五六岁，剧组中其他演员也大都是经验不足的年轻人，演好这样的剧本是相当困难的，焦菊隐排《龙须沟》，像排《夜店》一样，他首先要求全体演员和舞美工作者用

差不多三个月的时间到龙须沟去体验生活。每个演员体验生活的笔记，他都要看，并在上面作批注，他还要求演员写角色"自传"。他告诉演员们"要想创造人物形象，必先要有心象"，要求演员在生活的过程中，不仅体验内在的思想感情，还要观察人物的外在特点，逐渐积累、选择，以便创造出"心象"，创造出舞台上活生生的人。

此外，焦先生还非常注意处理好群众场面，对每一个小角色，以至无名无姓的群众角色，他都不放过，像要求主要角色一样地要求他们，他非常讲究戏的全局。焦先生对舞台美术的要求也是一丝不苟的，他对演出的整体感是非常重视的。

《龙须沟》的演出获得了很大的成功！《龙须沟》为北京人艺奠定了现实主义的基础。《龙须沟》的经验，经过以后的发展，就凝聚成三句话："丰富深厚的生活基础，真实深刻的体验，鲜明的人物形象。"这三句看似普通的话，在北京人艺的人心中是有分量的，多少年来，它一直是剧院的追求。

排演郭沫若的名著《虎符》，可以说是焦菊隐把我国民族戏曲的表现手法及其精神，有意识地运用到话剧中的尝试，也是焦先生在探索话剧民族化上的一个新起点。他要演员们花大力气学习、研究我们民族的戏曲艺术传统。他说："我们要有中国的导演学派、表演学派，使话剧更完美地表现我们民族的感情、民族的气派。"他认为这是我们的"一个不可推卸的历史责任"。

在对《虎符》的处理上，他首先突破了话剧传统的镜框式舞台，突破了舞台时空的局限，第一次采用黑丝绒幕为整个舞台的背景，舞台上只有几件极简洁而又有代表性的道具，其目的是在于突出演员的表演、突出人物。焦菊隐还将戏曲的锣鼓经、京剧的"道白"及"水袖"等运用到排演中。构思是大胆的，创新是艰难的。经过半年多的探索、排练，《虎符》演出了，并且获得了相当大的成功！

从这以后，焦菊隐陆续导演了《茶馆》《蔡文姬》《三块钱国币》

《胆剑篇》《武则天》和《关汉卿》。其中《蔡文姬》和《武则天》同《虎符》一样，都成为焦先生实践话剧民族化的精品。

话剧《茶馆》，更是焦菊隐当之无愧的代表作。《茶馆》开创了我国进入新时期后中国话剧走出国门的历史，它是无可比拟的具有民族风格、民族气派的中国话剧。《茶馆》的艺术魅力不仅征服了中国的观众，而且也征服了西方的观众，他们把《茶馆》誉为"东方舞台上的奇迹""中国戏剧的高峰"；是"具有现实主义风格，中国民族特色以及完整和谐的舞台艺术形象"。

焦先生通过自己多方面的艺术实践，创立了焦菊隐导演学派和北京人艺演剧学派。这是我国戏剧宝库中一笔珍贵的财富。

焦菊隐把创造为广大群众所喜闻乐见的大众化的民族话剧作为后半生追求的目标，提出"民族化的目的就是群众化"。他勇于改革、坚持探索、不断创新，在艺术创作上从不因循守旧走老路，用他自己的话说就是"不吃别人的剩饭，也不吃自己的剩饭"。焦先生艺术创作成功的关键，就在于他把现实主义的艺术思想和探索民族化的创新实验，不断地、紧密地、有机地结合在了一起，从而形成了独特而多样化的风格。他对盲目地崇拜和照搬外国艺术经验和表现手法的人，很不赞成。他说那是"自己捧着金饭碗讨饭吃"。

焦菊隐在艺术创作上坚持实事求是，坚持真理，从不说假话。就是在"四人帮"横行的年代里，他也没有保持沉默。尽管他已被剥夺了从事一切艺术活动的权利，但他凭借一个艺术家的良心，对当时剧院排演的一个"三突出"的话剧，提出了公开的批评。他说："这出戏在艺术上只给20分。"因此，又遭到更加无情的迫害。这是焦先生临终前，在艺术问题上的最后一次发言。

焦菊隐一生还撰写了一百余篇约110万字的论文。其中比较重要的几篇，如《关于话剧吸取戏曲表演手法问题》《略论话剧的民族形式和民族风格》《中国戏曲艺术特征的探索》《论民族化（提纲）》《论推

陈出新（提纲）》《"武则天"导演杂记》《导演·作家·作品》《豹头·熊腰·凤尾》《守格·破格·创格》等。在这些文章中，焦菊隐就话剧民族化问题，就创立中国导演学派和表演学派问题，作出了许多精辟的论述。

焦菊隐先生桃李满天下，当时的学生分"德""和""金""玉"四个班，如傅德威、李和曾、王金璐、李玉茹、高玉倩等，后来均成为著名的京剧表演艺术家。

焦菊隐本来还要更深入地继续民族化的实验，奈何荒唐的"文化大革命"夺去了他一切艺术实践的机会。下放劳动中，身患癌症却得不到应有的治疗，于1975年2月28日逝世，终年69岁。

（原载于《纵横》1996年第6期）

筱俊亭与筱派艺术

孟皋卿

筱俊亭现在是沈阳评剧院副院长、全国政协委员、辽宁省戏剧家协会副主席、沈阳文联副主席。作为一个全国著名的评剧表演艺术家，她和许多戏曲界同行一样，所走过的艺术道路是十分坎坷的；筱派表演艺术的形成也是来之不易的。广大读者，特别是青年朋友们，可以通过下面的文字，对筱俊亭和筱派艺术有所了解。

到处漂泊，闯自己的路

筱俊亭出生在天津市一个贫苦家庭，六岁时便失去了父亲。为了养活无依无靠的母亲，孩提时就跟着一个卖艺的盲人去学戏，学民间小曲、小调。半年多的时间里，学会了《探清水河》等几个小曲，以后又拜杨义为师，学唱蹦蹦儿戏。她跟着这位老师东奔西跑，漂泊异乡，在街头巷尾、水旱码头撂地卖唱。

她11岁在天津卖唱时，一次，偶然间跑到白玉霜演出的戏园子里去玩。那天，白玉霜正演《一瓶白兰地》。戏中有一男一女两个小孩，可巧小女孩没有来。白玉霜看她长得俊秀苗条，就让她顶那个小女孩演

出。剧中的继母要害儿子，吓得小女儿惶恐万状，霎时间她泪如雨下，真哭了。她演得很逼真，白玉霜拍着她的肩膀说："小孩演得不错，像个小宝贝，跟我上北京吧！"

那时白玉霜已是个很有名的评剧演员了。筱俊亭听说要她跟着演戏，又让她也去北京，这是她做梦也不敢想的好事儿。于是，她跟着白玉霜来到北京前门大栅栏广德楼（评剧园子）。有时演出，她充当个不张嘴儿的小姑娘。在那里，虽然只待了几年，也没有演什么戏，可是她一有空儿就偷着看白玉霜演戏，偷偷地用心学戏，学她的唱腔，心里模仿她的动作表情，这样竟学会了《杨三姐告状》和《珍珠衫》两出戏，为她后来演戏打下了基础。

她14岁时，已经学会了《桃花庵》《杜十娘》《李香莲卖画》《冯奎卖妻》《刘翠萍哭井》等七八出戏了。这时她出师离开了白玉霜处，和别人搭班子，到天津、山东、唐山一带演出。她经常演出的虽然是评剧，但也喜欢西河大鼓、京韵大鼓、单弦和河北梆子，遇有空隙时间，就向这些剧种的老师们请教学唱。

她16岁时，在天津劝业场六楼和著名评剧演员爱莲君同班演戏。爱莲君，善于革新，行腔清脆动听，善唱"腭腔"，她也学唱"腭腔"。她一面演戏，一面学戏。她有时演开场帽戏，有时演倒二戏。同时，她用心向爱莲君学习——偷艺，学人家悦耳动听的唱腔，模仿人家优美动人的表演，来丰富自己的演唱。后来到唐山、济南一带演出时，听到观众的喝彩："这戏盖啦！"她得到好评，开始有点名气了，但她仍然恭谨勤劳地学艺。

新中国成立后，筱俊亭才结束了她那漂泊的艰难生活。1951年，她在锦州流动演出时，靖安戏园的负责人，当地的观众，一再挽留她，不愿她走。1952年6月锦州评剧院建立时，她正式参加了剧院工作，并担任了该院的副团长。

党和政府对她的关怀，领导上对她的重视，更激发了她演戏的热情。那时，她正值年轻有为的时期，学戏、研戏、演戏的激情，更加奔放。她积极学演现代戏《兄妹开荒》《妇女代表》《救急包》《小二黑结婚》《小女婿》，以及传统戏《梁山伯与祝英台》《白蛇传》《卓文君》等，深受群众欢迎。

随着文艺的发展和戏剧工作的改革，她不仅学戏、演戏的机会多了，而且有时还外出参加戏剧观摩演出。她的眼界大大地开阔了，鼓起了那敢闯敢干的革新精神。1953年，剧团参加东北大行政区会演时，她重新整理排演了传统剧目《井台会》，演出得到了好评。随后她又移植了山西梆子《打金枝》，移植河南豫剧《穆桂英挂帅》，使东北戏剧舞台上出现了新剧目。这两出戏演出后，深受领导和观众的赞赏，反响很强烈，各电台都录了音。后来这些戏就成了她的起家戏、代表戏，并成为她们剧团的保留剧目。她深有感触地说："从一个流浪漂泊不定的卖艺人，到一个受人尊敬的文艺工作者，这是我有生以来的大变化，没有党和人民政府，我是做梦也不敢想的啊！"她经常对人说："路虽是自己闯出来的，可这路在新中国成立前，闯来闯去等着自己的就是一条——死亡，而只有新社会，才给了我一条光明幸福的路！"

运用特点，创造独特的风格

筱俊亭的嗓音是比较好的，但是，她既有所长又有所欠，她的嗓音长处：浑厚纯正，甜美圆润，刚柔相济，洒脱自如，中低音见长，听起来十分豁亮。但她的嗓子高音区有些欠缺。当然，作为演唱者，嗓子欠高是有相当困难的。然而她不丧志，她自问：难道自己就天生不能为群众更好地演唱了吗？于是，她便从自己的中低音声带特点出发，摸索自己的唱腔，想方设法使中低音发挥长处。她在唱腔创造上，既继承传统，又进行革新。她从唱腔的旋律上，吸收了京韵大鼓、西河大鼓以及

71

单弦、河北梆子中适合中低音发展的某些音调，来滋润自己的唱腔，从而，弥补了中低音唱青衣旦角的不足。

新中国成立后，筱俊亭已经是30多岁的人，嗓音已经定型了。随着她年龄的不断增长，为适应演出的需要和她那中低音声带的特点，她开始对老旦行当进行了大胆的改革尝试。过去在评剧中，老旦的剧目和唱腔，都不占主要地位，更没有老旦的靠戏。要研究老旦的唱腔，就得要创立评剧以老旦为主的唱腔剧目。这时，她便和作家郑幸安合作，移植《杨八姐游春》，以佘太君为主的老旦戏。在创造这出戏的唱腔时，她把评剧的青衣唱腔和小生唱腔两者结合起来，利用了生腔的二六板，从唱腔旋律和节奏的变化，找出它的技巧。这种尝试果然成功了！这种唱腔起伏如轻波，动听如蝉鸣，悦人耳鼓，动人心弦。观众听了激动地说："唱得有劲，演得卖力气，节奏灵活多变，演唱得太好了！"这就是筱派老旦唱腔的初步形成。

筱派的唱腔形成了，以老旦为主的评剧也别具一格。接着她进行了更大胆的创作，移植了河南省豫剧院崔兰田在沈阳演出的《对花枪》。这也是一出以老旦为主的戏。经过她和有关同志的改编，不仅唱词新颖，而且使老旦的唱、做、念、打，都有所发展。筱派在艺术上还有很多创新，过去评剧老旦角色没有用过慢板，《对花枪》则采用了慢板。同时，具体运用了旦腔和生腔的结合，混为老旦的唱腔。在板式上运用了慢板、垛板、快三眼、流水板、散板和紧打慢唱相结合的板式，大大丰富和有力地衬托了老旦的表演艺术。因此，在形成了浑厚苍劲的唱腔和表现老年有为妇女的角色上，她塑造了一批像《江姐》中的双枪老太婆、《洪湖赤卫队》中的韩母、《杨八姐游春》中的佘太君、《对花枪》中的姜桂枝等一批巾帼英雄的群象，形成筱派独特的表演艺术，引起了观众强烈的反响。

筱俊亭独特的唱腔和表演风格刚刚形成，劫难临头了，"十年动乱"开始了。当时对她的这种艺术成就，也给冠以种种罪名，并将她下放到辽中县老达房公社鸭鸡房大队插队落户，根本不许她再唱戏了。粉碎"四人帮"后，她才又登台演戏。特别是中国共产党第十一届中央委员会第三次全体会议以后，党中央提出了建设精神文明的伟大号召，筱俊亭满怀激情积极响应，她与记者合作，编出了反映现实题材的《这样的女人》的新剧本，并按她那独特的唱腔和表演风格，进行了设计。此剧演出后，得到了省、市领导同志及各文艺团体的支持，在戏剧会演中，荣获了省、市剧本奖，演员优秀表演奖，音乐设计奖，音乐伴奏奖。中央电视台看中了这个戏，将此剧改编为《小院风波》，并将全体演员请到了北京，录制成电视剧艺术片。放映后，全国各地的工人、农民、学生、商业工作者、部队干部、战士，纷纷来信表示祝贺。

后来她回忆起在钻研评剧艺术所经历的阶段时，概括为三个转折：在漂泊中谋生学艺，这是她的第一个转折。为了生存下去，就得到处漂流卖唱，为了卖唱，就得苦学苦练戏艺。而这种学艺又为生活所迫。她于1952年正式参加了锦州评剧院工作，文艺工作者的地位起了根本的变化，她才由不自觉到自觉地追求真正的艺术。这是她的第二个转折。这时，她才真正懂得评剧也是一种艺术，应当奋起深追。后来，她不断参加文艺会演、观摩演出，与同志们互相学习，博采众家之长，运用自己本身的条件，钻研评剧艺术，发展评剧艺术。这是她的第三个转折。

她全心全意把自己的评剧艺术，贡献给人民、贡献给社会。这时，她在戏剧艺术上有了很大的飞跃，才形成了自己长期磨砺出来的独特的艺术风格。

不断创新，培育新人

筱俊亭为使评剧艺术的生命力更强，就打破一套旧框框的束缚，不断进行创新。过去的评戏没有靠戏，她为演好《对花枪》中的姜桂枝，自己便用麻袋布做了一副靠，扎上大靠，腿上绑上沙袋，在院子里练跑圆场，在篮球场上练靠功，经常练得满头大汗，湿透衣衫。但她更多的时间，还是研究唱腔和表演艺术。她的爱人郑云亮，是一位颇有修养的音乐工作者，在筱派唱腔改革上，是立下了功劳的。他俩密切合作，互相尊重。在创作各种角色的唱腔中，有时筱创作了唱腔，郑就帮她整理；有时郑谱好曲子，筱也帮郑研究修改。

筱俊亭在培养新人上，也付出了很大精力。她不但在剧院常年培养得意青年演员辛少敏、刘雁群，还关心扶植兄弟剧团青年演员。1963年她到秦皇岛演出时，为小海燕评剧团的青年演员指点技艺，还将选中的得意徒弟带到沈阳评剧院，长期培养。筱俊亭以评剧为业，就叫女儿郑筱娣学戏。筱娣聪明伶俐，5岁就学会了唱《刘巧儿》，6岁在儿童节晚会上，就演唱了难度较大的古装戏《穆桂英挂帅》。在上中学时，一有空闲就吊嗓子、练武功。她攻青衣，兼学老旦。在和其田同台演出《这样的女人》时，演剧中的秀梅，在《对花枪》中演后半场的姜桂枝，均博得观众的喝彩。观众们高兴地称赞说："筱娣长得像她母亲，唱腔、做戏也像她母亲。"

筱俊亭如今年逾花甲，但她在舞台上却焕发出不衰的艺术青春。到外地演出时，还对同行青年演员教诲不倦。她到秦皇岛演出时，正遇廊坊地区评剧团也在秦市演出。廊坊评剧团青年演员张凤贤要求拜她为师，她慨然允诺，紧握着张凤贤的手说："我对年轻人抱有莫大的希望，只要你们肯学，我就肯教。过去在旧社会学艺是'宁给十亩地，不给一出戏'。我现在是培养年轻的接班人，愿毫不保留地将所学到的东西，全部教给你们。并希望你们更好地发挥，更好地发展！"

（原载于《纵横》1995 年第 2 期）

越剧生涯中难以忘却的往事

袁雪芬

从开始越剧生涯至今，已经65年过去了。在即将进入21世纪的时候，回首往事，感慨万端。我的一生，不幸和幸运相交织。不幸，是生活道路坎坷曲折，遭受过数不尽的痛苦、磨难、攻击、陷害；幸运的是，进入上海后，接触到进步文化、进步人士，尤其是后来得到敬爱的周总理无微不至的关怀。我目睹了"三座大山"被推翻和"四人帮"的被打倒，亲身经历了越剧这个剧种从草台班走向全国、走向世界的变革过程。往事如烟，但许多事是永远不会忘却的。下面，我写下我曾经历过的几个片段，希望为后人留下一点了解当年情况的资料。

为求自立去学戏

从事演员这一职业，有的是因为出身梨园世家，要继承祖业；有的是出于对艺术的痴迷。而我为什么会去学戏呢？是为生活所逼。

我出生在浙江嵊县（今嵊州市）贫困的农村。祖上世代种田，父亲是一个教书先生。属于绍兴地区的嵊县，封建意识特别浓厚。周围的环境使我从小感受到对待男孩与女孩不一样，连我聪敏能干又勤劳的妈妈

也不例外；唯独清高耿直、穷教书的爸爸具有视女若男、男女一样的思想，对我从小灌输要有自尊、自重、自立的志向，在我幼小的心灵里播下了自强不息的种子。

1933年，11岁的我，不忍看到痛苦无奈的妈妈一而再，再而三地背着爸爸把出生不久的妹妹送去育婴堂，或送给人家做接奶媳（童养媳），于是不顾爸爸的反对，毅然要求离家到科班学越剧去了，期望以此保证妹妹不再遭到不幸，并谋求自立。八年科班的演剧生活，使我初尝到进入社会后辛酸苦辣的滋味。身处旧戏班，是在社会最底层，胸无点墨的科班班长实是无业游民，只知混饭弄钱，让我们跟随胡编乱造的说戏师傅去演出骗人，我深感认真演戏难，清白做人更难。幸有爸爸经常来信教导和提醒，才使我学会去鉴别形形色色伪装的众生。周围是荆棘遍地，到处陷阱，多少位师姐成为弱肉强食的牺牲品。看着大姐们一个个遭灾落荒，刚刚满师的14岁的我被推上舞台中心，自己不由得引起警觉，要防患于未然只能收藏起幼稚天真。那时请来的搭档客师是女班鼻祖，我战战兢兢搭配尚难应付路头戏的甩路头，又怎经得起场场被刁难捉弄的所谓演出，不到一个月便大病不起，险些丢掉性命。我就此发誓：将来我若成名，决不欺负后生，要做个德艺双全的人。

抗战爆发后的第二年（1938年），我随科班来到繁华和罪恶并存的"孤岛"上海，胡编乱造的演出，乌烟瘴气的环境，使人更难适应。要想转业又无业可转，考虑到卧病不起的爸爸和一家人的生活，我只能委屈自己应付无聊的演出求生。为了保护自身的清白和清静，避免恶势力的纠缠，我从16岁开始常年茹素，坚持了10年，直到上海解放。

开始越剧改革

1942年是不平常的一年。先是我的好搭档——具有演剧才华、年仅21岁的马樟花被恶势力迫害致死，使我悲愤难平！眼看着这位名小生被夺去生命，纵有冤屈又无处申诉，我心中郁闷，过于伤痛，不久便突发咳血不止（我原有肺病）。老板和我那当"保护人"的舅舅仍逼着我登台演出。我忍无可忍，只能逃离科班辗转返回阔别五年的故乡，终于见到被病魔折磨了八年的爸爸，这时他已经骨瘦如柴，奄奄一息了。苍天总算有眼，让我们父女有三个月的相聚，略尽骨肉之情。然而现实是那样残酷无情，面对病重的爸爸我无回天之术，他终于如油尽灯灭撒手人寰，离我们而去了。爸爸是我的精神支柱。他一旦离去，我犹如失去人生的航向，感到从未有过的空虚、彷徨！以后怎么办？只有靠自己，增强自主意识了。

这时，上海不断来人邀我去演出，加上在故乡常有日寇与汉奸部队来骚扰，我不得不重新回到上海。但是，如何演和演什么是我考虑的关键。我不愿意再像过去那样演那些无聊的剧目。要演出，必须改。我首先观摩了上海戏剧舞台上所有的演出。除了前辈麒麟童（周信芳）演出一些有积极意义的戏，日薄西山的昆曲"传"字辈在日夜两场之间演出的一些折子戏之外，几乎看不到戏曲舞台上演出有积极意义的东西。使我振奋的是看到话剧《党人魂》和《文天祥》的演出，使我犹如在荒漠中发现一片绿洲，在黑暗中看到一线光明。在日寇进入租界后，演出如此大义凛然的《文天祥》，高吟着"人生自古谁无死，留取丹心照汗青"，此时此刻剧场里掌声雷动，观众发自内心的共鸣，反映了民族的意志、不愿做亡国奴的精神。我似乎感悟到我重新演出的意义，找到了改革越剧的方向与方案：必须承担起社会的责任，起到社会镜子的作

用，否则就没有存在的价值。我决心以话剧为榜样，用它整套的演出形式来改造落后的越剧。改革必须吸收知识分子参加，我宁愿拿出我应得包银的十分之九去聘请编剧、导演，并与老板约法三章：在保证老板有钱可赚的前提下，不拜客、不唱堂会、不许与演出无关的人进出后台。演出剧目由我决定负责，老板不得干涉。当时，纵然我一无靠山、二无社会保障，就凭着观众爱看我充满活力的认真演出和20岁的年轻优势，我和一批和我一样年轻的合作者开始了对越剧的改革。现在想来，当时改革之初虽没有明确的理论指导，但有对旧社会的强烈不满，对旧戏班的切肤之痛，有在进步话剧吸引下产生的对美好艺术的追求。

1942年10月28日，越剧改革的第一个剧目《古庙冤魂》演出了。以此为标志，揭开了"新越剧"的一页。经过一年的努力，从整顿后台到台上排练演出，提出严格的要求，进行了一整套的摸索创造，废除幕表制、路头戏，实行完全的剧本制，使用布景、灯光、油彩化妆，设置了剧务部，初步形成编、导、演、音、美综合一体的艺术观，来替代戏曲的主要演员中心论。1943年11月，由南薇编导的体现爱国主义精神的《香妃》演出，奠定了内容和形式相一致的新越剧演出的基础。在《香妃》演出中，我与琴师周宝才即兴式地创造了〔尺调腔〕这一曲调。由于随着越剧改革以来题材的扩大，原有的单一的轻快跳跃又无低音区的〔四工腔〕无法胜任了，我演出时受人物情感的激发和社会气氛的感染，就在《香妃》"哭头"中感情突发，从6—3定弦的〔四工调〕冒高了一个音，成为5—2定弦的〔尺调〕了。琴师是拉京胡出身，他马上拉出碎弓与我呼应。音乐家刘如曾说过：从〔四工调〕转为〔尺调〕"是越剧音乐的一大革命"。这种曲调不仅柔美抒情，有较大的可塑性，更重要的是能较充分地表达社会的呼声、沦陷区人民悲愤的情绪。不久，上海的所有越剧团都由〔四工调〕为主腔改为〔尺调腔〕了。由于各主要演员演唱时不断丰富，逐渐形成不同演唱流派纷呈的盛况。

1945年，即范瑞娟与我合作的第二年，我们演出了稍作整理的《梁祝哀史》，范瑞娟在"山伯临终"这段唱中，与琴师周宝才合作，创造了1—5定弦的〔弦下调〕，这是〔尺调腔〕的反调。如果说我与周宝才创造的〔尺调腔〕相当于京剧中的〔二黄〕，那么〔弦下调〕则相当于京剧中的〔反二黄〕。由于三年中出现了两个新的曲调，大大丰富了剧种的调色和表现能力，〔弦下腔〕也成为越剧的主要曲调之一。

从1942年10月到1946年4月，我共演出了58个新编和整理改编的剧目，其中以反封建和爱国主义题材的占多数。每演一出戏，总力求从内容到形式有所探索，同时又不忘记观众，不过不是迁就观众而是引导观众、提高观众到扩大观众；与老板协定的改革条件，是每天日夜两场，每场戏必须保证满座；一出戏演两周、三周、四周，如果走道上不加座了就得换戏。因此，我们进行越剧改革是以日夜赶排和通宵排戏为代价的；有时排戏排到天亮，就买一筐大饼、油条充饥。当时大家热情很高，虽辛苦却毫无怨言。我们"雪声剧团"的一群年轻人凭着自愿承担社会责任的志向，兢兢业业，大胆探索，脑子里没有条条框框，什么题材和样式都敢尝试，甚至连托尔斯泰的《复活》都想搬演。就是在这种情况下，我们把鲁迅名著搬上了越剧舞台。越剧改革进入了一个新的阶段。

把鲁迅名著搬上越剧舞台

记的是在1946年4月初的一天，正当我日夜场之间在化妆时，编导南薇拿了一本丁英的书《妇女与文学》，对我说，看到其中有一篇文章介绍鲁迅先生的小说《祝福》，先读给我听，问我能否改编演出？我当时对鲁迅先生还不了解，只觉得祥林嫂这个人物似乎很熟悉，从我祖母和妈妈身上也可以找到她的影子。我同情她，我要演她。南薇顾虑没有离奇曲折的恋爱故事和华丽的服装布景，难以吸引观众。我认为，自从

改革以来，观众对我们的演出充满信任，每场必看的队伍不断扩大，他们要看宫廷戏、言情戏，也要看其他形式的戏。即使没有富丽堂皇的布景服装，祥林嫂的遭遇也会吸引观众的。我和南薇特地拜访了鲁迅夫人许广平，征得她的同意和支持，同时也说明限于我们自身的水平和观众的接受能力，想增加一些牛少爷和长工女儿感情纠葛的情节。许广平善解人意，理解我们在老板限制下搞改革的苦衷，在有人对此提出异议时她反而进行说服。

1946年5月6日，根据鲁迅名著改编的越剧《祥林嫂》在明星大戏院进行彩排，许广平邀请了大批新文艺界和新闻界人士前来观看，其中有田汉、佐临、史东山、费穆、欧阳山尊、张骏祥、胡风、李健吾、白杨、丁聪，等等。文化界这么多名流来看越剧，这还是第一次，当时有人称之为文化界的"群英大会"。第二天，各家大小报上纷纷发表了消息，对第一次把鲁迅作品搬上戏曲舞台给予高度评价，认为《祥林嫂》的演出是越剧改革的"里程碑"，它不仅反映了祥林嫂个人的命运，还揭示了社会制度的问题……社会反响之强烈，出乎我们的预料，这又反过来给我以启发和教育，使我进一步认识到作品的意义和价值，促使我去读鲁迅的著作。有位记者罗林（廖临）邀南薇、韩义和我去于伶家见了田汉先生。田汉对《祥林嫂》和越剧改革谈了不少很有见地的看法。从此，我得到文艺界前辈的关心和厚爱。

现在回忆起来，《祥林嫂》的出现，既有偶然性也是必然的。南薇读到《妇女与文学》这本书，把祥林嫂这个人物的遭遇介绍给我，可谓偶然。但是，在1946年即抗战胜利后的第二年，我对"前门赶走狼，后门进来虎"的现实非常不满；祥林嫂又恰好是我熟悉的绍兴一带的人物，很容易引起共鸣；越剧改革二年半过去了，积累了一些经验，我渴望着在内容和形式上有新的突破，《祥林嫂》的改编演出正提供了实现突破的一个契机。可以这样说，如果没有越剧改革，也不会有《祥林嫂》的出现。

《祥林嫂》演出后，没有料到的是引起了反动派的注意。我这个只知道越剧改革和追求艺术的人，竟被他们控制的舆论当作"赤色左倾分子"加以攻击。接踵而来的是流氓威胁和特务盯梢，在光天化日之下对我抛粪恫吓。9月10日，由田汉先生做主，叫我召开记者招待会，呼吁社会主持公道。那天，郭沫若先生也参加了（事先于伶特意关照，为安全原因请他不要发言），许广平、洪深等仗义执言，呼吁"社会让一个善良的人平安活下去吧！"许多报纸也发表了诸如《袁雪芬，挺起胸来》《声援袁雪芬》《不可屈服》等文章，鼓励我不要低头，"继续勇敢地走下去"。进步舆论的强烈声援，迫使反动派不敢明目张胆地对我下毒手。尽管身处多事之秋，我们仍坚持演出到1947年1月。

《祥林嫂》的演出，也引起了中国共产党的关心。在9月15日的《联合晚报》上，我看到一条简短的消息："中共代表团看越剧"，看的是我们"雪声剧团"演出的历史剧《凄凉辽宫月》。当时，我还不知道是谁来看的，新中国成立后才知道，是周恩来同志。当时自己还相当幼稚，不知共产党在哪里，只觉得竟然把我当作赤色分子实在可笑。其实，我背后已有地下党的活动和进步文艺界的大力支持，譬如，写《妇女与文学》的丁英即丁景唐就是中共党员，我常接触的廖临、童礼娟以及后来接触的于伶、刘厚生等都是党员，许广平更是进步妇女界的领导人。尽管我当时还不知道他们的真实身份，对共产党一无所知，但他们从思想上直接或间接地给予我很大影响。我一直把他们看作可以信赖的"穷朋友"，尊为"先生"。社会大学就这样教育着我：一边是打击、迫害，一边是关心、帮助，我从比较中认识了谁是谁非，逐渐明白了该拥护谁、反对谁。

演出《祥林嫂》之后，遭到外界的莫须有罪名我尚能顶得住，但内部主要编导人员的自满和别有打算却使我难以忍受，不能全身心地投入越剧改革、不能按时上演新剧目怎么行？另外，老板看到我们把欧阳山尊提供的《白毛女》的演出海报贴出去，怕真的担"赤化"罪名，要我

81

们还是演出老戏，干涉我们的剧目。这种内外夹攻使我心力交瘁，不得不提出暂时退出舞台，进行自我调整。

发起联合义演

1947年上半年，我边休息边调查各越剧团的演出情况，发现各团主要演员为老板赚钱疲于拼命演出，而无法学习提高自己，并且有后继乏人之忧。于是我萌发出一种想法：越剧界必须要自己主宰剧种的命运，以演出集资和吸引基本观众投资来建造剧场和办学馆。这样用一副班底，各主要演员除可以轮流演出外，还可以进行自我提高和培训工作。为此，我一一拜访了尹桂芳、竺水招、筱丹桂、徐玉兰、范瑞娟、傅全香、徐天红、张桂凤、吴小楼等，说明事关越剧前途的改革的必要和自身提高的重要性。在这些问题上大家取得一致的看法。承大家对我的信任，都答应在歇夏的一个多月中，联合发起义演集资。由南薇、韩义、成容等把法国小仲马的小说《三剑客》改编为中国古代剧《山河恋》，剧中能容纳众多的主要演员。我在该剧中扮演一个添加出来的龙套小丫头。我把建造剧场的打算告诉了于伶、田汉两先生。田汉特地为我们写了《团结就是力量》的文章。于伶先生预言，我们的愿望此时难以实现，只有等到将来才有可能。当越剧界联合公演《山河恋》的消息传出后，轰动了全上海，外界誉为越剧界"十姐妹"的联合演出于8月19日在黄金大戏院进行，观众如潮。这就引起当局的惊恐，他们硬说我们被共产党利用，为共产党集资义演，因此公演后不久就下了"勒令停演"的命令。我和尹桂芳、吴小楼等到社会局当面与局长吴开先交涉，据理力争，迫使他收回停演令。社会局提出演出收入必须由他们指定人员组成的基金保管委员会保管。因此，尽管我们一天未停继续演出，但我们整个计划都被破坏了。南京也派来特派员对我调查，并要我为与共产党的接触悔过。我哭笑不得地回答：我还不知道共产党在哪里，凭什么叫我悔过？向谁悔过？据说从此我被列入黑名单了。在不容分辩说理的社会环境中，现实的种种遭遇迫使我思考，为什么没有是非？世界上岂能没有地方伸张正义、真理？岂能允许演戏难做人更难的局面长期存在？

面对种种干扰，1948年我拍摄了洪深编剧的国语影片《鸡鸣早看天》和越剧影片《祥林嫂》，演出了田汉编剧的越剧《珊瑚引》，1949年演出了韩义编剧、刘厚生导演的《万里长城》等戏。经受了黎明前的黑暗，终于盼到了1949年5月上海解放，如同挣脱了身上的枷锁：我们事先就组织了迎接解放的宣传队，在解放军攻入上海的第一天，大家不顾还有流弹在头上飞，马上到电台播音宣传、演唱，尽情地欢呼一个新时代的到来。

越剧的黄金时代

上海解放后，我见到身穿军装的于伶同志和一些我曾多有接触的朋友，原来他们都是共产党员！怪不得国民党反动派把我视为共产党的赤色分子了！于伶同志问我：对共产党和人民政府有什么要求？我仍幼稚天真地回答：人民政府都是由你们这些好人组成的，我拥护，无任何要求，只要求让我好好演戏。于伶说："你应该成为一个艺术家和政治家。"我马上说："我还年轻，我要努力成为艺术家。可是我不要成为政治家，因为我是不问政治的。"于伶说："政治是什么？是爱憎是非。你反对压迫，要求进步，明确爱憎和是非，这就是政治。你比人强的地方是行动在前，认识在后而已。"不久，我参加了上海市军管会文艺处举办的地方戏剧研究班，受到了马克思主义的启蒙教育，初步懂得了为什么人服务的道理。9月，我又作为中国人民政治协商会议第一次全体会议的特邀代表，出席了这次缔造共和国的历史性盛会。在开国大

典的时刻，我亲耳聆听毛主席在天安门城楼庄严宣告：中华人民共和国成立了！我亲眼见到第一面五星红旗在祖国的大地上冉冉升起。一个地方戏演员能参与讨论国家大事，这在旧社会是不可想象的。政协会议期间，听了各路英雄模范的发言，所见所闻，使我深受教育。回上海后，我迫切希望参加国营剧团。当时有一种朴素的认识，以为参加国营剧团就是参加革命。1950年2月15日，我们"雪声剧团"和"云华剧团"的36位同志组成上海越剧实验剧团，在此基础上，4月15日成立了华东越剧实验剧团，这是上海第一个国营剧团。1951年建立了华东戏曲研究院。1955年3月24日建立了上海越剧院。剧院集中了一大批优秀的艺术人员，在革新创造中起了模范作用。

新中国成立后，我们国家发生了翻天覆地的变化，越剧艺术在党和人民政府的关怀下，也进入黄金时代。20世纪50年代到60年代初期，有"百花齐放，推陈出新"方针的指导，越剧界的艺术骨干积累了多年改革的经验，又正处在艺术创造力量旺盛的时期，尽管也曾受到"左"的偏差的干扰，但总体上是蓬勃发展的，剧种的艺术水平和社会影响，都是以前无法比拟的。

这时期，创造出一批有国内外影响的艺术精品和优秀剧目。以我亲身参与的为例，《梁山伯与祝英台》这个越剧的骨子老戏，20世纪40年代我和范瑞娟演出时进行过去芜存菁的初步整理，在此基础上，20世纪50年代初经过华东戏曲研究院编、导、演、音、美的反复加工，1953年在周总理关怀下拍摄成新中国第一部大型彩色戏曲艺术片，1954年，周总理把它带到日内瓦会议上招待外宾，引起强烈反响；在国际电影节上，它又荣获了新中国电影在国际上的第一个奖项。《西厢记》这出戏，以前许多剧种、剧团演过，但王实甫原著的精髓往往被歪曲。也是在周总理的关怀下，1953年经华东戏曲研究院重新改编，体现了原著的风貌；后来几经加工，成为一部风格典雅清丽的诗剧。《祥林嫂》在1946年的演出，受社会条件和我们思想认识的局限，还有缺陷。新中国成立后，根据周总理的指示，我们在1956年、1962年两次进行了重新改编和认真加工，不仅恢复了鲁迅原著的精神，而且在戏曲化方面作了努力，使内容和形式的结合比较完美，受到观众和行家的好评。由徐玉兰、王文娟主演的《红楼梦》，经过不断加工也成为深受观众欢迎的精品。该剧拍摄成电影后，风靡海内外。

新中国成立后，越剧不但随着社会主义建设的发展，逐渐走向全国，而且随着我国国际地位的提高，开始走向世界。1955年，上海越剧院以"中国越剧团"的名义，到当时的民主德国和苏联访问演出。这是新中国成立后第一个专业戏曲院团出国。所到之处，无不受到热烈的欢迎，戏剧专家给予高度评价。那感人的场面，我至今记忆犹新。1959年、1961年，上海越剧院还应邀到越南民主共和国和朝鲜民主主义人民共和国访问演出，胡志明主席和金日成主席亲切地会见了演职员。1960年12月至1961年1月，剧院还曾到香港演出一个多月，受到港澳同胞、台湾同胞和海外侨胞的热烈欢迎，盛况空前。

周总理对我的关怀

前面我讲到，在我一生中，幸运的是得到敬爱的周恩来总理的关怀。周总理和邓大姐从政治上、思想上、工作上、生活上对我的关怀真是无微不至的。他们伟大的人格给我的教育和影响，更难以用语言表达。

我第一次见到周总理，是在1949年。这年9月，我和京剧大师梅兰芳、周信芳、程砚秋作为戏曲界特邀代表，出席了中国人民政治协商会议第一届会议。在北京（当时还叫北平），住在东交民巷的六国饭店，第二天一早服务员给我送来一瓶牛奶、两个鸡蛋，并说："这是周副主席特意关照给你的，他听说你在旧社会生过肺病，让给予照顾。"周恩来同志的

关心，使我非常激动。新中国成立前，老板为赚钱哪顾我的死活？连做我"保护人"的舅舅也逼我继续卖命。如今，共产党的领导人在处理繁忙国事的同时，还如此关心一个地方戏演员的健康，这怎么不使人感动呢！几天后，在接见出席政协会议代表时，周恩来同志见到我，亲切地和我握手，说："我早就认识你了。1946年在上海看过你的《凄凉辽宫月》，车子停在爱文义路。"

那次看戏后，他把地下党文委的于伶同志约来，谈起"雪声剧团"。他说："应该很好地注意这个剧团，我晓得有绍兴戏，不晓得绍兴戏在上海有那么多观众，影响很大。""在国统区，在没有党的领导的情况下，演出《祥林嫂》，出乎意外。"谈到越剧演员，他又说："她们都是穷苦的女孩子，没有生路学唱戏，一到上海唱红了，过房爷、过房娘都来找她们，社会上的恶势力包围她们、腐蚀她们。她们中间少数人有了觉悟，认识到被侮辱、被剥削的地位，追求进步，靠拢地下党所领导的进步话剧工作者。你们该动员党员从戏剧艺术入手，主动地接近她们，尊重她们，帮助她们，耐心地引导她们逐步走上革命的道路。她们有观众，这就是力量。"国共和谈濒于破裂，离沪前，他又对地下党作了部署："地方剧观众多，影响大，我们应当重视。要挑选正派的同志去，以便在思想上和艺术上对地方戏曲艺人能有所帮助。"这些话，直到粉碎"四人帮"后，我才从于伶同志那儿得知。

参加政协会议期间，我曾几次到周恩来和邓颖超同志家中做客。他们朴素的作风、平易近人的态度、循循善诱地做思想工作的方式，使我感到无比亲切，也使我对党有了形象的认识。政协会议结束时，我产生了加入中国共产党的想法，便把自己的想法对总理讲了，总理说："很好。你过去在旧社会有过斗争，但要做个党员不光是为了个人。有这要求可以回去向当地组织提出。"这等于给我上了第一次党课。

离开北京前，周总理对我说："年轻人，给我们写写信吧！有什么想法，工作上遇到什么问题，都可以给我写。我们交个朋友嘛！"我觉得自己的字写得不好，说想请人代写，总理便说："我不是看你的字写得好不好，你自己写的才有真实情感。我知道你们都是苦孩子。"此后，我经常写信给总理和邓大姐，汇报自己的思想和工作。1950年2月，我加入了中国新民主主义青年团，便把这消息写信告诉周总理和邓颖超同志。4月20日，邓颖超同志给我写来一封信，字里行间洋溢着深厚的感情，并在信中转达了周总理的致意，还送了一张她与总理的合影给我。我把总理和邓大姐视作尊敬的前辈，心里有话都向他们诉说。他们则以平等的态度对我进行引导。记得1953年初，我回家乡一次，看到贫困的故乡在新中国成立后发生了巨大变化，我写信给周总理和邓大姐汇报了自己的感受。4月3日，邓颖超同志抱病给我写了回信，信中说："知道你这次故乡之行得到很大收获，我真为你高兴，相信人民群众的需要和人民艺术欣欣向荣的发展，一定会带给你很大的鼓励和力量，一定使你坚定地坚持岗位发挥创造，努力工作的。"邓大姐怀着真挚的感情写道："我们相识虽久，但总苦无谈心畅叙的机会，你愿意给我很大的信任，心里有话要同我商量，我当然是很乐意的。有什么问题都可以来信告我，我当尽我所能协助你。"这样的来信，10年间我收到40多封。我从中受到的教益是终生难忘的。

周总理、邓大姐十分关心我政治上的进步。20世纪50年代前期，对高级知识分子入党审查非常严格。我虽然早就提出了入党申请，但直到1954年2月才在支部通过。据当时在华东局负责组织工作的胡立教同志1979年告诉我，周总理对我的入党问题给予直接的关心，有关材料在京沪线上跑了好几次，周总理曾说："袁雪芬同志解放前的情况我们都了解，发展她是不会辱没我们党的。"这件事，周总理和邓大姐从来没有在我面前提起过。在党支部通过我入党后，我马上给周总理和邓大姐写信作了汇报。邓颖超同志正生病在京郊疗养，6月1日她给我写了一封长信，提出新的希望和要求："记得我在接到你告诉我们在2月14号党批准接受你成为共产党员的那封信时，我抱着极大的喜悦心情拿着你的信

去给恩来同志看，他和我共同感受到很大的欣慰。的确，这是我们对你关心中的最最关心的一件事。从而亦就引起了我们对你的新希望和新的要求。从那天以后你已站到光荣的共产党员的岗位，首先要加强党性的锻炼，不断地克服有违党性的个人主义；还要经常地学习着运用唯物辩证的观点，客观地去观察分析，如何去正确地对己、对人、对事，加强马列主义的学习，从而提高自己的水平和觉悟。"信中还关心着我的健康，谆谆嘱咐我好好养病。信最后的署名是"你的大姐邓颖超"。这封信情真意切，既体现着老革命家崇高的思想境界，又充满同志式的感情。

1955年1月5日，周总理亲笔给我写了一封信：

雪芬同志：

在这1955年开始的日子里，祝你身体健康，精神快乐，工作顺利，学习进步。五年来得到你不少封信，恕我从未函复。现在总答一句：愿你为人民艺术事业努力前进。

周恩来　1月5日

周总理对人民艺术事业的发展，一直倾注着心血。以我们越剧为例，新中国成立后能进入黄金时代，首先是由于受到周总理的热情关怀和大力扶持。现在，人们都称道的越剧四大精品，都与周总理的关心分不开。周总理坚持正确的文艺方向和方针，对当时"左"的错误干扰进行了批评，使我们更加清醒。

1960年，当时的文化部有关负责人决定将上海越剧院一团调至北京，成立直属文化部的"北京越剧团"。周总理知道后，批评说："这简直是乱弹琴。"指出地方戏如果离开生根的土壤就会失去生命，指示越剧团还是回到上海。

20世纪50年代末到60年代初，"左"风肆虐，上海越剧深受其害。

1961年，中宣部派伊兵同志率调查组到上海越剧院调查，写了长达3万字的调查报告，指出越剧院存在的问题的症结是：不按艺术规律办事，主管部门某些领导作风浮夸，包括我在内的一批主要演员长期处于不演戏或无好戏可演的境地。邓大姐看了这篇调查报告，7月12日给我写了一封信，说"想此调查对工作的改进会起有益的作用"。

1963年，当时的上海市委负责人柯庆施提出"大写十三年"的口号，把社会主义文艺只局限于表现社会主义生活题材的作品，指责越剧"挖社会主义墙角"。我想不通，在到北京参加中国文联扩大会议时，特意去问了周总理：只演十三年究竟对不对？周总理说："也不能那样嘛！如果只能写十三年，那不连我们党的历史也否定了？现在文化部正在审定两百个剧目。"我听后，心里觉得踏实了。

在"文化大革命"遭受迫害的日子里，尽管我被扣上种种罪名，被几百次批斗、毒打，但我还是坚持下来了。使我坚持下来的精神支柱，是对周总理的信赖。我相信，只要周总理在，我的问题是会搞清楚的。我回忆着周总理和我的多次谈话，回忆着周总理三次亲自到我家中来看望的情景，回忆着周总理和邓大姐给我的一封封来信，便有了活下去的勇气，有了更坚定的信念。在逆境中，我最担心的是周总理的安危，担心他受到野心家的陷害。周总理为了顾全大局，为了党和国家、人民的根本利益，忍辱负重，如中流砥柱支撑着动乱中的神州，尽力保护着一批老干部、科学家、艺术家。我本人也是由于周总理的直接过问，才避免了更残酷的厄运，得以幸存。

1977年10月底，我为出国访问来到北京，邓大姐要见我。那天，我买了一束傲霜的菊花，来到周总理生前居住的西花厅。在这里，周总理、邓大姐曾多次与我交谈。我捧着菊花，举目寻找着总理的遗像。这时，邓大姐听到声音，走出内室，我见到她禁不住泪水夺眶而出，好像苦难的孩子回到母亲身边。邓大姐说："我们今天见面，我叫你一个人来，是想互相谈谈，你这样激动的话，我们今天一句也谈不成了。"她

让我坐下，又说："我们是马列主义者嘛，是革命的乐观主义者嘛，我们不应该哭。我从电视里看到你比过去更坚强了，我很高兴。过去我跟恩来同志常讲，雪芬这孩子在性格上总有悲剧的成分。通过这些年的锻炼，你坚强了，悲剧性格去掉了，我很高兴。"邓大姐的革命乐观主义精神和坚强的革命意志，使我深深感动。

是周总理和邓大姐，以言传身教，教会了我怎样做人，做什么样的人，怎样对待工作和生活。我常想，自己哪怕能学到他们无私的精神、高尚的品格的万分之一，也不枉人生一世，也不会愧对共产党员的称号。

经过十年"文革"血与火的洗礼，他们可以摧残我的肌体，但摧残不了我的意志。坚定的信念使我克服了一切……我清醒地意识到，留给我的时间和生命都是有限的，谁都无法使我无谓地消耗、浪费。我应把一点一滴的时间都用在我所从事的越剧事业上。经过几年的准备，去年出版了《越剧舞台美术》（画册）；接着我还要积极组织力量，完成《越剧艺术论》，把几十年越剧改革与实践从理论上概括成册。这也是我向社会交的最后一份答卷。我尽管已过了古稀之年，但只要一息尚存，仍将为越剧艺术的发展、民族文化的振兴鞠躬尽瘁。

（选自《新中国往事·文苑杂忆》，
中国文史出版社 2011 年 1 月版）

严凤英与黄梅戏

杨 杰

四害横行百卉殚，

凤英无计避摧残。

"黄梅"依旧人何处，

满座欷歔泪暗弹。

这首诗，是原安徽省委书记、书法家、诗人张恺帆生前为严凤英被迫害致死不平而写的。恺老逝世后，我又看了这首诗，不禁想起严凤英同志许多往事。

本来，我早就想给严凤英写一篇文章，特别是1991年一天下午，中央电视台二套节目播放《女驸马》电影，我和老伴在电视机前，好像又和活着的严凤英见面了，她那动人的唱腔，出色的表演，多愁多情的眼神，使我想起了她的成长，她的苦难，她的成名，她的人品，促使我要拿起笔写严凤英。过去，我之所以未写严凤英，是因为写她的文章很多，出版了严凤英的传记，直到15集电视剧《严凤英》问世，都把严凤英短暂的一生再现在文字和荧屏上，而且真实感人。电视剧《严凤英》的导演金继武同志告诉我，该剧播放时，全国将近3亿观众收看，同时在电视机前为严凤英苦难而闪光的人生流泪，有7人在电视机前

几乎感情激动得要昏死过去。在评奖委员会上，有的评委激动地流泪说："此剧不得飞天奖，天不忍、地不忍，也对不起光彩夺目的严凤英！"结果，一致通过《严凤英》15集电视剧荣获广电部"飞天奖"一等奖。可见严凤英作为杰出的黄梅戏表演艺术家是名副其实的。她的人品，她的艺德，她的英年早逝，赢得了亿万人民的尊敬、同情和惋惜。当年周恩来总理得知严凤英以死抗争"四人帮"的凶残迫害时，十分痛心，默默地长时不语，表达了他对江青之流把江淮大地上一枝独秀的艺坛之花活活绞死的愤慨！

我和严凤英曾是上下级直接领导关系，我既了解严凤英过去的一些情况，更了解她成名盛时的情况。1952年，皖北、皖南行署合并，成立安徽省人民政府，我是第一任安徽省文化局负责人，省黄梅戏剧团在我手中建立；1954年秋，华东五省一市戏剧会演在上海举行，安徽代表团是我带队的，我又是评奖委员会的成员。当安徽省黄梅戏剧团在上海大舞台上演出《天仙配》时，文艺界专家吴强、孔罗荪等人坐在我身旁，他们竖起大拇指说："你们安徽在上海放了一颗明星！"我当时向黄梅戏剧团全体同志一再说：此剧能获得诸多一等奖，应归功于省委的重视，归功于编剧、导演、作曲工作者的努力和创新，特别是严凤英和王少舫出色的表演和动人的唱腔，起了决定性的作用。现在看来，还应该归功于培养和造就严凤英、王少舫成长的黄梅戏之乡安庆。其后，在准备拍电影时，导演石挥和我多次研究，探讨电影文学剧本和搬上银幕的问题，石挥和桑弧同志为此付出了大量心血。

《天仙配》舞台演出打响了！《天仙配》电影打得更响！轰动了国内，也轰动了国外。从此，黄梅戏这朵艺苑之花受到了国内外广大观众的喜爱，经久不衰。

令人痛心的是"十年动乱"期间，严凤英被迫害致死。而后，王少舫、潘璟琍、张云风等黄梅戏的出色演员均先后离开人世。现在，黄梅戏之花已开遍省内外，新秀不断涌现出来，如省黄梅戏剧院和安庆市黄梅戏剧团，出现了马兰、黄新德、吴琼、韩再芬、陈晓芳、吴亚玲等人，她们可以说是严凤英等黄梅戏前辈的继承人。但是，现在的新秀，尽管她们的艺术各有特色，各有成就，各有所长，受到广大观众喜爱，但尚无一人能赶上或超过严凤英。正如一位著名戏剧家向我说的："马兰的表演、吴琼的唱腔、韩再芬美好的形象合在一起，可以和严凤英比美。"此话虽不完全正确，但能说明一个问题，就是说，严凤英的黄梅戏表演艺术已达到了炉火纯青的地步。

下面，我就说说严凤英与黄梅戏的一些故事。

在艺训班的严凤英

1952年夏季，我从部队转业到了文化战线，任安徽省文化局负责人。对我这个拿枪杆子的人来说，一切都要从头开始。当时，根据党中央和省委布置，对知识分子进行"思想改造"，训练教育。我和党组织研究，决定办艺人训练班，其主要内容：政治教育，树立文艺为人民服务的观点；旧戏改造，去其糟粕，取其精华，推陈出新，百花齐放；忆苦思甜教育，树立人民演员主人翁观念。同时，对在旧社会染有恶习如吸毒等的少数艺人，进行改造旧习、树立新风的道德教育。当时来参加学习班的演员、导演、剧团团长，都是从全省各地抽调来的骨干人员，有老、中年艺人，更多的是青年演员。剧种有京剧、庐剧（原名倒七戏）、黄梅戏（原名黄梅调）、泗州戏（原名拉魂腔）、梆子戏、花鼓戏、曲子戏、徽剧、越剧、扬剧等十多个剧种。从安庆来的黄梅戏主要演员有：严凤英、王少舫、潘璟琍、张云风、丁老六（丁永泉）父子等数十名演员。当时的严凤英才22岁，风华正茂，她进艺训班学习，喜气洋洋，天真活泼，是学习最认真的一个。她为全国的解放而欢呼兴奋，为艺人的真正解放而欢欣鼓舞，正

如她在学习小组发言中说的："在旧社会，我只是一个唱戏的，虽出了名，可身边的恶狼天天围着我，他们要喝我的血，要吃我的肉。在黑暗的旧社会里，我们不算人而是鬼，是恶狼口中食。然而，我毕竟是人！就是在万恶的旧社会，我也要讲人格，要脸皮，虽然我受过迫害，但我还敢反抗……"严凤英说着，声泪俱下，她说："我现在真正认识到，不是共产党解放了我们，我也许早成了冤鬼！成了一个可怜的女鬼！新旧社会两重天，我真的高兴极了，我现在成了人民的演员，不再是被人看不起的戏子！"说到此，她又激动地说："我要树立新的人生观，改正自己的缺点，不贪钱，不贪名，做一个合格的人民演员。我一定加倍努力，争取早日加入共产党！"

严凤英的一席话，打动了许多演员的心，大家公认，严凤英经过几个月的学习，认识有了一个飞跃的转变和进步，树立了新的为人民服务的观点，积极拥护党对戏曲的改革。她曾说过："如果把旧戏中的糟粕不加删除改造，捧给观众，就等于向人民输送鸦片烟，用枪打自己人！"

艺训班快结束时，我邀请华东文化局戏剧家屠岸等同志来合肥观看演出。他们一行看了严凤英演出的《打猪草》、潘璟琍和王少舫演出的《夫妻观灯》、泗州戏演员李宝琴演出的《拾棉花》后，感到特别高兴，大加赞扬，立即向我说："邀请严凤英、王少舫、李宝琴到上海演出。"当时，我一口答应，并把此事转告严凤英等同志，他们也自豪地说："昔日的草台班子，今日能进大上海，做梦也没想到！"紧接着我又安排一个晚上的黄梅戏，邀请省委第一书记曾希圣、省长黄岩和省委书记桂林栖、陆学斌、苏毅然等同志观看严凤英、王少舫、潘璟琍、张云风主演的《天仙配》中《路遇》一折，还有严凤英反串小生的《西楼会》和《打猪草》《夫妻观灯》等节目。所有的省委负责同志均是第一次观看黄梅戏，安庆语音听得懂，演员表演出色，特别是黄梅戏唱腔优美动听，一致叫好。我向他们建议，为了发展黄梅戏，成立安徽省黄梅戏剧团，他们一致同意，无一人反对。这就是黄梅调走上黄梅戏，从地方小剧团走上省剧团的第一步——通过了省委这道重要关口，曾希圣、黄岩、桂林栖、陆学斌同志更是最积极的支持者。

省黄梅戏剧团建立时引起的风波

1953年，当严凤英、王少舫、李宝琴在上海大舞台表演的《打猪草》《夫妻观灯》《拾棉花》等小戏一炮打响，轰动了上海，各家报纸纷纷发表评论，对他们的表演艺术评价极高，说他们唱得好，表演得好，把安徽的乡土之花送到上海，使大上海的人耳目一新，感到新鲜可爱。

严凤英等人在上海演出成功，使安徽省委负责人格外高兴，他们都是有事业心的人。好胜之心，人皆有之。特别是曾希圣、桂林栖同志更是积极主张发展安徽教育、体育和文化事业。有一天，省委通知我去谈建立黄梅戏剧团问题，要我提出方案。我当时说，成立省黄梅戏剧团，由于省委重视，要钱有钱，要干部有干部，要房子有房子，而且据我了解，严凤英等同志都拥护成立一个省黄梅戏剧团，他们都愿意来。但是，最大的难度，是抽调严凤英，怕地方不同意，观众不同意。曾希圣同志果断地决定："下级服从上级，调严凤英，就是我曾希圣定的，老桂（指桂林栖），你转告许少林（当时的安庆地委书记），小局服从大局，成立省黄梅戏剧团，是为了发展它、繁荣它，有什么不好呢？要打破地方保守主义。"曾希圣同志干事业，说到做到，要求你办得越快越好。

我回局里，向党组织传达，立即行动，成立一个小组，去安庆考察人员，抽调什么人，留什么人，具体研究落实。安庆市观众得知要把严

凤英调到省里，立即哗然，引起了轩然大波。有的骂娘，有的坚决反对，有的要上访，更多的依依难舍。确实，新中国成立后，严凤英从南京回到安庆，又登上舞台，每晚海报上只要有"今晚是严凤英主演"，不问什么剧目，戏票就被抢购一空，要是挂上"严凤英主演《小辞店》"，不仅坐票、站票买不到，剧场外还围着许多观众，能听到严凤英的唱腔也为之一快。显然，严凤英是属于安庆人民的，她的艺术和安庆广大观众密切联系在一起，人民爱她、需要她，而她也爱自己故乡的观众。正如有些热爱严凤英的观众说的那样："我们三天不吃饭可以，要我不看严凤英的戏，身上真没力气！"

严凤英受到安庆人民如此热爱，是她表演艺术魅力和动人的唱腔，抓住了人们的心。因此抽调严凤英来省，必然遭到安庆观众的反对。于是，真的有不少人上书"告状"，他们告的不是省委，也不是曾希圣，首当其冲的是我，告我这个省文化局长"居心不良"，说什么"省文化局长没有结婚，他想娶严凤英做老婆"（我当时不到30岁），等等。这些人民来信，有的告到中央，有的告到文化部，有的告到省委。这些信当然都转到曾希圣和桂林栖手里，他们看了也就一笑了之。有一天，桂林栖对我说："杨杰，成立省黄梅戏剧团，你背了黑锅了，省委知道你，你和严凤英没有任何关系。"我听罢，也只得哈哈一笑。

风波平息了，省黄梅戏剧团顺利成立了。先派闵仁担任团长，很短时间便调离。为了物色一个政治强又懂业务的团长，我亲自到省军区找李世炎政委，指名要政治部文化科长吕波同志，李世炎将军满口答应，吕波同志担任黄梅戏剧团第二任团长。他年龄比我轻，可早已离开了人世，他为黄梅戏的发展、为帮助严凤英进步，做了不少工作，使严凤英成为一名中国共产党党员。

省黄梅戏剧团是1953年4月正式成立的。那时严凤英23岁，剧团的同志也都只是二三十岁的年纪。人年轻，剧团也年轻，可是从成立的那天起，大家团结在一起做了多少事情呀！为了成立省团，艺术科长余耘坐镇安庆，郑立松同志四处奔波发现人才、调人。我们又从省实验文工团调来一些新文艺工作者。全是满腔热血干革命的同志，所以效率惊人。5月，省团就到皖西佛子岭水库工地慰问，到南京与波兰玛佐夫舍歌舞团交流演出。八九月，这个只有半岁的剧团排演了新编的大戏《天仙配》，那时要组团到朝鲜慰问中国人民志愿军，就从安庆借来了王少舫、潘璟琍等同志，连同省团的丁俊美、马元玲、纪延玲、王文治等同志，由省团的团长闵仁同志带队，参加赴朝鲜慰问团到朝鲜去了。省团的丁永泉、张云风、熊少云、查瑞和、陈月环、张贵麟等同志和一部分新文艺工作者就由省团分管业务的副团长丁式平同志带队到安庆，一方面演出，另一方面让新文艺工作者学习黄梅戏的传统。这时，就排演陆洪非新编的《天仙配》，老艺人胡玉庭也请来了（这个戏的老本子是他口述的）。这一稿的导演是李力平、乔志良，音乐是方绍墀、潘汉民两同志搞的。陈月环演七仙女，查瑞和演董永。在安庆排了一个月，国庆节在安庆首演，演了10场。丁式平向余耘汇报，余耘又告诉我。就叫他们回合肥汇报演出，在当时的人民剧场演了两三场，又回安庆演出。因为赴朝慰问借了安庆的王少舫、潘璟琍等同志，省团理应为安庆的黄梅戏观众作点补偿。

1953年11月到1954年1月，慰问志愿军，接着又慰问解放军，赴朝慰问的同志也回来了，又由闵、丁两位同志分头带队参加慰问演出。丁带的队仍演《天仙配》，七仙女仍是陈月环，董永仍是查瑞和。王少舫、潘璟琍则回安庆参加慰问演出活动。

1954年夏天，准备参加华东会演，可是安徽发大水，省的准备工作精减为"预演"。《天仙配》参加角逐。剧本、导演、音乐基本是原班人马，七仙女换成严凤英，董永仍是查瑞和。

后来选中《天仙配》参加华东会演，七仙女仍由严凤英扮演，从安庆借来了王少舫扮演董永。音乐则换成王文治、方绍墀同志。因为潘汉民同志到江西搞调查去了。

在上海戏曲会演时的严凤英

1954年，华东文化局决定举办第一届华东六省（江苏、山东、安徽、福建、江西、浙江）一市（上海）的戏曲会演，这是新中国成立后全国戏剧界一次空前的盛会，各省和上海市都推出了最好的剧种、最好的戏、最好的演员参加。

安徽是个地方戏曲丰富发达的地方，又是京剧鼻祖程长庚的故乡——徽剧发源之地。新中国成立后，毛泽东主席倡导的"百花齐放，推陈出新"的方针，使许多流散在农村草台班的地方戏登上大雅之堂。如黄梅戏、庐剧、泗州戏，过去被认为是"草台戏""草台班子"，后来，他们进入省会合肥以及安庆和蚌埠市，轰动一时，经久不衰，受到观众的热烈欢迎。1954年，安徽遭遇大水灾，在这个困难情况下，省委仍对这次会演极为重视，曾希圣同志多次找我和演员到省委会议室，研究拿什么戏到上海演出，当我汇报准备将黄梅戏《天仙配》作为重点戏时，他们完全支持。我回局与艺术科长余耘同志研究，确定演员，修改剧本，指定剧作家陆洪非执笔，把原《天仙配》中的糟粕部分去掉，改董永为劳动人民出身，把结尾"送子"去掉，到"分别"用悲剧结束，使此剧更为感人。经过几个月的努力，洪非同志编剧，王文治、方绍墀等同志作曲，李力平、乔志良任导演的舞台剧《天仙配》终于彩排了。直到去上海，有几段唱腔和表演动作，仍要严凤英、王少舫加以提高，不断磨炼，做到精益求精。严、王两同志在舞台上的表演一向严肃认真，每一句唱腔、每一个动作都反复演练几十次，直到进入角色的内心感情世界，他们自己满意、导演满意、观众满意才行。

大约在会演开幕的第三天晚上，安徽省黄梅戏剧团演出了长达3个小时的《天仙配》，观看的尽是专家、导演和各省的演员，场内座无虚席。和我坐在一起的有上海市文化局局长于伶、上海电影制片厂负责人叶以群、文学家孔罗荪以及评奖委员会的同志。演出结束时，台下掌声不停，连续谢幕多次，在一片叫好声和掌声中，行家议论开了：

"我是第一次听黄梅戏，真是美妙动听！"

"严凤英把七仙女演活了，悲伤处令人流泪，欢快处令人捧腹。我看，她是黄梅戏里的梅兰芳！"

孔罗荪和评奖委员们更是握住我的手说："你们安徽拿了最好的戏送到上海！"

在评奖会上，一致通过《天仙配》获演出一等奖、剧本一等奖，严凤英、王少舫各获个人表演一等奖，这是在评奖会上最没争议的一个戏。当会演快结束时，上海电影制片厂负责人向我发出"请帖"，邀请黄梅戏剧团在电影厂内舞台上演出，当时全厂专家、演员和职工看了演出。我陪叶以群和石挥等同志看戏，边看边谈，最后叶以群同志拍板："《天仙配》我们决定拍舞台艺术片。由石挥同志执导，著名电影家桑弧同志写电影文学剧本。"这样，拍电影《天仙配》的事就定下来了。1955年《天仙配》拍电影时，音乐除了保留原来适合电影艺术需要的部分外，时白林、葛炎同志也参加作曲。电影《天仙配》荣获中华人民共和国文化部1949—1955优秀影片奖，严凤英、王少舫获荣誉奖。

严凤英的名字又一次在上海、华东六省以及全国打响了。她红极了！此时，我开始提醒她："不能自满，更不能骄傲！"

会演结束时，著名剧作家田汉同志来上海，他要看严凤英的戏，并问我："严凤英拿手戏是什么？"我说："《小辞店》。"田汉问《小辞店》的内容是什么，我介绍说：故事发生在巢湖边三河镇，说的是开饭店的小老板娘柳凤英，她多情美貌，泼辣大胆，因为父母包办婚姻，把她嫁给一个秃头男人，好吃懒做，赌博成性，夫妻没有感情，有个湖北黄州商人蔡鸣凤，长期住在店里，渐渐与柳凤英有了感情，直到同居，引起街谈巷议，柳凤英毫不示弱，她沿街骂那些非议她的女人。

当蔡鸣凤思念家乡，准备辞别柳凤英时，柳凤英含着眼泪留，留不住，又含着眼泪送，送他出店辞别。痴情的爱、倾心的情，严凤英把每个细节，通过大段情深意长的动人唱腔，将柳凤英这个痴心多情女人表演得淋漓尽致，感人至深，是更具特色的长诗般的安徽《走西口》和《信天游》！

田汉看了《小辞店》后，对我说："我一生看了很多优美的戏剧，而你们的严凤英，一折《小辞店》征服了我田汉，严凤英是个天才的演员！"

的确，严凤英作为一个演员，不仅表演出色，唱腔动人，形象和眼神处处出戏，令人叫绝，喜、怒、哀、乐的感情，虽是台上做戏，却做得真实、自然。石挥曾向我说："严凤英在上海电影棚表演《天仙配》中'分别'一场戏，摄影师把镜头对准她，大段别离唱词，严凤英每唱必流泪，边唱边写血书，感动得摄影师也流泪。这就是艺术的力量！"

有人说，严凤英不管扮演什么角色，一出台，一张嘴，一动眼神，立即就会把台下乱哄哄的观众抓住，能使场内鸦雀无声，把精力全集中在她一个人身上，这可以说是严凤英的艺术魅力使然。

中央领导同志及梅兰芳评严凤英

1953年，安徽省黄梅戏剧团成立，从那时起，首先来安徽视察的是朱德元帅和夫人康克清，其后是周恩来总理、李克农将军、张治中将军，他们来皖时都看黄梅戏。1958年，毛泽东主席在张治中和罗瑞卿陪同下，首次来安徽视察，两次看黄梅戏演出。随后，彭德怀元帅、叶剑英元帅、贺龙元帅、聂荣臻元帅、邓小平总书记、彭真书记等中央领导先后来安徽视察，他们都看过严凤英演出的黄梅戏《天仙配》《打金枝》《打猪草》《夫妻观灯》，还有严凤英个人表演的折子戏《小辞店》《西楼会》等。

在"大跃进"年代里，毛泽东主席第一次来安徽，对安徽人民来说是件大喜事，对省委来说是个极大的鼓舞和支持。当时，毛主席身体健壮，情绪极高。省委安排我向他汇报近20分钟关于除"四害"的工作，他大笑了多次，非常满意：他说："老鼠比人还狡猾，苍蝇、蚊子危害极大。"晚上，曾希圣、桂林栖陪毛泽东主席、张治中将军看黄梅戏《打金枝》，我坐在主席身后一排。当看到郭子仪捆绑了自己和儿子，赴皇帝面前请罪，皇帝不仅没将郭氏父子问罪，反而十分宽容，还批评自己的女儿，又批评皇后对女儿的偏心时，毛泽东主席评论："历代开国皇帝，从不杀有功之臣。"紧接着他问："湖北有个黄梅县，为什么黄梅戏出在安徽？"我向主席说："黄梅县与安徽宿松县交界，旧社会黄梅县灾民逃荒到安徽，他们既唱黄梅调，又吸收了安庆地方民歌，形成了现在的风格，成为黄梅戏。"主席又问："严凤英祖籍是湖北人吗？"我回答说："她是安庆桐城县人。"接着，主席高度评价严凤英和地方戏曲。他说："我喜欢家乡湖南花鼓戏，黄梅戏更好听，严凤英是个出色的演员，她演的七仙女成了全国人人皆知的故事。"

主席离开安徽后不久，彭德怀元帅来安徽视察，由省委书记处书记张恺帆陪同，到各地看"大办钢铁"和"公共食堂"。有一天晚上，张恺帆约我陪彭总在稻香楼礼堂，看严凤英、王少舫、潘璟琍演的《路遇》《打猪草》《夫妻观灯》，不知彭总是看了"大跃进"的场面心情不悦，还是他军人严肃的个性，从演出开始到结束，他一言不语，也不笑，但到最后闭幕时彭总对我说："部长（此时我任省委宣传部副部长）同志，请你上台，代我向演员问好，他们演得很好，特别是严凤英的表演，使我这个不爱看戏的人，也觉得她演得出色，为安徽人民争了光！"

早在1953年初冬，朱德元帅和夫人康克清来安徽，这是中央最高领导人第一次来皖，当时合肥还是旧城市面貌，"江淮大戏院"尚未建立，只好在黄梅剧团住址彩排舞台（是草棚盖的）演出。曾希圣、桂林

栖、黄岩、陆学斌等省委负责同志陪朱总看黄梅戏《天仙配》，我和朱总坐在一起，向他介绍了黄梅戏的来历。他看完《天仙配》，不时赞扬说："严凤英演得好，唱得好听，这个演员很有前途。你们要注意政策，教育他们，使他们懂得现在是舞台的主人，不再是旧社会恶霸老板压迫下的戏子，要他们敢于创新、改革旧戏中有毒之处。"

张治中、李克农将军均系安徽巢县人，他俩既是庐剧迷，又是黄梅戏迷。李克农于1955年来安徽，张治中数次来安徽。李克农来安徽时，省委派我陪他回故乡巢县（我也是巢县人）和去芜湖看看。张治中于1958年和1964年两次来安徽，均由我和张恺帆同志陪他。他们和我谈了一些政治、经济和安徽历史名人，还谈到小时候他们看过的"倒七戏"和《蔡鸣凤辞店》《秦雪梅吊孝》等戏。以后，他们除看了严凤英的拿手戏外，还看了《小辞店》庐剧——丁玉兰的《小辞店》，也是令人叫绝叫好的。他俩一再向我提出："黄梅戏和庐剧要到北京演出。"真的，以后黄梅戏、庐剧和泗州戏都进了北京，而且被安排在怀仁堂演出，毛泽东、刘少奇、周恩来、朱德、陈云、邓小平等中央领导同志都看了黄梅戏和庐剧的演出，严凤英、王少舫、丁玉兰都作了出色的表演，获得一致好评，中央领导都上台看望他们，张治中将军还设家宴款待他们。

有一次，我在北京和京剧大师梅兰芳先生见面，他谈了严凤英的表演和唱腔，评价极高，他说："严凤英的表演和唱腔，贵在具有真实的感情，她的唱腔、眼神、身段、脸上的表情，举手抬步，一举一动，一声一腔，充满人物的真实感情，正是因为有情，才能感人，才能抓住观众。她表演悲痛时，自己流泪，观众也流泪；表演快乐时，自己喜气洋洋，观众也跟着欢乐。一个演员，如果只知在舞台上做戏，干巴巴地表演和唱，是抓不住观众的；反之，像严凤英这样的演员，既有基本功，又有充沛的激情，演任何一个角色，既能出戏，又能出情，才能算得上一个受观众欢迎的演员！"梅兰芳毕竟是戏剧大师，他的一席话，对严凤英表演艺术的评价，像田汉同志一样，算是最权威的评价。而从观众来说，《天仙配》的票房价值，可以说超出国内所有舞台艺术片。当年夏衍同志曾向我说："最遗憾的是，《天仙配》没有用彩色拷贝，否则效果更好，它和越剧《梁山伯与祝英台》是两部卖座率最高的舞台艺术片。"不是吗，直到现在，《天仙配》中许多唱段仍然受到广大观众的喜爱，像"树上的鸟儿成双对……夫妻双双把家还……"已是全国各地群众爱唱的流行歌曲了。

严凤英的人品和她的爱情生活

在上海华东地区会演，严凤英出名了，特别是1955年，电影《天仙配》和全国观众见面，严凤英、王少舫名扬全国，而后又名扬海外，成了国内外家喻户晓的人物。这时，追求严凤英的人很多。可是，中华人民共和国成立后的严凤英，经过党的培养和教育，十分珍惜党和人民给她的荣誉。她经常说：在旧社会，男人玩弄我、欺侮我，我没遇到一个真正尊重妇女的好男人。现在追求我的人很多，第一，我要做一个为人民服务的演员，不能满足现在的成就，要不断提高；第二，我要做一个合格的共产党员，处处以身作则，团结群众，带好青年演员，希望有更多更好的青年演员赶上和超过我；第三，我个人问题上，追求的，一不爱钱，二不爱高位，我爱人才，我爱人品。这三点，是1955年春节，她到我家拜年时向我表的态。她以后的经历证明了她的人生价值观确是如此，她不追求名利，追求的只是为人民作奉献。

严凤英出生在安庆桐城县一个下中农家，自小爱唱民歌，有同情穷人之心。后来她成了黄梅调名演员，但新中国成立前所走的道路，是十分曲折悲惨的。有时，她能挣点钱，也是帮助穷兄弟穷姐妹们。当她在南京"落难"时，南京有个姓甘的男人，挺身而出，解救她于苦海，于是她和姓甘的有过一段爱情关系，这个男人，心眼好，会唱京戏，是有名的票友，论人品、才华和长相，都是一个好男子汉。曾希圣曾找我谈话，要我为严凤英物色一位政治上强，而严凤英又爱的人。这件事，确实让我很为难。

有一天，我和严凤英谈话，谈及她个人问题时，我问："你对南京甘某某怎样？"她说："从内心讲，我俩有感情，但从我现在选择对象的标准讲，我不爱'小开'（甘某就是'小开'），我要找个有才有德的人。"我想了下，对她说："安徽日报文艺组长某某某不错，既有文才，人品又好，是党员。"严凤英同意和他见面。过了几天，我们约好了到严凤英家，她亲手做了几个菜，请我和他吃饭，他们谈得也很投机，可是不到半个月，严凤英向我反馈"信息"，说他太胖，从此，他们也就不来往了。我这个人一生没做过媒，此次是奉命做媒，虽没成功，但严凤英感到上级领导对她的关怀是真诚的，是在关心和帮助她，希望她幸福。

后来，王冠亚从部队转业到文化局，分配到黄梅戏剧团，他的事业心很强，热爱黄梅戏，很有才气，会导演，也能写剧本，为人忠厚，有点书呆子气。他们结合后，夫妻恩爱，互相帮助，这使严凤英在成名后有了一个真正爱她的丈夫。

严凤英被迫害致死，离开人世30多年后，年过花甲的王冠亚仍是孤身一人，默默地在为黄梅戏的繁荣作奉献。他为了怀念妻子（当然，他没有旧社会封建守节思想，女为男守寡、他为女守寡，而支配他可贵思想的，是他要把自己有限之年贡献给黄梅戏，以告慰九泉之下的妻子），写了长达50万言的《严凤英传》（湖北人民出版社出版），后来又与别人合作，写出15集电视剧《严凤英》（江苏音像出版社和南京电视台拍摄），把严凤英的一生及其表演艺术，特别是严凤英主演的电影《天仙配》《女驸马》《牛郎织女》《夫妻观灯》《打猪草》等艺术成就写在了黄梅戏的史册上，写在我国戏剧艺术史册上，也写在了我国名人史册上。作为严凤英的丈夫，他已对得起妻子，如果严凤英真有在天之灵，她会含笑于九泉。

严凤英离开人世40年了，当年，她在黑云压城城欲摧的日子里，给组织写了这样的遗书："……我活着是共产党的人，死是共产党的鬼……"这份遗书足以说明她热爱党，坚信共产主义。1974年，我"官"复原职，看了她的亲笔遗言，几乎流下泪，我在潘璟琍面前不断地说："她不该死呀！不该死呀！"严凤英的徒弟张萍说："老局长，那时压力太大了！"我说："人已死了，无可挽回，你们把严凤英留下的担子挑起来吧！"

这事也已过去30多年了，潘璟琍也已因病去世，而严凤英四个徒弟——田玉莲（安庆市黄梅戏剧院副院长，《女驸马》中饰丫鬟）、江明安（《天仙配》电影中饰五姐）、张萍（《天仙配》电影中饰六姐）和许自友，都已是年过半百，艺术的青春已如夕阳晚霞，现在所希望的是黄梅戏新秀不断涌现，如此才能使黄梅戏这朵鲜花永远盛开，永远叫人喜爱！为此，除了党和政府重视，各方还要支持，更希望剧作家们多创作出新的剧本来，创作出能超过《天仙配》《女驸马》的好戏来。有好剧本才能出好戏，有好演员才能演出好戏。

（选自《新中国往事·文苑杂忆》，
中国文史出版社 2011 年 1 月版）

忆父亲对京剧艺术的继承创新

李浩天　口述

高　芳　采访整理

从小对李派艺术耳濡目染

我出身梨园世家，自幼开始练功。那时候家里天天给我送到剧场，记得一起练功的还有金弟、金生、金泰等叶家的孩子。我从小就看戏，每到父亲演出，我就在拉胡琴的外头一个小板凳上坐着看。那时候我什么都不懂，有一次李玉茹跟我父亲唱《武家坡》，我因为平时老跟她玩，一看是她，正唱着戏呢我就跑上台去了。

后来我上了北京市戏曲学校。有一天，给我们家拉三轮的老穆突然去了，他把我拉回家，我一进门，父亲就问我："你都学什么了？"我说了《辕门斩子》《黄金台》等好几出。"你唱一段儿我听听。"他用胡琴给我拉了一个导板。唱完以后，问我武戏会什么，我又表演了走列。"好，行了，等你毕业以后再说吧。"我当时也不知道怎么回事儿。后来想，第一他是想看看我怎么样，第二呢，因为我正在学校跟老师学，他没法说。这就过去了。

17岁毕业以后，我正式开始跟父亲学戏。文戏像《二进宫》《击鼓骂曹》，武戏《一箭仇》《恶虎村》……父亲什么戏都教，天天拉、天天唱，我就这样学。父亲教得比别人都细，我就好好听着，他怎么教我就怎么学。听着听着，学着学着，对父亲李派艺术的理解也一步一步地加深。

"不变"中求"变"

父亲学戏，小时候一开始学的是余（叔岩）派和杨（小楼）派。他的文戏老师是陈秀华，陈先生教余派；武戏老师是丁永利，丁先生教的是杨派。父亲在艺术上成长起来以后，又跟余叔岩先生本人学，像《别母乱箭》《战宛城》，他都学过。余先生不仅教戏，还亲自给我父亲"把场"。父亲头一次上台时，开戏之前，等观众都坐好了，余先生从下场门出来，在台上走一过场，到上场门进去，意思是说，我来了，他是我的学生。然后才正式开戏。

父亲学的是余派，但是到后来又在余派的基础上有所发展，走出了自己的特色，被后世誉为"李派"。他是谁好就学谁，学完以后再化成自己的。他的派别是沿着文戏"余"、武戏"杨"的总根儿，然后再吸收了各家的长处。比如说《响马传》中有一段唱，其中就有马派的东西：

当年结拜二贤庄，单雄信对我叙衷肠。

揭开了绿林名册把底亮，我把那响马弟兄当作手足行。

今日有人劫皇纲，杨林行文到大堂。

差遣了樊虎、连明、秦琼来查访，一路行来暗思量。

尤俊达、武南庄，事有可疑我探端详。

二位贤弟随我往。

父亲对于京剧的改革都是在无形当中的改革，他的唱腔跟其他流派有很多地方不太一样，但他是让你听着是一样基础上的不一样，多少有变化。不光马派，他的文戏连麒派的东西都有。武戏他又重点吸收了盖（叫天）派。记得父亲在教我的时候说，《一箭仇》你就按盖派的来。他是什么都吸收，再巧妙地糅到自己的表演中，一般人还看不出来。但是我们作为内行都能看出：这是从哪儿化来的、那是从哪儿化来的……我后来也接受了他这个理念，这儿学、那儿学。当然，跟父亲相比，我学的就少多了，也没他掌握得好。

父亲也擅长在唱法上进行革新。比如《响马传》中一段西皮摇板：

漫天撒谎俱是假，嘴巧舌能信口答。
庄主面前替我回句话，
你就说他热孝在身，我不敢惊动他。

像这样的唱法，都是父亲根据人物和剧情特点新编出来的，过去老戏里没有。《响马传·秦琼观阵》中"分明是子母连环震地胆，挫骨扬灰险恶的烈火山"，这唱过去也没有。再比如《二进宫》中一句"千岁爷进寒宫休要慌忙，进寒宫听学生细听……"父亲教的跟我在戏校时学的就不一样，在有些字的处理上，父亲唱的更原汁原味。"九里山前摆下战场，逼得个楚项羽乌江命丧"，父亲对"乌江"两个字的处理，跟以前唱法比，区别就是一个好懂，一个不好懂，父亲的"乌江"就是原味儿。父亲说，唱戏从一开始不知道怎么唱而学唱，再到知道怎么唱，然后一步步往上升，到最高境界的时候，就是说话。

《野猪林》里"发配"一场有一段高拨子导板：

一路上，无情棍，实难再忍。
俺林冲遭陷阱，平白的冤屈何处鸣？

我到如今，身披锁链受非刑，

我有翅难腾。

奸贼做事心太狠，害得我夫妻两离分。

长亭别妻话难尽，好似钢刀刺我心。

但愿得，我妻无恙逃过陷阱。

二差官做事太欺人，劝你们住手休凶狠，

八十万禁军教头谁不闻？！

我忍无可忍难饮恨，看你们还敢乱胡行！

过去北方的京剧不用拨子，南方戏里才有。父亲把南方的拨子拿过来用在这儿，就用得很合适。

编剧不是闭门造车

父亲的改革精神还体现在唱词上。他有时候亲自动笔写戏词，《野猪林》就是他自个儿写的。翁偶虹先生给我父亲写的比较多，是跟着我父亲的一个编剧，《响马传》就是出自他的手笔。翁先生写词不是闭门造车，他找演员商量。比如《响马传》中有这样一句："这就是愈描愈真，亲口供状，大有文章。"过去京剧没这样的词儿，都是几言几言地下来。而它既不是七言，也不是九言，就是一句大白话。翁先生打算这么写，他先找演员，演员一琢磨："行，就这么写吧！"他就这么写了。再比如，"好弟兄，一路上，说说讲讲"，这是十个字。演员一说："成，就这么写！"就这么定了。编剧跟演员通气、商量，演员也得能够消化才行。等演员到台上，"好弟兄，一路上，说说讲讲"，十个字唱出去了；"这就是愈描愈真，亲口供状，大有文章"，15个字，也给唱出去了，观众听着还觉得挺舒服。

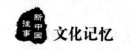

《响马传》有一场"炸街"。那时候《响马传》其他的场次翁先生都润色好了，这场戏是后加的。怎么编出来的呢？孙胜武、霍德瑞、曹韵清，这几位老先生边排戏边商量："这儿得加场戏。"翁先生过来："怎么加？"这位说："这个地方得安人。""好好，那你们俩在这儿。"那位说："这儿得安人。""好好，再过来俩，你们在这儿。"这班没有演员了，把外班的找过来。大家你一言我一语，说完了以后，翁先生拿着笔、拿着纸："你刚才说的什么词？"他记下来。"他刚才说什么词？"他再记下来。这儿记下，那儿记下，记完以后他再一润色，好，一场戏出来了。

而现在我们的京剧排新戏，大都是编剧闭门造车写本子，写的词没法念，也没法唱。演员很苦恼："这词儿……"有能自己改的就改了，有的还得找编剧改。而且，一出新戏在上演之前，剧团里能看到本子的演员并不多，就主演看，有词儿的看，再就是领导看看。

京剧一定要改革

李派的传人现在有几个，我的学生里，傅希如、蓝天我教得最多，他们俩都是上海的，经常来北京跟我学。受父亲影响，我在教学生时，都是把戏给教好了，由学生在唱的过程当中自己去体会、发展，我不限制。

现在京剧的观众越来越少。新中国成立前，除了京剧没别的，其他的剧种不行，歌舞团也很少，看京剧的人就多。新中国成立以后，50年代的时候行，60年代也还可以，后来有了样板戏，样板戏一过，其他的文艺形式都发展起来，京剧就开始衰落。今天的京剧总体上没什么发展，还是在唱那些老戏。排的新戏，也没见哪出落着了。倒是唱出来了，赶着会演，"哗"全来了，会演完了就没了——谁唱它挣钱？现在是导演制，一个戏怎么排，一切都按导演说的办，还能出得来流派吗？流派可都是靠演员自己创出来的。现在没有谁能再创出一个新流派来，对演员来说，都是以前有什么戏就学什么戏，这个戏怎么下来的就怎么学。另外，现在的演员条件确实不错，在演唱技巧上可能比以前强，但是在艺术修养上就不如以前。

大家也都在探索京剧应该怎么办，像这几年就出现了小剧场的形式。但是，现在京剧的表现形式我认为还是挺落后的。比如说，舞台上出来四个人，代表的是千军万马，可是千军万马一出来不是这样的，应该增加表演的真实感，再多上几个。可是反过来说，这京剧团里就这点儿人，没那么多。这又是矛盾。所以，京剧怎么发展我说不好，不过就现在的样子不成，将来得变样儿才行。

（原载于《纵横》2017 年第 6 期）

亚洲杰出的终身艺术家吴祖光

池银合

文坛新秀　誉称"神童"

吴祖光（1917—2003），江苏常州人，出身世代书香家庭。祖父吴稚英曾任职清朝著名洋务派领袖张之洞幕府。父亲吴景洲毕业于张之洞创办的湖北方言学堂英文专业，有精湛的国学基础和深厚的西画及传统画功底，可谓学贯中西；他也是一个古玩收藏家，曾将倾其一生财物收藏起来的241件珍贵文物无偿捐献给故宫博物院，是新中国成立以来社会人士向国家捐献文物精品的先驱者。吴祖光自幼就读于北京孔德学校，该校是蔡元培等人为实现新式教育理念而创办的，校园中洋溢着自由活跃的气息。这时的吴祖光已经显现出在文科方面的天赋，开始在报刊中发表文学作品。16岁时撰写的短文《广和楼的捧角架》就与老舍、周作人、钱玄同等前辈的文章一起收入"宇宙锋丛书"，引起文坛的注意。17岁撰写小说《宫娥怨》，18岁担任南京国立戏剧专科学校校长秘书并任艺术理论课讲师。

1937年，20岁的吴祖光写下了第一部抗日话剧《凤凰城》，上演后轰动一时，成为全国戏剧界投向日本侵略者的第一把匕首。1939年，他创作了话剧《正气歌》，借民族英雄文天祥的事迹激发起人民复兴祖国的坚定信念和浩然正气，再次引起广大民众的强烈共鸣，仅在上海就连续演出了整整一年，并被周信芳改编成京剧继续在上海演出。

1942年，吴祖光创作了迄今60多年来久演不衰的剧本《风雪夜归人》，从重庆演遍全国，成为中国话剧史上不朽的经典作品。周恩来在重庆就连续观看了7遍，一再肯定了剧本以高尚的情操、纯洁的思想、精美的台词讴歌了我国民族传统的精神美德。而当时他只有25岁，长得雪白粉嫩，唇红齿白，个头不高，性情憨淘却又顽皮异常，丝毫没有剧作家的"架子"。有一次剧场上演他的名剧《风雪夜归人》，他赶到剧场看戏忘了带票，守门人忠于职守，不许他进，他告诉守门人："我是吴祖光。"那人上下打量他一番，"噢"了一声："你是吴祖光的儿子还差不多。"自那以后，"神童"的美誉就在重庆文艺界渐渐地传开了，并伴随终生。接着他又创作了《林冲夜奔》《牛郎织女》《少年游》《捉鬼记》《嫦娥奔月》等作品。

1947年，吴祖光在中共地下组织的安排下去了香港，他又根据话剧《正气歌》的剧本改编成中国第一部爱国主义电影巨片《国魂》，以借歌颂文天祥来激励广大民众的爱国主义精神，还编导了《莫负青春》《山河泪》《春风秋雨》和《风雪夜归人》等电影艺术片。

1949年10月2日，吴祖光应周恩来的召唤，日夜兼程从香港返回北京，积极投入到新中国的建设中，陆续创作并编导出反映纺纱女工的电影《红旗歌》和儿童剧《除四害》等作品。1954年吴祖光奉周总理的指示导演了戏曲艺术电影《梅兰芳舞台艺术》上下集和梅兰芳的独创剧目《洛神》。1957年又根据周总理要求给程砚秋改编并导演拍摄了一部电影艺术片《荒山泪》，为两位京剧艺术大师留下了极其珍贵的艺术资料。以后他还创作了《武则天》《三打陶三春》《凤求凰》和《三关宴》等大量京剧剧本。仅一出《三打陶三春》在北京就演了400多场，随后在全国各地包括台北等地剧团纷纷演出，甚至在莎士比亚的故乡英

国，创造了非常轰动的剧场效应，在澳大利亚各地就演出了50多场。后来又拍摄成电影在海内外放映。

才子佳人　"妻画夫款"

世家出身的吴祖光是文艺界公认的才子，而贫苦出身的新凤霞是著名的女评剧演员，老舍先生称她为"共和国美女"。因对艺术的共同热爱和追求，1951年他们成为恪守一生的终身伴侣。然而，1957年反右的政治风暴中，吴祖光的一番反对"外行领导内行"的意见，被人加上了《党"趁早不要领导文艺工作"》的标题，被打成文艺界最大的"右派"，遣送到北大荒劳动，新凤霞也受到株连：其间某领导鼓动风华正茂的新凤霞与他"划清界限"并离婚。新凤霞想，祖光是一个对党忠心耿耿、事业心强的好人，现在政治上受到这么严酷的打击，我怎么能离开他呢？她明确表示："王宝钏等薛平贵18年，我要等他28年！"第二天，剧院的墙壁上贴出了一张大漫画：一个古装戴凤冠的女子抱着一个男人，流着泪水说："我等你28年。"此后，"大字报"、大小批判会、个别谈话、"内定右派"等就像暴风雨一样向她袭来。新凤霞强忍种种压力坚持练功，不断提高表演艺术，除照顾好老人与孩子外，还经常给吴祖光去信，盼望互相团聚的一天。数年后吴祖光回北京，新凤霞把屋子收拾得干干净净，让儿女们写下"热烈欢迎爸爸回家"的大小字幅，贴在房间各处。新凤霞说："祖光从冰天雪地来，我们要让他感到温暖，让他感到有光明的前途。"1963年，吴祖光与妻子新凤霞合作改编了评剧《花为媒》，并拍摄成电影艺术片。因为他那俗中见雅的绝妙唱词与新凤霞清新优美的唱腔的巧妙结合，形成了评剧舞台上的千古绝唱，以至到今天仍然流行全国，脍炙人口。

"文革"中，新凤霞的高血压病情被延误治疗，留下了难以痊愈的左半身瘫痪后遗症，及至最后只能与轮椅为伴。伴随她30年的戏剧舞台再也与她无缘了，新凤霞感到痛苦悲观，脾气也变得急躁。善解人意的吴祖光为她准备了笔、墨、纸、砚和颜料，又找出了父亲遗留的一些画，给她讲笔墨轻重、布局疏密的画理。看到新凤霞的画终于有了一定的水平，吴祖光就高高兴兴地在画上题款，并适时地夸奖她的进步。有时新凤霞拿着自己的画作叫他题款，他一看连忙摇头："这太满了，那太空了，这朵花神态不好，那根草用笔没到位……""得得得，咱不求你，不就是几个毛笔字吗？自己练！""好，早该好好练字了。"于是吴祖光为妻子找出了一大堆字帖，真的手把手地教她练字……只是到最后，新凤霞的画还得吴祖光题款，人们把妻画夫题叫作"夫妻画"，出版有《新凤霞、吴祖光书画集》。吴祖光温馨的关爱、鼓励和帮助让她的生活充满阳光。

1979年，吴祖光以妻子新凤霞为原型，成功地创作了描写旧社会穷苦艺人生活的话剧《闯江湖》，获得一致好评。不久，他又在耄耋之年，写出了电视连续剧本《新凤霞传奇》。他与夫人新凤霞相亲相爱、为文习画、甘苦共尝，把新凤霞这个扫盲班出身、大字不识一斗的民间艺人，培养成了著作等身的作家，并且加入了中国作家协会，成了全国戏曲演员民间艺人转到专业作家队伍中的第一人，也是唯一一人。他们的恩爱情愁演绎出一串串感人的故事，已成为民间口头文学，永远传诵。他们的老朋友黄永玉先生称之为"钢铁般的恩爱夫妻"。他们被各媒体称赞为20世纪中国最经典的"才子佳人"。2001年情人节期间，国外报刊媒体把他们的事迹与温莎公爵并列，誉为20世纪世界最伟大的爱情之一。

一生耿直　受人尊敬

"中年烦恼少年狂，南北东西当故乡；血雨腥风浑细事，荆天棘地也寻常。年查岁审都成罪，戏语闲谈尽上纲；寄意儿孙戒玩笑，一生缠夹二流堂。"这是吴祖光对中年时期"二流堂"事件的回忆和自白，也是他率真耿直的个性写照。"不屈为至贵，最富是清贫。"吴祖光才华横溢，一生坎坷，但始终不失艺术家的纯真质朴。他一生磊落、坦诚，从无背人言，从无背人事。因此他备受世人的爱戴和尊敬，也得到了周恩来、彭真、陈毅等中央领导的支持与呵护，而梅兰芳、老舍、夏衍等前辈对他更是真诚以待。

惯于说真话的吴祖光，晚年曾为两个在国贸大厦商场被侮辱损害的青年女子鸣不平，坐上被告席。那是1991年12月23日，两位年轻女顾客在北京国贸中心所属惠康超级市场购物，遭到两名男服务员无端怀疑，并遭到解衣、开包检查，查实无辜始放行。当时，首都多家传媒对此案作了报道，吴祖光读了《红颜一怒为自尊》这一报道后，写了一篇《高档次的事业需要高素质的职工》的随感，发表在当年6月27日《中华工商时报》上。文章刊出后，国贸中心称他"内容失实，判断错误，并且采用了辱骂性语言……是对中国国际贸易中心有关工作人员的侮辱，严重损害了他们的声誉"。1992年12月，国贸中心以吴祖光侵害其名誉权向北京朝阳区人民法院提起诉讼，法院立案受理。这场官司从1992年年底持续到1995年5月才完结。在三年的案子审理过程中，吴祖光一直没有后悔过，他曾经说过，为消费者仗义执言，无怨无悔。最后庭审宣判时吴祖光特紧张，但知道自己赢了后，他却一句话都没说。吴祖光始终认为，身为一个文人，就该长着这样的硬骨；作为一个作家，只能讲真话，宁可丢掉一切，也不能丢掉真理。当然，真话不一定就是真理，但是真理必然孕育在真话之中；假话就是说一车皮，里边也没有一丝真理的基因。实际上这正是他的行为规范和人格独白，这场为受辱者讨公道的官司，十足地表现出他是文坛里的一个大写的人！其实那两个蒙受侮辱的年轻人，与他一不沾亲，二不带故——只是为了真理，他在挺身而出时奋不顾身！提起这件事，弟弟吴祖强就说："这就是祖光的性格，看不得不真、不善、不美的东西，虽然和他没有关系，但是他也要说出来。事后，再提到这件事，他也只是哈哈一笑，没有放在心上。"

2003年4月9日，吴祖光因病在北京逝世。在络绎不绝的拜访人群中，有不少只是住在附近的街坊，他们拒绝了在吴家的签到本上留名，他们表示："我们不是什么名人，老爷子是太好的一个人，只冲着老爷子的为人，我们来鞠仁躬就走！"只要走在东大桥的这条马路上，所有人都会记住吴老，小区前面的道路、小区楼房的粉刷，甚至楼道里的灯泡，都是吴老自己掏钱为大伙办的。有一次，老爷子在散步时被一辆自行车给撞了，可是老爷子摇摇手就让小伙子走了，回家之后家人发现吴老的腿上青肿了相当长的一道，一个星期都没好，可是老爷子说："别找人碴儿，都街里街坊的！"

作为备受尊敬的文化人，曾获"亚洲杰出的终身艺术家"称号的吴祖光走了。胡锦涛、江泽民、温家宝、贾庆林、曾庆红、吴官正、李长春、王乐泉、王兆国、刘淇、刘云山、吴仪、张立昌、周永康、郭伯雄、曹刚川、曾培炎、乔石、李瑞环、尉健行、李岚清、刘延东、罗豪才和丁关根等以不同方式表示哀悼，对其家属表示慰问。

吴祖光后继有人，儿子吴欢现为全国政协委员，有"京城才子""香江神笔"之称，现为香港著名作家、书画家。白石老人当年以"吴欢无不欢"赐名。他以一身兼小说、戏剧、政论、诗词、书法、绘画名扬海内外华人社会。1998年在港举办首次书画展，各界名流纷纷到场，引起极大轰动。1999年在中国美术馆举办纪念其母新凤霞逝世周年书画展引起轰动。京城盛赞吴氏为中国最大的文化家族之一，且后继之

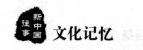

人，继续着对中国传统文化的弘扬。哥哥吴钢是著名戏曲艺术摄影家，曾任《中国戏剧》杂志的摄影记者，1988年曾在北京和中国台北两地举办吴钢戏曲艺术摄影展，这是新中国成立以来大陆摄影家首次在中国台湾举办影展。现在他是中国摄影家协会、中国戏剧家协会会员。他还是法国国家职业摄影家组织AGESSA成员，在法国享有艺术家居留权，同许多世界级的艺术家过从甚密。妹妹吴霜是著名歌唱家、剧作家。"文革"结束后曾考入中央艺术学院，后到美留学学的也是声乐，现成了剧作家。代表作有"光明三部曲"：《别为你的相貌发愁》《女人漂亮》和《父女惊魂》，轰动剧坛。

（选自《新中国往事·文苑杂忆》，
中国文史出版社 2011 年 1 月版）

急观众之所急　想观众之所想*

——相声表演艺术家常宝堃

陈笑暇

　　著名相声艺术家常宝堃童年随其父说相声，艺名"小蘑菇"。9岁时成为"幽默大师"张寿臣的徒弟。16岁时与长他8岁的赵佩如合作，珠联璧合。日伪统治时期，他甘冒身陷囹圄遭受毒打的危险，上演讽刺"强化治安"的段子，表现了他分明的爱憎。天津解放后，他的艺术生涯展现了新的天地。在1951年赴朝慰问后归国途中，遇到敌机轰炸扫射，这位不满30岁的民间艺术家不幸光荣牺牲。

　　已故著名相声艺术家常宝堃，从20世纪30年代中期至50年代初，长期在天津登台演出，达到家喻户晓、妇孺皆知的程度。人们称赞他是"在群众之中的演员"并非过誉，常宝堃在群众的记忆中是难以磨灭的。

　　宝堃艺名"小蘑菇"，1922年5月生于张家口。其父常连安，原学

---

　　*　标题为编者所加，原题为《相声表演艺术家常宝堃》。

京剧，曾在北京富连成坐科，学花脸，艺名小鑫奎。后改学老生，易名连安，与马连良是师兄弟。18岁倒仓后，又向刘德顺学民间戏法。以后漂泊各地，1920年辗转至张家口卖艺。1922年喜得长子，夫妻唤他"柱子"，取其立柱之意，这就是常宝堃的乳名。柱子从小天资聪颖，从记事起就随父母到场子里习艺，耳濡目染，吸吮着艺术的乳汁。当时，他穿着个红兜肚。一举一动都惹人喜爱。4岁时就跌扑跳跃，既是儿时的戏耍，又是借以敛钱求生的手段。

柱子的童年是饱含着辛酸血泪的。他为什么叫"小蘑菇"呢？一是因为张家口一带盛产蘑菇，一是因为儿时的柱子调皮得很，时常欢眉笑眼地和邻近的叔叔大爷们逗笑，因而大伙儿时常亲昵地说："这孩子真蘑菇，老是这么软磨硬泡的！"一来二去就传开了。到柱子随父去济南等地说相声时，"小蘑菇"便正式成为他的艺名。

戏法和相声说来是一家，传统相声有些节目就是从戏法中演变过来的。"小蘑菇"给父亲帮场子时就常使用相声里的"小孩哏"，如《算人口》《俏皮话》《层层见喜》等。这时人们发现他是说相声的好坯子，都说："这爷俩要使口准火。"[1]1930年常氏父子在天津"三不管"打地摊，经说评书的陈荣启当保师，把9岁的"小蘑菇"介绍给被誉为"幽默大师"的张寿臣，张欣然地收下了这个机灵的徒弟。与此同时，张寿臣又认常连安为师弟。从此，常氏父子便弃戏法而专说相声了。

常连安为"小蘑菇"起的大名叫宝堃，张寿臣因大弟子名赵立梧，所以给宝堃起名立桐，但这两个名字都没有叫开。

在相声演员中常宝堃可称"娃娃红"，在投名师之前已经会说20多段了。张寿臣见他颖慧过人，有"相"有"声"，便对他精心培育。那

---

① "使口"，即说相声；"火"，即获得观众的好评。

时，张寿臣正在歌舞楼（后改小梨园）、小广寒（后改天升戏院）等游艺场演出。早、晚两场还要应电台、堂会之邀，整日时间都排得满满的。宝堃白天也需要随父赶场演出。他们师徒的传艺受艺都在夜间进行。那时幼年的宝堃夜夜踏师门，时时耗心神，十来岁的孩子劳累了一天后还要聆教习艺，有时难免冲盹儿，于是老师提高嗓门说："这是学能耐啊！你听明白了没有？"吓得宝堃一哆嗦，赶忙揉揉眼说："听，听见了！""听明白了你说一遍吧！""这……"宝堃翻着眼珠想了想，跟着就把刚才老师传授的内容说了一遍。他不是机械地复诵，而是运用老师讲的"使活既要有准词儿，又得有个活泛劲儿"，边说边做，灵活而富有变化。每次授课后，张寿臣都很满意。张寿臣曾说："宝堃跟我三年多，学会200来段相声，不少活越压越瓷实。"可是一旦出了错，老师也不放过。倘有字音、语气不对，就让他说上百遍。练"贯口"①时，老师叫他对墙朗诵，直到不溅唾沫星子才准许歇一会儿。

13岁出师后，"小蘑菇"已经轰动京津了。他们父子除了在曲艺场演出，还上电台播音，在影院演电影前加场，又在百代、高亭等唱片公司灌制了《卖估衣》《闹公堂》《相面》《小孩语》等段子，在群众中的影响日益扩大。

1937年，年仅16岁的常宝堃与长他8岁的赵佩如合作了。这是因为有一次常家父子合演《家堂令》时，张寿臣恰好听见，当时就对他们说："现在宝堃长大了，你们爷俩在台上这么一玩笑，观之不雅啊！"这时，宝堃才发现自己学会的某些节目就是因父子关系不宜上演，这样下去对发展艺术是不利的。恰好这时艺名"小龄童"的赵佩如也正因找不到合适的伙伴而苦恼。赵是焦少海的弟子，其父赵锡贤与常连安又是挚友，所以常、赵的合作很快就促成了。当即在歌舞楼、天晴（后改北海楼商场）等处为刘宝全、骆玉笙、荣剑尘、林红玉等名家担任"倒

---

① "贯口"，即以独白为主的相声段子。

二"。很快地取得了观众的欢迎和信任。

相声演员能搭上个好伙伴应该说是最幸运的了。赵佩如出艺较早，是同辈中的大师兄，与常合作后，他的捧哏特长得到了发挥。经过互相交流，切磋琢磨，常、赵很快地就成为一对珠联璧合的好搭档。他俩在个头、声音、形象上都那么适衬，往台上一站就好看。常宝堃表演起来寓庄于谐，机敏洒脱；赵佩如则是寓谐于庄，左右逢源。这样旗鼓相当，严丝合缝，创造了一种紧凑、炽热、明快、引人入胜的艺术风格。他们合演的《五红图》《汾河湾》《铃铛谱》《穷富论》《卖五器》等，都受到了当时观众的热烈欢迎。常对赵异常尊重，不论在哪儿演出，包括上电台、灌唱片，都和赵悉心商讨，听取伙伴的意见。艺术上、生活上他们都说得来。赵佩如把所会的东西都告诉了常，经过常重新加工后，立即焕发出新的光彩。在常宝堃进入青年时期以后，艺术更加成熟了。

有的同志说："常宝堃说的《牙粉袋儿》，发扬了相声的现实主义传统。"这个评价是恰如其分的。常宝堃在当时敢于上演讽刺日伪"强化治安"的段子，正是因为他站在人民群众一边，敢于说出人民心里的话。这个段子本来是宝堃的二弟宝霖创作的，曾在北平演出过，遭到日伪当局的非难。宝霖没有屈服，他在给大哥的来信中谈及事情经过和段子的大致内容。宝堃基于对日伪统治者的仇恨和对人民疾苦的洞察，决定再一次冒风险。他的老师张寿臣也曾因针砭时弊而屡次遭受迫害，老师曾说："相声是无不知，百行通，对人对事都要有自己的见解。"他如鲠在喉，一吐为快，一次又一次地和赵佩如演出了以下的内容：

……

甲：您知道什么是"强化治安"吗？

乙：不知道。

甲：就是"治安强化"。

乙：跟没说一样。

甲："强化治安"就是东西落钱！

乙：不对呀！每次"强化治安"东西都涨啊！

甲：这次落。

乙：怎么落呢？

甲：你看，第三次"强化治安"白面35000一袋儿，到第四次"强化治安"就涨到46000啦！

乙：是啊！

甲：可到了第五次"强化治安"——

乙：又涨钱？

甲：没涨。

乙：一袋儿多少钱？

甲：原先是46000，现在24000啦！

乙：真落啦！

甲：落是落啦，不过袋儿小点。

乙：噢，不够44斤。

甲：哪儿呀！跟牙粉袋儿赛的！

乙：咳！

这里，运用了传统相声"言非若是"手法，把准备否定的东西先肯定一下，跟着彻底否定，显得更有力量。

常宝堃作艺的准则是"我听观众的，观众才听我的"，"你爱观众，观众才爱你"。他的这个座右铭正是要急群众之所急，想群众之所想。他常用垫话和现挂"包袱"揭露一些丑恶的社会现象。如在一个节目中，甲需要用乙的脑袋当锣。赵佩如问："这是为什么？"宝堃当即回答："铜都献了！"观众情不自禁地笑了。这是因为日本统治者当时

123

正拼命搜刮铜铁，用来制造武器屠杀中国人民，所以共鸣很强烈。因此，宝堃几次身陷囹圄或遭毒打，可是他仍坚持讽刺一切不符合人民利益的生活现象。于是讽刺法租界警察的《打桥票》出现了。当他在大观园台上说出："……这年头过法国桥都得打票，不打票警察不让车过去。……可我说的警察都不在这儿，逢是这种警察都没工夫听相声，现在都在家'串柜'呢！"赵佩如跟着说："噢，数钱。这一天挣了多少？"观众发出辛辣的笑声。当然，这就又一次触动了反动当局，宝堃也又一次被拘禁。

1939年盛夏，天津发生了水灾，游艺场的业务一时低落，如何振兴一下呢？为了生存，也是为进一步献艺，在师友的帮助下，常宝堃除了演相声，开始反串京剧。过去，每逢腊月，观众减少，曲艺演员也以反串《老妈上京》《打面缸》渡过难关。而这次从演《法门寺》起，已不是凭反串招徕了。他认真地演出了《四进士》的宋士杰、《连环套》的窦尔敦，至于《铁弓缘》的婆子、《一匹布》的丑角，更是当行出色了。他有着高度的记忆力和反应力，作为戏剧演员来说，可塑性很强。在此基础上，一个由常宝堃与魔术家陈亚南任正副团长，以演笑剧为主兼演曲艺的兄弟剧团正式成立了！在南市庆云戏院扎了根。以后又在本市天宝（今民主戏院）、天升、大观园等处演出，给观众留下较深印象。20世纪40年代中期，又到北平、张家口、济南等城市演出，扩大了影响。

常宝堃演笑剧较之京剧更宜于发挥自己的特长，他们演的戏介于文明戏与滑稽戏之间，也可以说是通俗话剧。常既演老迈人物，又演青壮年，正反面大小角色兼能。该团编导张鹤琴在撰写剧本时也注意到发挥宝堃的特长。如在打炮戏《前台与后台》中安排他演一个被花花世界腐蚀的京剧演员，宝堃把人物苟且偷安、见利忘义的丑态揭露得较充分。在《孝子》中他演长子，当时常仅20岁，而比他年长8岁至10岁的赵佩如、陈亚南却分别扮演二弟与三弟。剧本赋予了老大——这个不孝之子以虚伪、阴险、贪婪的特征，常演来入木三分。在《断肠歌声》（根据话剧《秋海棠》改编）中，他扮演军阀袁宝藩，操一口河南话，活脱脱一副魔王嘴脸。在《一碗饭》《如此歌娘》《笨侦探》等剧中，他扮演的正面人物也很出色。不论是善良多情的学生，还是大智若愚的侦探，都那么朴实、真挚、风趣，富有生活气息。还如《狼》《八点半》《一贯道》等，他扮演不同类型的人物，充分地得到了舞台实践的机会。在《莲英被害记》（即《枪毙阎瑞生》）中，他前饰妓院鸨母，后饰皮货商大皮包，也有着精彩的表演。当然，限于历史条件，其中也有不少庸俗的东西。

有的同志认为：宝堃青年时代把精力投入了演剧，对于钻研相声颇有损失。其实，常宝堃在笑剧中的某些表演是把用语言表达的相声立体化了。有时则是发展了相声中的模拟表演。当时，他除了在笑剧前面加演相声（早、晚两场）外，还在电台、晚会和其他场合演相声。有时他和伙伴们把一个喜剧情节在剧中使用了以后，转过来又用相声表演。这样，相辅相成，互有增益。在这段时间内他还改编演出了相声《家庭论》《穷富论》《影迷离婚记》等，都适当地吸取了一些戏剧的表现手法。

1948年年底，正值人民解放军围城，国民党负隅顽抗，指挥宣传机关，强迫艺人进行反动宣传。常宝堃和他的弟子苏文茂等都被召去了。在大是大非面前，宝堃没有含糊，他看到了国民党反动王朝摇摇欲坠，想到自己是人民哺养起来的和自己所受的欺凌、侮辱，怎么能用艺术进行反人民的活动呢！于是，他虚与周旋，一再推诿，强调没文化，不认字，编不了也说不了……甚至斩钉截铁地说："把我枪崩了，也说不了！"事后，还对其他被传的演员说："咱们谁也不能演。"

在天津城防外响大炮时，影剧院停止了营业演出，有些同行难以生活。为解燃眉之急，常宝堃就带他们去海河边上打地摊。群众看到"小

蘑菇"走下了舞台，倍感亲切，纷纷围拢过来。常宝堃深深地感到自己的艺术时刻也不能脱离群众。他再窘困，也要为这些热情的观众说上几段。这说明他的相声艺术，在群众中是生根开花的。

1949年1月15日，天津解放了！常宝堃开始挺起胸膛走在为人民服务、文艺工作者与劳动群众相结合的大路上。他积极编演新节目，向人民宣传这个崭新的社会制度，颂扬共产党、毛主席。为了尽快地接受革命理论，他连续参加当时军管会文艺处举办的讲习班，并被评为学习模范。通过学习，他的思想觉悟有了很大提高，人生观发生了变化，认真地考虑着自身职责和曲艺发展的道路。他痛切地感到时间不够用，要抓紧接触新事物，熟悉新社会，改造旧思想。他把自己的体会浓缩成两句话："不学习，不得了！学习了，了不得！"并书赠周围的同志。

新中国成立之后，他和赵佩如在短时间内连续改编上演了《新灯谜》《封建婚姻》《新酒令》等，还上演了老舍先生创作的《假博士》，孙玉奎同志创作的《二房东》《思想改造》等。他们每演一段新节目，都要悉心听取群众意见，反复修改。除了在剧场进行业务演出外，还经常到工厂、机关、学校、街道去参加各种庆祝活动，义务演出。有时一天连续演十几场，连吃饭的时间都没有，内心却充满了喜悦和欣慰。

当时，常宝堃不仅致力于创作，改编新相声，还计划对传统节目进行不同程度的整理，放弃了一些低级庸俗的节目和不健康的表演。如果不是战争夺去了他年轻的生命，相信会在这方面取得更大成绩。

1951年3月，常宝堃主动要求参加第一届中国人民赴朝慰问团。他表示不计报酬，不畏艰险，一个心眼地要去慰问亲人志愿军。当时，他是市人民代表、文联委员、文艺工会四工委副主任，政治待遇很高，经济收入也很优厚。他的要求，充分体现出一位民间艺术家的爱国热忱。

他决心把艺术献给最可爱的人，为中朝人民的血肉情谊不惜流尽最后一滴血。

在朝鲜战地，他表现得积极勇敢。他热情地为战士演出。在慰问演出的空隙，就和赵佩如一起创作新段。他们有两个选题：一是《新揣骨相》，揭露战争贩子是大贼骨头；另一是《建设新天津》，是用相声形式歌颂新中国成立后天津各条战线的新变化。他们每天清晨坐在山坡上对词。不幸的是，在归国途中遇敌机轰炸扫射，于1951年4月23日在三八线附近沙里院光荣牺牲。

常宝堃光荣牺牲后，党和政府给予了崇高荣誉，在天津桃园村海口公园举行了公祭，后又于当年5月底举行了盛大的殡葬仪式。赴朝慰问团团长廖承志，副团长陈沂、田汉，天津市市长黄敬，副市长许建国、周叔和各机关、团体负责人均参加了送殡。文艺工会组成3400人的大仪仗队，高举无数面挽匾、挽联、花圈等，高呼："为抗美援朝牺牲，死的光荣！""化悲痛为力量！"充满悲壮气氛。北京市文艺界代表，沈阳市、哈尔滨市曲艺界代表也参加了送殡。黄市长、许副市长并亲切慰问了烈士家属。

市文化局为纪念常宝堃烈士，发展革命曲艺事业，于1951年冬季组成了以常连安为团长、赵佩如为副团长的天津市曲艺工作团。宝堃的二弟宝霖、三弟宝霆、四弟宝华和弟子苏文茂均参加了该团。30年来在发展常派相声上做了不懈的努力。1953年宝华参加了海政文工团，1956年宝霖去了甘肃电台说唱团，常烈士的幼弟宝丰和长子贵田，也在努力发扬常氏艺术精华，积极编演新相声，使"相声世家"后继有人。

（选自《文史资料选辑》第111辑，

中国文史出版社2011年9月版）

我所知道的张大千

叶浅予

赵星光　记录整理

　　本文作者是当代中国的著名画家，新中国成立前，作者与张大千过从甚密，关系很深。这篇文章比较客观地分析了张大千的政治思想和艺术成就，为研究张大千提供了珍贵的史料。

　　张大千是1949年离开祖国的，他离开的时候带走了很多他收藏的画，其中石涛的画，有一百多件，还有宋、元、明、清的画。对于他的收藏品，台湾的评论是：富可敌国，贫无立锥。也就是说，他收藏的画可以比得上一个博物馆的收藏品，价值是无法计算的，但是他平时并没有钱，因为虽然张大千的画卖出时得钱不少，但他也花得厉害，大进大出。我们现在故宫里有几件作品是他卖给我们的，一幅很有名的是五代顾闳中的《韩熙载夜宴图》，还有五代董源的《潇湘图》，宋朝刘道士的《万壑松风图》。这三幅画是张大千在香港卖出，由我们国家文物局收购下来的。那时文物局局长是郑振铎。在这以前，郑振铎对张大千有看法，认为张大千在敦煌期间，对敦煌壁画有破坏，自从张大千把这三张画卖给我们后，郑振铎对我讲过，张大千还不错，这几张画本来他可以卖给外国人，价钱还可以更高，但是他愿意卖给我们，给自己的祖国。像这样一张画20世纪50年代能卖好几万，现在就更是无价之宝了。

这几张画原来就是故宫里的，是溥仪离开北京时从故宫里带出去的。日本投降后，溥仪当了俘虏，这几幅画就从长春宫廷里流出来，到了古董市场上。北平的古董商人到沈阳收购来，转卖给张大千。张大千是在1945年，日本投降后不久坐美国空军飞机到北平的，他知道北京发现了这些东西。他花了多少钱我不清楚，大概除了多少金条，还搭进去不少自己的画。我是1947年到北平艺专的，1948年他到北平来，在徐悲鸿家里，他把"夜宴图"拿出来给我们看了。自从他得到这张画后，一直带在身边，还特别刻了个图章，叫"昵宴楼"。张大千到国外以后，除了这几张画卖给我们外，还陆续卖了一些画。因为他在国外开支很大。据说卖这几张画是因为在巴西买地盖庄园，预备在巴西定居，为筹集旅费需要钱的时候卖给我们的。这所庄园名叫"八德园"。

张大千离开祖国的时候，北平已经解放，四川还没解放，从四川他的学生那儿传来消息，说他老师要走了。走了以后，头几年他在香港、印度、泰国、日本等地，当我们得知他在香港时，我和徐悲鸿二人给他写了一封信，把解放以后我们的情况和他谈了，讲我们在这儿很好，希望他能回来，他托一个从香港回来的学生带口信给我们，说他不想回来。张大千离开祖国后，先住在阿根廷，后又搬到巴西，又从巴西搬到美国，最后在台湾定居。他说，不管怎样，国外的生活对他在感情上是受不了的。所以还要回国。这个国他当然是指台湾。

他到处跑，每年要到法国和日本去一趟，他的画在法国和日本都是有市场的。他到法国去的时候，我们有几个赴法的文化代表团和他联系过，表示欢迎他回来，他和我们见了面总是比较客气，但表示还不想回来。有一次，我们一个以夏衍为首的代表团到了日本。当时，张大千有一张画，说是唐画，要出卖，夏衍听到这个消息，就认为，如果真的是唐画，我们国家当然要买回来。夏衍就派人和他联系，表示我们国家要收购，希望他卖给我们。张大千说，这张画是假的，是骗外国人的，你

们不要买了。夏衍回来跟我说，这个人还不错，告诉我们这是他造的假画。这幅画在日本印了复制品，夏衍带了一张回来。我看张大千的画看多了，一看就知道是张大千画的，画面上是几匹马，一个牧马人。从这些表现说，尽管张大千对共产党不了解，但他认为大陆也还是自己的祖国。他有些题画的诗里经常提到怀乡、怀国、怀旧、怀友之情，尽管他后来说，我的国家现在在台湾，并回台湾定居，但我们如果从对台湾的政策讲，回台湾定居也就是回到祖国定居。从他的行动看，还是一位爱国的知识分子。

我在几篇文章里，充分肯定张大千在艺术上的成就，认为张大千是继齐白石、徐悲鸿之后中国的又一大画家，是中国画大师。这个评价不算高。我们国内宣传张大千最起劲的地方是四川，因为他是四川人，为他出了许多画册，还让他的女儿到巴西去探亲，他的女儿张心瑞在巴西住了一年，我们都怕她回不来了，她还是回来了。

关于张大千的生平、历史，有很多现成的文献可以参考，我想谈谈我跟他的关系。

我和张大千认识是在1936年，那时我在南京住，张大千在南京中央大学艺术系教课。这年，他在南京开了个画展。在那时以前，我在上海就认识他，但我们在南京时期来往较多，我对他的画是很喜欢的。和他熟悉以后，我们一直有来往。抗日战争以后，他从北平逃出来，到了香港，我那时也正在香港，见到了他，知道他要到成都去。抗日战争期间，我在重庆住了四五年，大约是1942年至1946年吧。张大千1944年从敦煌回来，在成都开了个临摹敦煌壁画画展，后又到重庆开，我去看了，为他的新成就所吸引，想跟他学习国画方法。1945年端午节前后，我到成都住在他家里，住了两三个月，天天看他画画。我原来是画漫画的，抗日战争那几年跟着郭沫若做了一些宣传工作，那时的报纸都是用土纸印，没有照相制版，没地方发表漫画，我就改画国画。在国画方面，张大千那人物、山水、花鸟，样样精通，除了向他学方法，看他画画也是一种享受，他有个习惯，画画时喜欢旁边坐个人和他说话，张大千很喜欢热闹。我就坐在旁边和他聊天。我刚到成都时，他正在准备一个画展，他完全是靠开画展卖画得钱过日子。那时候他家里妻子儿女连同亲戚有十几个人。他平常就靠借钱过日子，开个展览会，卖了画还债，还完债后接下去又借钱。张大千旧书读得多，思想里旧的封建东西也多，对家里人管得很严，其实孩子们在外面干什么他是不知道的，从这方面讲，他的思想比较闭塞。抗日战争时国共合作，成都地下党的活动很活跃，他的子女在外面也接触了一些新思想，他知道了就骂，说共产党不行。我们觉得很好笑，和他说也说不通，他看问题的标准当然是封建的标准。当时，国民党的很多大官都捧他，他和张群的关系特别密切，张群是蒋介石的重要决策人物，当时是四川省长。除了大官僚，还有大地主、大商人买他的画。有人支持他，他也不怕穷，他要花钱有人借给他，所以"贫无立锥"也就是那么回事。他习惯了这样的生活方式，在成都解放时，他不得不走了，因为他依靠的力量、依靠的那个社会没有了。

张大千的人物、山水、花鸟画都画得很好，他的人物画主要是古装画。在我眼里看来，他的古代人物画有现代人的感觉，不完全是老里老气的。他有时也画现实的人物，妇女穿旗袍、高跟鞋，只是不常画就是了。他这个人的思想因为上过现代的中学，到日本留过学，对新事物也不是完全拒绝，而是有选择地接受，所以，尽管他的画的题材相当老，但是画本身的艺术风格我认为还是清新活泼有时代感的。我们所说的时代感，不是指你画的内容一定是现在有的那种生活现象，我们对时代感的看法不是那么机械的，即使画古装人物的画，你用现在人的感情画，那就跟古代人画的不一样。我感到，张大千很不平常，他接受的东西相当多，并且能消化成为自己的东西。我对他的评价是继齐白石、徐悲鸿之后的又一大师。台湾通过张群把他从美国迁到台湾去，对台湾来讲是一大文化资本。因此，蒋经国对他非常尊敬。我们起初以为他在台湾的

"摩耶精舍"是蒋经国送给他的，现在知道不是，是他自己花钱造的。他还在美国住的时候，就买了那块地请人修房子，修好后布置起来了才搬回去。他在美国的"环荜庵"现在还在，他有几个儿女在美国，有个儿子叫张保罗现在就住在那个房子里，成了那房子的主人。张保罗每年都要去台湾看望他的父亲，张大千的艺术基本上也都传给了这个儿子。

我们知道张大千在台湾时，曾希望他能到香港去一趟，也许我们有机会可以见面。张大千后来的确非常想念祖国大陆，有这么一个故事：一个美国人来到中国大陆，到了四川，他从四川装了一口袋土，带到台湾去给张大千，张大千捧着这袋土哭了一场。他到后来年纪越大越是想念祖国大陆。我想，在他的脑子里，台湾也好，大陆也好，那是一个整体。

张大千的家庭成员，我基本上都接触过，除了几个小的后来从四川带走到国外住，现在恐怕不认识，其余几个在国内的都还比较熟，他们有时到北平都来找我。张大千在成都时，送给我几幅画，"文化大革命"中抄家都抄走，后来又找回来一些。

张大千跟谢稚柳的关系比我早，谢稚柳是江苏常州人，他哥哥对张大千帮助很大，他是个诗人，旧诗作得很好，张大千的诗曾经受过他的影响。学陈老莲的字与画学得很透，张大千细笔花鸟，也学过陈老莲，两人在艺术上互有影响。他们有个时期经常在一起，我在成都的时候，谢稚柳也来过成都，也在他家里住。

20世纪60年代初，张大千的家属和他的一些朋友都希望他能回来，我们认为也有这个可能，作为一个中国画画家，离开了他的祖国，离开了生育他的土地，在艺术上是会走下坡路的。我曾经举过俄国的例子，俄国的大画家列宾在十月革命时流亡到国外去了，一直就没有回去，但是苏联在艺术史上肯定了他的艺术地位，把他的作品当作俄国重要的文化财富。我们有些朋友在议论张大千的问题时就说，将来我们一定会肯定他的历史地位、艺术地位的。他的子女、亲属"文革"后到美国去看他，说是没见到他父亲，台湾不让他出去。我想台湾也许怕他跑，但事实如何不知道。

中国的美术界，像他那样下功夫全面钻研传统艺术的没有第二位，从现代的一直到古代的没有一个画家的作品不经过他研究的，他从中吸收了很多有益的东西，所以他的画法变化很多。我在一篇文章里提出过，如果把张大千各个时期各种面貌的作品放在一起，你不会相信是一个人画的，但是，只要你对他的艺术有所了解，就会怀疑都是他的笔墨。他从学清朝画家石涛开始，然后学明朝画家的画，学宋朝的画，跑到敦煌去学唐人的画，学六朝人的画。他钻研艺术功夫真是下到了家。那时到敦煌去是很不简单的，那里荒凉极了。他看到外国人的一些记载，认为要追求中国画的古老传统，就要到敦煌去，因为现在不管哪个博物馆，真正的唐画很少很少，六朝人的画更少，只有历史上的记载，而没有具体的画。他下决心在敦煌住了两年，下这么大的功夫，哪个画家也做不到，即使有这样的决心，要花费那么多钱也不行，因为有一些爱张大千艺术的人的大力支持，他才去得了。他在敦煌待了一个时期，回来过一次，成都人笑话他，张大千发神经病，那么老的老古董去学它干吗呀！张大千的画已经画得很好了，还学那些东西！大家不同意他的做法，但他很坚决，还是回去了，又学了相当长的时期。等他把敦煌临摹本带回到成都开了正式的画展之后，大家才认识到他到敦煌去不是盲目的。在现代画家中第一个真正接触到唐人画的就是张大千。敦煌艺术研究所是后来才去的，因为有他的开创，国民党教育部才考虑到成立敦煌艺术研究所。从这点看，张大千对中国艺术贡献是相当大的。

张大千在国外这么多年，在画风画法上也有些变化。主要是指"泼彩"法，就是把颜色倒在纸上，一大片红的、绿的、青的，等等，然后从这里面找出树林、竹林、山、水等，勾画出来。这种方法他是在国外开始用的，有人说他是受外国人新流派的影响，他不承认。我也觉得不是。这种方法还是中国自己的传统方法，中国最早有"泼墨"法，把墨洒在纸上，现在他是把颜色洒在纸上。据说他画这种画时，开始还有一个轮廓，这儿是山，这儿是水，那是树，然后根据轮廓再把颜色泼上去。他的这种方法可能有西方抽象画派的影响，但总还是自己的。为什么会有这种议论，说是从外国来的，不是我们自己的？这半个世纪以来，崇洋太厉害，好像什么新东西都是从外国来的，好像我们自己没有，只有外国才有。由于受这种思想指导，有一些新方法总认为是从外国来的。从这点上讲，中国画在画法上的创新也是应该大大重视、及时总结的。去年，我们举办他的画展时，组织了一次座谈会，把他的主要的学生都找来了，分析他的作品。谈了五个半天，大家都发表了个人的看法。总的意见认为他的艺术成就是中国一两千年的文化历史发展的必然结果，所以我们应该重视他。张大千的成就对中国画今后的发展是有很大好处的，总结他的艺术成就，可以看出，一方面要深入生活，另一方面要继承传统，中国画的发展就是两方面都要。只有生活而没有传统不行，画出的东西不会有中国气派；只有传统而没有生活也不行，那画出来的东西都是老古董。只有二者结合，才是发展中国画的正确道路。这在张大千的身上体现得很明显。他的画我们认为基本上是从生活中来的，尽管有些题材比较老，山水花鸟用不着说，那是现实中的东西，人物画，基本上是古装人物，但这种古装人物的形象，通过张大千头脑的认识表现出来，必然具备一定的时代感觉。可以说，张大千在艺术上不是保守的，而是革新的。我们肯定他这一点，也重视他这一点。

（选自《文史资料选辑》第 104 辑，
中国文史出版社 2011 年 9 月版）

冰心的故事

周　明

　　我走了——要离开父母兄弟，一切亲爱的人。虽然是时期很短，我也已觉得很难过。倘若你们在风晨雨夕，在父亲母亲的膝下怀前，姊妹弟兄的行间队里，快乐甜柔的时光之中，能联想到海外万里有一个热情忠实的朋友，独在恼人凄清的天气中，不能享得这般浓福，则你们一瞥时的天真的怜念，从宇宙之灵中，已遥遥的付与我以极大无量的快乐与慰安！

　　小朋友，我要走到很远的地方去。我十分的喜欢有这次的远行，因为或者可以从旅行中多得些材料，以后的通讯里，能告诉你们些略为新奇的事情。——我去的地方，是在地球的那一边。我有三个弟弟，最小的十三岁了。他念过地理、知道地球是圆的。他开玩笑的和我说："姊姊，你走了，我们想你的时候，可以拿一条很长的竹竿子，从我们的院子里，直穿到对面你们的院子去，穿成一个孔穴。我们从那孔穴里，可以彼此看见。我看看你别后是否胖了，或是瘦了。"小朋友想这是可能的事情么？——我又有一个小朋友，今年四岁了。他有一天问我说："姑姑，你去的地方，是比前门还远么？"小朋友看是地球的那一边远呢？还是前门远呢？

　　　　　　　　　　　　　　　　——摘自冰心《寄小读者》

冰心的故事，是爱与美的故事。

她说：有了爱便有了一切。

的确，人类需要爱。

冰心爱祖国爱人民，爱她所从事的文学事业。同时，她也十分珍爱她的家人。

冰心的家是一个书香世家，一个教师之家，一个典型的知识分子的温馨之家。

冰心已故丈夫吴文藻先生，是一位鼎鼎大名的社会学家、民族学家。吴先生早年留学美国，新中国成立后一直担任中央民族学院的教授。1985年病逝。

冰心有一男二女。儿子吴平是一位从事工业建筑、民用建筑和装潢设计的高级建筑师，现为北京市建筑装饰设计所所长、北京市人大代表。在20世纪50年代的政治运动中，他和父亲吴文藻都被错划为"右派"，受到将近20年的不公正待遇和严重打击。多少人因此一蹶不振，而吴平，毕竟是受到家庭的影响、母亲的引导，他虽然倒下了却又坚强地站立了起来，坚韧不拔，在自己所经历的艰难曲折的人生道路上、在事业上，创造了出色的成就，有了辉煌的今日。他从母亲冰心的身上汲取了丰富的营养，对他一生印象最深的，归纳起来六个字：诚实、无私、宽容。因此他在自己的问题得到彻底改正后，意气昂扬，觉得要把20年损失的岁月补回来，多为国家做贡献。20世纪80年代中期，吴平鼓起勇气大胆"下海"，组建了北京第一家装饰建筑设计所，干得很红火，有了可观的经济效益。九年后，他把和大家一起挣来的辛苦钱全部上缴上级公司。他不为金钱所动的高尚情怀，使周围人惊讶而又敬佩；作为人大代表，他常常不辞劳苦地为老百姓的困难和利益奔走呼号，不谋私利。甚至哪家百姓"四世同堂""五世同堂"，住房紧张，他都会到有关部门去反映、去呼吁、去争取，而自己却还住在拥挤的寒舍，安然处之。吴平认为不替老百姓主持公道的代表不是真正的人民代表。所以吴平在底层的百姓中很有声望。

母亲最了解自己的儿子。尽管平时冰心对吴平不说多少赞扬的话，但她对儿子的所作所为是赞赏的。在她90高龄时，为儿子书写了一帧苍劲而秀美的条幅——

　　　　海纳百川有容乃大

　　　　壁立千仞无欲则刚

　　　　敬录乡老先生林则徐句为吴平吾儿作座右铭

　　　　　　　　　　　　　　孟夏　　庚午

　　冰心的大女儿吴冰，系北京外国语大学资深英语教授，曾经担任过英语系主任，如今，是博士研究生导师。冰心曾说："吴冰是我的骄傲。"在吴冰的印象中，母亲对于子女的学习其实管得不多，也不要求孩子们非成名成家不可，只要学习不落后就行。要求他们多学知识，将来的路要靠自己走。印象最深的是母亲在他们小的时候，常常给他们讲故事，而且讲得很生动，听着听着兄妹们就会动情地哭出声来。因为母亲所讲的故事，要么惊天动地很感动人，要么令孩子们揪心、伤心。所以每次他们围坐在母亲身边听故事时，都总不忘记带上小手绢呢。

　　吴冰认为母亲是一个极具爱心的人。她爱祖国爱自己的民族，爱所从事的文学事业，爱儿童，也爱花草，爱小动物，爱海，爱大自然。总之，爱，充盈了冰心的整个内心世界。在吴冰的印象中，爱祖国，却是母亲对他们教育最多、影响最深刻的一面。1951年，冰心一家尚在日本时，美国耶鲁大学曾隆重聘请吴文藻和冰心担任该校终身教授。然而父母亲却在周恩来总理的感召和党的秘密帮助下，毅然决然带着三个孩子返回解放了的祖国。

　　每当吴冰、吴青姐妹出国访问讲学时，冰心总是叮咛她们一句话：到了国外，一样好好干，要为国家争光。

137

"为国争光"，尽管这是极简单的四个字，是大家极常用的普通一句话，但在吴冰、吴青姐妹的心里却重如泰山。这是母亲对她们的嘱托，也是母亲的严格要求。

吴家姐妹也的确为国家争了光。

再说二女儿吴青，也是北京外国语大学的名牌教授，北京市人大代表。她做教授，讲课精彩，很能"镇"住学生。她当人大代表，敢于直言，为人民说话；说真话，不讲假话，这在北京是有了名声的。甚而连海外的报刊上都有所报道。有人说她是"带刺的玫瑰"。吴青说：做带刺的玫瑰又有何妨？据说，吴青从小就很顽皮、淘气，像个男孩子四处打闹。但从小聪明过人，长大了却很有出息。正因为母亲并不刻意要求孩子成什么、怎么着，反而，教育女孩子要有独立性、独创性，只能靠自己，不能依赖别人。就是说，路，得靠自己走出来！所以吴青从小养成了他人可为、我为何不可为的倔强性格。硬是在事业上出人头地，出类拔萃，闯出了一条辉煌的道路。

说冰心对孩子没有要求，实际还是有要求，只是宏观的要求，大的规范。比如说，她经常告诉几个孩子，做人要真，不能说谎；不可欺侮比自己年龄小的，尤其不能欺侮伤残人；遇事不要推诿责任，自己做事要自己承担。从小，冰心还不允许孩子们穿拖鞋，认为那是懒散的行为；也不允许他们睡懒觉，认为这是不良习惯。若是哪个孩子天亮还没有起床，她会掀起被子，大喊：太阳晒焦屁股了，还不起来！

冰心一向主张孩子诚实，不容许撒谎，如果哪个说了谎话、假话，一经发觉，她便毫不留情地用肥皂水洗他们的嘴巴，让他们喝又苦又涩的奎宁水让孩子们永远记取说谎话、假话之"苦"！这可算得是厉害的一招，吴平、吴冰、吴青小时候几乎都尝到过这种滋味。直到长大了谈起这桩往事，还心有余悸哩。

好了，我之所以在这里啰唆了冰心三个儿女的情况，只不过为的是证实这个家是一个典型的知识分子之家，一个温馨的家而已。

那么，关于冰心呢？读者自然已经了解得很多很多了。我在这儿只说说她老人家新近几年的情况吧。

冰心一生"淡泊明志，宁静致远"。她与世无争，与人无争，生活得恬静、安宁、安适，是一位纯粹的文学家。说不争，不完全。有时她也争，她写文章——为少年儿童，为妇女，为教师，为知识分子，为山村贫困儿童，为世间的不平事……她可是争这争那，为这些人争名誉、争地位、争待遇，争得面红耳赤，争得愤愤不平。这在她晚年的文章里随处可见！

在漫漫的将近一个世纪的岁月里，她始终保持对人类热爱之情：为了这种爱，在早年，她温柔地歌颂着；在晚年，她凛然地针砭着。而且晚年的冰心，从20世纪70年代末到80年代初，她竟奇迹般地创造了自己创作生涯中新的高峰。这期间，她大量精彩的文章层出不穷，像涌动的泉水喷流而出，一泻千里。1980年，她的短篇小说《空巢》荣获全国优秀短篇小说奖。1995年3月，她又因60年前首先在中国翻译、出版、介绍了黎巴嫩伟大诗人纪伯伦的作品——《先知》和《沙与沫》，黎巴嫩人民感念冰心，于是在60年后的今天，由黎巴嫩共和国总统埃利亚·赫拉维亲自签署了命令，授予冰心女士黎巴嫩国家级雪松骑士勋章，表彰她为中黎友谊作出的杰出贡献。

1995年10月5日，冰心95岁生日时，江泽民总书记特地派人到医院，向在病榻上的冰心送上一只鲜花盛开的美丽的大花篮，祝福冰心生日快乐，健康长寿。并说：冰心老人作为世纪同龄人，对中华文化所作出的贡献人们是不会忘记的。江总书记还十分赞赏她把刚刚出版的《冰心全集》的稿费（10万元）全部捐赠给农村妇女教育发展事业的行动。

冰心和巴金虽已进入耄耋之年，然而由于他们在文坛的崇高威望，于1996年12月的全国作家代表大会上，巴金仍然当选为中国作家协会主席，冰心当选为名誉主席。两位老人情谊甚笃，相互鼓舞着为中国文学事业贡献更大的力量。

在医院里，她很想家，很想那个坐落在北京西郊朴素而温暖的家。在那个家里，有她的书房和书桌，有她铺在桌面上的稿纸，有她心爱的白猫"咪咪"，更有她的亲人们。

她虽人卧病榻，却始终心系文坛，关心社会。她常常关心地问起某个作家出了某篇好作品，哪个刊物又发现了某个文学新人，听了她都为之高兴！去医院看望她的人很多很多，大陆的、香港的、台湾的、外国的，政界、文学界、知识界、妇女界……有老有少，男男女女。海外来的外国朋友或华人作家，或她的学生，只要到了北京，一定要去医院，哪怕见上她一面，说上一句话，合上一个影，也就十分欣慰了。还有素不相识的她的忠实读者，竟躲过医生、护士，"偷"跑进医院，向她献上祝福的鲜花。她的头脑依然清晰，思维敏捷，只是行动不便了。虽说是住在医院，同样颐养天年。医院的大夫、护士精心为她治疗。儿子、女儿及孙辈、孙辈的孩子们也都在悉心照料她。他们轮流去医院陪她，给她辅助治疗，给她读报，给她说说外面的事儿，说说她所关心的老朋友、小朋友们的近况……她都仔细地倾听，有时还不时插话和询问。

料理她一切日常事务的是她十分信赖的二女儿吴青和女婿陈恕。陈恕也是北京外国语大学的资深教授，为人处世宽厚而审慎，做事细心认真，有条有理，一丝不苟。他们夫妇是多年来陪伴冰心老人生活在一起的，为老人安度晚年尽心尽力，尽了孝道。冰心老人时常说吴青是她的"欢乐"，这评价自然也包括陈恕。

还有陈恕的儿子陈钢，也是冰心身边长大的孩子。姥姥很喜欢这个聪明的外孙。陈钢毕业于计算机学院，又是一名业余摄影爱好者。前年去了美国留学。不久前陈钢回国探亲，他日思夜想姥姥！回到北京后立即去医院看姥姥，姥姥也太想外孙了！婆孙俩一见面相谈甚欢。言谈中老人向外孙吐露了两桩心事：一是希望外孙出色完成学业，尽早回国为祖国服务；二是在她百年之后与丈夫吴文藻教授合葬。

冰心在病榻上语重心长地叮嘱外孙："千万不要嫉妒人，我一生从不与别人争什么。中国人要有自己的骨气与地位，与外国人在一起要平等相待，不能做奴才。我从不怕外国人，你越有骨气，越不怕他，他越尊敬你。"她要陈钢"做一个堂堂正正的中国人！"

她还对陈钢说："我要坚持活到100岁，等你学成回国。那时咱们一起回家。我96岁（时为1996年）了，如今最牵挂的就是你尽早学成回国，为祖国服务。"

何等感人至深的肺腑之言哪！令人崇敬的世纪老人！

这件事冰心对外孙说毕，她又将女儿吴青和女婿陈恕叫到身边，细声慢语地说："除了钢钢的学习，我还有一件心事，今天托付你们两人，我百年之后，要与文藻合葬在一起。"并且交代："文藻的骨灰盒上写明江苏江阴吴文藻灵骨。我的骨灰盒上写上福建长乐谢婉莹。墓碑上要刻吴文藻、谢冰心墓。"她对女儿说："现在知道谢婉莹的没几个人，大家都知道谢冰心，我考虑过，骨灰盒和墓碑上的字请赵舅舅写最合适。"

赵舅舅，是冰心的儿女们对赵朴初先生的亲切称谓。

赵朴初先生当然欣然应允。平日，赵朴初对冰心十分敬重。但他认为现在怎么好写这个？合适的时候一定写。

冰心对这件事考虑得这样具体，可见是深思熟虑。此前，我等晚辈都不曾听到过。我只知道她老人家早已立下遗嘱，就锁在她的书桌抽屉里。因为几年前有一天冰心老人突然打电话约我去，说是有要紧事儿谈。我赶忙到了她家，她先是问长问短，后来问我散文学会计划评奖的情况。然后说她打算将自己积蓄的稿费数万元捐给散文学会评奖用。因此征求我的意见。我知道老人家里平常生活就够清贫、简朴了，而写作散文的稿费又并不高，积蓄几万元并非易事，劝她把这笔钱留下，以便家里日常开支用。再说，即使她百年后留给儿女们也好。谁知，冰心却说："他们都拿有工资，不需要这些钱。何况我这些书柜、家具可以留给他们呀。"

　　我听了一愣，怎么，家具，书柜？我笑了说："老人家，你这老家具早已过时了，只能当文物，不能作为家具再用下去了。"

　　她也扑哧一声笑了。说我干涉她的"内政"，真不像话。

　　但是后来，她还是用这些稿费陆续向希望工程、向福建长乐家乡山区的横岭小学和县教委及遭受水灾的灾区捐了数万元的款。有次稿费刚拿到手，她便立刻捐给了希望工程。在她一生中，她最关注和惦念三件事，即教育、妇女和儿童。为这三项事业的发展，可以说她呕心沥血，竭尽全力，几乎奉献了自己的一生。

　　这，就是冰心，一位富有历史使命感和社会责任感的作家，一位对于中华文化作出了杰出贡献的世纪同龄人！

（选自《新中国往事·文苑杂忆》，
中国文史出版社 2011 年 1 月版）

启功先生二三事

宋凤英

说起启功，很多人都会想起遍及全国各地的启功的字。未见其人，先睹其字。启功这些年名气很大，有人称他是"中国当代王羲之"。其实启功的本业不是书法，而是教师。中央电视台《东方之子》节目把他当作大书法家来采访，但启功首先声明他不是一个书法家，而首先是一个教师，然后勉强算是一个画家，书法只是他的业余爱好而已。启功是北师大中文系教授，笔者曾就读于北师大，有幸一睹启功的风采。

北师大老校长陈垣的绵绵师恩，让启功终生铭记在心

启功出身清室皇族，1912年出生。其先祖是清代雍正皇帝的第五子弘昼，被封为和亲王。到启功这一代，家道中落。启功1岁丧父，10岁时又失去曾祖父、祖父。因偿还债务，家道已经败落得一贫如洗，以致启功无力求学。在曾祖父门生的帮助下，他才勉强入校学习。

1933年，21岁的启功笔下的书画文章，已有了佼佼之色。祖父的门生傅增湘拿着启功的作品，找到了当时辅仁大学的校长陈垣。傅增湘回

来后，高兴地告诉启功："陈垣先生说你写作俱佳。"他嘱咐启功去见陈垣，并强调说，要向陈垣先生请教做学问的门径。傅增湘告诉他：找到一个好老师，比找到一个职业还重要，那将终生受用不尽。

陈垣帮启功找到了在辅仁大学附属中学教国文的职业，从此以后，启功就始终没有离开过教育岗位。启功认为，"为人师表"是世上最高尚的事情。北师大校园东门的影壁上，书写着"学为人师，行为世范"八个字。这是北师大校训，亦是书写者启功对"师范"的解释，同时也是他一生的追求。

家境贫寒的启功，能有在辅仁附中教书这份工作实属不易。虽然他兢兢业业地教书，但最终还是被辞退了。理由很简单，当时的辅仁附中校长认为他中学没有毕业，不具备教中学的资格。工作不到两年就失业，这对初次步入社会的启功来说，无疑是个很大的打击。

幸亏陈垣慧眼识英才，1935年，经陈垣介绍，启功又在辅仁大学美术系担任助教。掌管美术系大权的教育学院院长，又是两年前那位辅仁附中校长。两年后，启功再次被他以"学历不够"为借口解聘，启功又失业了。

当时北平正值沦陷期，在日伪控制下，物价飞涨。为了生活启功分别在两家人家做家教，辅导他们的孩子准备考小学和中学，以换取微薄的报酬维持全家生活。他闲时集中精力在家中读书，或研究书法绘画。这时他的作品已经在社会上小有名气，间或作画卖画，以补贴家用。

陈垣得知启功再次被解聘的消息后，坚信启功是个有真才实学的青年，不应被埋没。他再次向启功伸出援助之手，再次安排启功回到辅仁大学。1938年秋季开学后，陈垣聘启功教大学一年级的"普通国文"。这是陈垣亲自掌教的课程，终于再也没有人会解聘他了。要不是陈垣先生的慧眼识才，一而再，再而三地聘用，就不会有今天的大学问家启功。

启功到辅仁大学教大一国文时，决心如铁，陈垣更是古道热肠，告诉启功应该在教每一课书前，都要准备得非常熟练。启功有幸能到陈垣校长授课的课堂上亲聆教诲，观摩启发式的教学方式，看漂亮实用的板书。后来启功曾感慨地说："当时师生之友谊，有逾父子。"

1957年反右斗争开始了，已入不惑之年的启功，正值事业、学问、艺术的黄金时期。启功身为北京师范大学的教授，运动初期，在本校并没什么问题。但是1958年，启功却戏剧性地在中国画院被扣上了"右派分子"的帽子。"右派"关系转到北师大后，启功已经被评定的教授职称被取消，薪水也降了一级。那时他的母亲和姑姑刚刚去世，对启功来说，这无疑是雪上加霜，是极为沉重的打击。

启功最困难的时候，陈垣一次在琉璃厂，偶然发现有几张明清画卷，他知道这些字画是启功最心爱之物，启功既然把心爱之物都卖掉了，想必经济十分拮据。陈垣当即买下这些画，并派秘书去看启功，带去100元钱。"右派"分子不能再上讲台，启功下决心，要在艺术和学术上做些贡献。于是，他利用"劳动改造"的业余时间，潜心于学术研究。读书、写文章，集中研究他所喜爱的诗词曲赋及骈文的韵律声调。

1962年，启功重新登上了讲台，这段时期，他撰写了《古代宋字体论稿》《诗文声律论稿》和《红楼梦札记》等学术专著，在学术上取得了重大成就。

启功根据多年的研究心得撰写了《诗文声律论稿》，这部著作从1961年开始构思，到"文化大革命"中，经多年的反复推敲和修改，书稿已经有一尺多厚。但是那个时候学者出一本著作谈何容易，书稿放在家里，启功不放心。"文革"中流行工农兵集体创作，他怕被充为公共财产。启功终于想了一个办法：他找来最薄的油纸，晚上在灯下用蝇头小楷抄写，尽量压缩字数，终于完成一部6万字的手抄本，如有紧急情况，随时可以缠在腰上带走。这部《诗文声律论稿》直到1977年才由中华书局出版。

1971年陈垣去世时，悲痛中的启功撰写了一副挽联："依函丈卅九

年，信有师生同父子；刊习作二三册，痛余文字答陶甄！"2000年11月12日，北师大为老校长陈垣举行120周年诞辰纪念时，启功说："老校长教导我的样子，我现在蘸着眼泪也能画出来。"启功流着眼泪，写下了《夫子循循然善诱人》一文，回忆初入辅仁大学教大一国文时陈垣先生对他的"耳提面命"。启功还在《上大学》一文中特别强调，"恩师陈垣这个恩字，不是普通恩惠之恩，而是再造我的思想、知识的恩谊之恩！"为感谢陈垣先生对自己的培养并作永久纪念，启功于1988年8月义卖书法绘画作品，以筹集基金为北师大设立"励耘奖学助学基金"。

此后两年时间里，启功几乎达到了"手不停挥"的创作境界，常常是夜半书写，还捐出1万元作为装裱费。1990年12月，启功书画义展在香港隆重举行，从300多幅作品中选出的100幅字、10幅绘画，被香港热心教育的人士认购一空，加上启功应社会各界需要所写的100件作品的酬金，共筹得人民币163万元。

当学校建议奖学金以他的名字命名时，启功坚辞，要以陈垣先生的书屋"励耘"名字来命名。他说："以先师励耘书屋的'励耘'二字命名，目的在于学习陈垣先生爱国主义思想，继承和发扬陈垣先生辛勤耕耘、严谨治学的精神，奖掖和培养后学，推动教学和科学研究事业的发展。"

与妻子章宝深的风雨爱情路

启功20岁时中学毕业，正忙于四处求职，在母亲的包办下，便与从未谋面的章宝深成婚了。她也是满族人，比启功大两岁。章宝深不通文墨，家境贫寒，她是带着小弟弟一起嫁过来的。自她来到启功家后，任劳任怨，再不要启功操心，使启功对她由"同情"逐渐转化为"爱情"。他们是典型的婚后恋爱，爱情真挚、纯洁、深沉、持久。

1937年北平沦陷后，启功的生活非常窘迫。一天，启功看见妻子在补一只破了几个洞的袜子，心中一片酸楚，决心多挣点钱，他开始作画卖钱。当他背上画卷准备出门时，出于文人的面子，他又犹豫了。章宝深理解丈夫，便说："你只管作画，我上街去卖。"

一天傍晚，突然下起了大雪，启功从外边回来，见妻子还没回家，便打着伞去街上接她。只见章宝深坐在小马扎上，全身落满了雪花。启功的泪水顿时夺眶而出。章宝深挥舞着双手，兴奋地说："只剩下两幅画没卖了。"1938年6月，日伪政权成立教育局班子，一个同事拉启功去那里工作，遭到启功的严词拒绝。同事不死心，准备说服他的妻子，谁知章宝深一口回绝："我们就是饿死，也不给日本鬼子和汉奸做事！"启功感叹连连："知我者，宝深也！"启功的母亲1956年病逝时，启功于悲痛中顿悟了妻子为这个家庭日夜操持的功劳，恭恭敬敬地叫她"姐姐"，给她磕一个头，叩谢贤妻的情深义重。

1957年反右运动中，潜心习书圈的好好先生启功也在劫难逃。妻子学着老校长陈垣的口气劝启功埋头写书，不辍书画，"留得青山在，不怕没柴烧"。章宝深还卖了首饰，换了钱来给启功买书用。

正当启功全力以赴在学术上进行冲刺时，1966年"文革"爆发，他再次被迫离开讲台。为了让启功能够专心在家撰写文章，章宝深天天坐在门口给他望风，一见红卫兵，她就立即咳嗽，启功则马上把纸和笔藏起来。

1971年，启功接受了为《清史稿》加标点任务，长达七年。20世纪70年代初，章宝深由于常年的贫困生活积劳成疾，患上黄疸肝炎。1974年，章宝深病情加重，尽管启功一再对妻子隐瞒她的病情，聪慧的章宝深却早已从丈夫的神态中看出来。她伤感地说："启功，我们都结婚43年了，要是能在自己家里住上一天，该多好。"43年了，他们一直借住在亲戚家，过着寄人篱下的生活。第二天启功开始打扫房子，他决定马上搬家。傍晚，当他收拾好东西赶到医院时，章宝深已经病逝。

妻子走后两个多月，启功搬进了学校分给他的房子，他终于有了自

己的家。他怕妻子找不到回家的路，便来到妻子坟头，喃喃地说："宝深，我们终于有了自己的房子，你跟我回家吧。"回到家里，启功炒了妻子最爱吃的几个菜，他不停地给妻子碗里夹菜，当妻子碗里的菜多得往桌上掉时，启功趴在桌上失声痛哭。

启功一生无儿无女，妻子去世后，他一直过着孤独而清苦的生活。他把卖字画和稿费所得的200多万元人民币全部捐给了北京师范大学，而自己却住在简陋狭小的房子里。

妻子在世时，曾和他开玩笑说："我死后一定有不少人为你介绍对象的，你信不信？"启功笑曰："老朽如斯，哪会有人又傻又疯这样子做呢？"章宝深进而逼问："如果你不信，我俩可以赌下输赢账。"启功颇感意外："万一你输了，那赌债怎么能生还？"她说："我自信必赢。"不料这一时戏言果然灵验。

当章宝深去世后，启功家中可谓门庭若市，不少热心朋友前来给启功介绍女朋友。更有人不经同意便领女方前来"会面"的。这可吓坏了启功，于是他先以幽默自嘲谢客："何词可答热情洋溢良媒言，但说感情物质金钱生理一无基础，只剩须眉男子相，如此而已而已。"此招仍不能挡驾，他干脆撤掉双人床，换成一张单人床，以此明志，谢绝盈门说客。

1995年，一位慕名而来的离异女画家登门拜访他，表示要照顾他，陪伴他走完后半生。启功明确告诉她："没有女人能够取代宝深在我心目中的位置！"

女画家不相信，决定用爱心温暖他冰凉的心。女画家每天赶到启功家里，照顾他饮食起居，为他誊写书稿，交流绘画心得。

四个月后，女画家问启功："让我留下来照顾你好吗？"

启功摇摇头："我心里只有宝深，再容不下任何一个女人。"

直到启功90多岁高龄，每年的清明节，他都坚持去墓地"带"妻子回家，他对身边的亲属说："要是我走了，就把我与宝深合葬在一起。

我们来生还要做夫妻。"他还说:"我们是有难同当,但没能有福同享,因此我的条件越好,心里就越不好受。我只有刻苦一点,心里才平衡一些。"

启功思念他的亲人。他曾经写过一首诗:"钞币倾来片片真,未亡人用不须焚。一家数米担忧惯,此日摊钱却厌频。酒醉花浓行已老,天高地厚报无门。吟成七字谁相和,付与寒空雁一群。"启功先生动情地说:"我最亲爱的人,我的母亲、姑姑、老师、老伴,他们活着的时候,我没有钱让他们过好日子。现在他们都死了,只留下我一个人,也80多岁了,要这么多钱有什么用呢?"言语间,充满对亲人的思念之情。这种思念之情在他的许多诗作中都有体现。像著名的《痛心篇二十首》《赌赢歌》,是为追悼亡妻而作,可谓字字皆血,读之催人泪下。

拒绝姓"爱新觉罗",独创启姓

启功独创启姓,但他的确是清室皇族后裔,是雍正皇帝的第九代孙。启功在所有的书画、著作、文章和书信中,从未用过"爱新觉罗":他诙谐地说:"本人姓启名功字元白,不吃祖宗饭,不当八旗子弟,靠自己的本领谋生。"启功不喜欢人家说他姓爱新觉罗。有人给他写信,爱写"爱新觉罗·启功"收,开始时他只是一笑了之。后来越来越多,启功索性标明"查无此人,请退回"。

20世纪80年代一些爱新觉罗家族的人,想以这个家族的名义开一个书画展,邀启功参加。他对这样的名义不感兴趣,于是写了两首诗,题为《族人作书画,犹以姓氏相矜,征书同展,拈此辞之,二首》:

闻道乌衣燕,新雏话旧家。

谁知王逸少,曾不署琅哪。

半臂残袍袖，何堪共作场。

不须呼鲍老，久已自郎当。

第一首诗的意思是说，即使像王、谢那样的世家望族，也难免要经历"旧时王谢堂前燕，飞入寻常百姓家"的沧桑变化，真正有本事的人是不以自己的家族为重的，就像王羲之那样，他在署名时，从来不标榜自己是高贵的琅琊王家的后人，但谁又能说他不是"书圣"呢？同样，我们现在写字画画，只应求工求好，何必非要标榜自己是爱新觉罗之后呢。第二首的意思是说，自己就像古时戏剧舞台上的丑角"鲍老"，本来就衣衫褴褛，貌不惊人，郎当已久，怎么能配得上和你们共演这么高雅的戏呢，即使要找捧场的也别找我啊。

"坚净翁"

启功为人宽厚，待人以善，性情乐观，幽默诙谐。他有一方古砚，上有铭文曰："一拳之石取其坚，一勺之水取其净。"启功把自己小小的卧室兼书房命名为"坚净居"，自号为"坚净翁"。"坚""净"二字，正是启功一生为人的真实写照。启功以他独具的人格魅力——谦和慈祥、淡泊名利、虚怀若谷、包容无际，赢得了人们的尊重。

因为启功的书法是难得的墨宝，所以赝品就大量出现：有个铺子就是这样"作品"的专卖店。标价不高，有人看了问店主："是真的吗？"店主也挺痛快："真的能这价钱吗？"后来启功听说了这件事，亲自来到了这个铺子，仔细地看。大家都认识启功，有人就过来问："启老，这是您写的吗？"启功微微一笑，说："比我写得好。"这话虽说没正面回答，可把问题说得再清楚不过了，在场的人全都大笑了起来。过了一会儿，启功改口了："这是我写的。"事后他向别人解释为什么这样说，他说："人家用我的名字写字是看得起我。再者，他一定是生活困难缺钱，他要是找我来借钱，我不是也得借给他吗？"

市面上假冒启功名的赝品很多，不少朋友建议追查，他却不同意。有一位年轻人写了一封长信，对这种现象给予批评，并建议启功先生追查。启功先生给这位年轻人回了信，大意说有些假字比启功自己写的还好；而且人生几何，身后如果有人伪造，也无可奈何。他还谈到，如果自己的字都写得和二王、颜、柳或苏、黄、赵、董一样好，作伪也要难上若干倍，其伎俩就容易暴露，自己也可省下诉讼费了。启功这种博大的胸襟和自勉的精神令人敬佩。

但在原则问题上，启功是一点也不含糊的。他对有人假冒他的书法表现得很超然，然而当他发现有人冒用他的名字进行古书画鉴定，并在赝品上以他的名义题字落款时，他却非常气愤。启功特地将他信任的一个学生召去，让他在报上为其发表声明：从今以后，启功不再为任何个人鉴定字画真伪，不再为任何个人收藏的古字画题签。启功严肃地说："我对这种行为必须讲话，这与造我的假字不同，这是以我的名义欺诈别人，对这种犯罪行为，我要保留追究刑事责任的权利。"声明发表后，启功许多朋友都不相信他能做到，因为他们知道启功先生为人随和，好说话。可是启功真的是说到做到了，留下文物鉴定界的一则佳话。

在北师大校园内，晚辈们爱戴、尊敬启功，见面总爱称他为"博导"。启功便说："老朽垂垂老矣，一拨就倒、一驳就倒，我是'拨倒'，不拨'自倒'矣！"在他被任命为中央文史研究馆馆长后，有人祝贺说，这是部级呢。启功则诙谐地说："不急，我不急复不急！"更为幽默风趣的是启功外出讲学时，听到会议主持人常说的"现在请启老作指示"，他接下去的话便是："指示不敢当。本人是满族，祖先活动在东北，属少数民族，历史上通称胡人。因此在下所讲，全是不折不扣的'胡言'……"如此见面语，立刻活跃了会场气氛。时常

151

有朋友打电话问候启功的身体情况，他不紧不慢地告诉他们："已经'鸟呼'了。"他们不解其意，启功转而哈哈大笑："只差一点儿就'鸟呼'了。"

成为大名鼎鼎的书法家后，慕名求字者自然不少，启功则不论尊卑，凡有所请，便欣然从命，不忍拂意。启功作书，不择砚墨，宣纸下垫几张旧报纸，口占诗句，握管直书，珠矶满纸，章法天成。盛名之下的启功很累，但他却始终保持着宽容大度、豁达幽默的处世态度。启功曾笑曰："我就差公厕没写字了。"

为人随和的启功，又是一个极认真的人，绝不随声附和。凡是题写公开出版的书刊名或是牌匾时，他必定写简体字。有人做过调查，北京市所有的立交桥中，只有启功题写的"建国门桥"是规范的简体字。启功先生说："别的桥都是名人题写的，我不够名人资格，所以只能老老实实地按规范字写。"有人问他是不是爱写简体字，他正色道："这不是爱写不爱写、好看不好看的问题，汉字规范化是国家法律规定的，法律规定的我就得执行。"

2004年7月26日，是启功92岁寿辰，北京师范大学在该校举办了"启功语言文字研讨会暨新著首发式"。启功坐着轮椅，身着灰色夹克，精神矍铄地出现在现场：等他坐到主席台上时，鲜花已将他拥簇：北师大的学生还为老人献上了花篮与小熊维尼。但启功不爱鲜花独喜维尼熊，抚摸着小熊的他乐得咧嘴哈哈笑，之后双手抱拳在怀向大家施礼，并深情地说："我无德无才，却招惹这么多的人来祝寿，惭愧和感动的眼泪直往肚子里掉，哪怕活到最后几分钟也要将有限的学知呈现出来给后人。"启功表示，对那些溢美之词他觉得有些对不住，92年的生命似乎有些"磋跎"。"我要努力活下去，无论是两年还是两天甚至两个小时，我希望还能尽一点心力，让我能够达到你们所说的两成就心满意足了。"

启功始终保持着宽容大度、豁达幽默的处世态度，这正是他的长寿秘诀；人上了年纪，身体难免会有些不适。由于颈椎病发作，启功被送到医院做牵引，这本是一桩很痛苦的事，可他却躺在床上做了一首《西江月》："七节颈椎生刺，六斤铁饼拴牢，长绳牵系两三条，头上数根活套。虽不轻松愉快，略同锻炼晨操，《洗冤录》里篇篇瞧，不见这般上吊。"

有一回，医院给启功下了病危通知书（其实这已不是第一次），他被严格"管制"起来。有人问他的看法，他说："浑身实难受，满口答无妨。扶得东来西又倒，消息传来贴半张，仔细看，似阎罗置酒，敬候台光。"如此乐观地看待生死，阎王也无可奈何了，于是他又一次"策杖回家转"了。

1995年11月的一天，10多位北京学界名流会聚北师大，讨论启功的新著《汉语现象论丛》。大家对这部作品好评如潮。最后，一直正襟危坐、凝神倾听的启功从座位上站起来，准备讲话。他表情认真地说："我内侄的孩子小的时候，他的一个同学常跟他一块上家里来玩。有时我嫌他们闹，就跟他们说，你们出去玩吧，乖，啊！如此几次，终于有一天，我听见他俩出去，那个孩子下楼时很有些不解地问，那个老头儿老说我们乖，我们哪儿乖啊？今天上午听了各位的发言，给我的感觉我就像那小孩，我不禁要问一声，我哪儿乖啊？"

听完最后一句，静静的会场里突然爆发出一阵欢笑，伴随着的是热烈的掌声。故事里包含了谦虚与感谢，表现出风趣与幽默。这就是启功先生。

（选自《新中国往事·文苑杂忆》，
中国文史出版社2011年1月版）

侯宝林在密云

王敬魁

相声艺术大师侯宝林生前把笑声带给千家万户，逝后，给人们留下了无尽的怀念。近年来，人们通过各种形式，回忆他在舞台上认认真真地塑造艺术形象、在舞台下认认真真做人的种种生动事例。

这里有一段故事，却是过去未曾披露的，那是侯宝林先生生前下乡，在北京郊区密云县河南寨乡与农民相处一年之久的故事——一家人别说两家话。

1964年春节过后，侯宝林先生穿着褪了色的军棉衣、半旧的军鞋，戴着军帽，自带行李，来到密云县河南寨村。从外表看，不相识的人，谁都不会想到这就是相声大师。他的住处是一排三间的东厢房，和刘宝瑞、曹桂林与房东刘保元住南间。刘保元很抱歉："这房子还没倒垅，冬天透风，夏天漏雨，委屈您了。"侯宝林说："我小时候，住北京羊角灯胡同，半年搬五次家，都是东房，一家六口人住八平方米的小屋，我搭饭桌睡觉，哪有您这房子宽敞呀。"说得房东心里踏实了。

侯宝林白天参加集体生产劳动，早晚有空帮刘家挑水、喂猪、扫院子、起粪、淘厕所，不怕脏、不怕累，啥活计都干，一点不格料（外道），跟家里人似的。初到刘家，去捡鸡蛋，让母鸡把手啄了，便风趣地说："还不认识我呢！"以后，侯宝林经常喂鸡，母鸡见他就咯咯叫，像迎接主人。刘家当时使的是柏木水筲，一担水有百十斤，房东不让他挑水，他抢着挑，把扁担藏在他屋里。他当时47岁，开始只能挑半筲，还两手托着扁担，让人怪心疼的。两个月后，也能挑满满一挑水，走起路来，扁担颤颤悠悠的，侯宝林美滋滋的。

当时，刘保元的大孙子安儿不满周岁，侯宝林经常抱着安儿哄逗，有时尿湿了身上的衣服，他也不嫌烦，还给孩子烘烤尿布和棉裤，弄得满屋的臊味，房东赶忙抢过去，怪不好意思的。侯宝林却说："谁家的孩子不是这个德行味！老儿子、大孙子，老人家的命根子，这是乐呵活。"说着，夺过尿布继续烘烤，让房东去忙别的家务活。侯宝林每次回京，都买来食品和玩具。这些玩具连大人都没见过。每逢房东说感谢话时，他总说："这会儿生活好了，孩子都有福享。不像我小时候，只能拿'格档'（秫秸秆）和筷子当玩具。"

侯宝林与人为善。刘保元脾气犟，儿媳妇年轻性子急，常因家庭琐事而吵架顶嘴。他就讲古比今，甚至用戏剧的唱词，恰到好处地劝解，劝得刘保元心平气和，儿媳妇破涕为笑。

侯宝林关心别人胜过关心自己。他看到房东屋里用土坯搭的炉子，既费煤又不暖和，就自己花钱买来铁炉子。房东的儿子乃兴患了病，需要到大医院做手术。当时农民一个日工只能挣几角钱，100多元的住院费很难筹措，侯宝林就拿出50元钱相助，刘家不肯收，他焦急地说："算你借我的，治病要紧。"后来，乃兴痊愈出院了，刘家卖了肥猪立刻还钱。侯宝林说："咱不是常说，劳动人民是一家吗？一家人就别说两家话了。"说着，把钱又塞给刘保元。侯宝林身体不太好，加上活计累，有时感冒发烧，他却不肯花钱买药，经常是熬点姜水喝，坚持干活。

房东儿媳赵秀芝说："我公公脾气犟，可跟侯先生挺合得来。侯先生在我家住了八个多月，他的好处三天三夜也说不完。人说，一贵一贱，交情乃见，一富一穷，乃见交情，一点不假哟。"

唱几个段子，哪能架子哄哄的

侯宝林在村里体验生活时，到各户吃派饭。开始，和社员一样吃玉米饼子、高粱粥、白薯。因为刚刚度过三年自然灾害时期的村民，开始时对吃张口饭的中央广播艺术团的演奏员不太欢迎。曾有人撇嘴："他们是天桥把势，光说不练，不会干活，只会添乱。""是骡子是马拉出来遛遛就知道了。"但当农民们看到这些演奏员干活使真劲卖力气时，便又很受感动，就千方百计改善伙食。遇到这种情况，侯宝林便劝说："别把我们当贵客，我们这些常客，是普通劳动者，再这样，就不到您家吃饭了。"有时吃派饭，群众把侯宝林当长辈，做些好饭菜，由家长陪着先吃，但他却坚持与全家人一起吃普通的饭菜，把好吃的让给孩子。

侯宝林从不以名演员自居，脏活累活抢着干。一次，侯宝林在菜地栽苗，先蹲在地上栽，时间久了，腰腿疼得难忍，就跪着一步一步向前爬着栽。妇女队长高久良见后劝他早点回去休息，他却坚持着和社员一起收工。农活忙时，连当村的好劳动力都累得怵天刮地的，他竟不落一天地出勤。每次打中歇，都有人请他唱几句、说几句的。侯宝林有求必应，有时唱几句各种腔调的戏剧，有时现编现演，在菜地干活，他把各种蔬菜名连接起来：西红柿红彤彤，嫩黄瓜水灵灵，还有菠菜羊角葱……干活挺累心高兴。吆喝出来抑扬顿挫，字正腔圆，比唱歌还好听。有时说个小谜语：你来我也来，我不来你也不来，打一动作。大家猜不出时，他就指着身旁一老农说，请看。谜底原来是揣手。他经常逗得大家前仰后合地乐出眼泪，忘了疲劳。大家都愿意和侯宝林一起干活，心里喜欢他、敬重他。

高久良是本村剧团演员，读过不少书。她说："高尔基曾讲'照天性来说，人都是艺术家。他无论在什么地方，总是希望把美带到生活中去'，这段话正是侯先生的写照。"侯宝林做到了心灵美、语言美、行为美，把美带到生活中去了。一次，队干部跟他开玩笑："您能说会唱，就不会摆架子！"侯宝林很认真地说："小时候学艺，忍饥挨饿是常事，挨打受骂家常便饭。那会儿摆地摊，刮风减半，下雨没饭，加上特务捣蛋。现在，赶上好世道，哪能唱几个段子，就架子哄哄的？脱离群众，咋当演员！"

高山不弃抔土

为了提高相声艺术质量，缩短艺术和群众的距离，侯宝林特别珍惜体验农村生活的宝贵时间，虚心向农民求教，从农村的风土人情、文化古迹中汲取艺术营养。

侯宝林房东的近邻是公社牲畜配种站，站长老金说话幽默风趣，满肚子的故事。每到傍晚，当地农民聚在那里谈古论今，不时发出阵阵笑声。侯宝林吃过晚饭，就去听他们侃大山。说者无心，听者有意，侯宝林终于以牲畜配种站为题材，编演出相声段子。

孙老头虽不识字，但说话俏皮，经常逗得别人捧腹大笑。侯宝林和他一起干活时，学了不少谚语、方言、笑话，如"儿喽""喔吼"等，还追根问底地探讨。后来，侯宝林在给当地农民演出中，用"儿喽""喔吼"等组成连环包袱，观众感到非常亲切。

人称"恒爷"的宗士恒，年轻时为了生计，出塞外、下关东、跑江湖，看相卖药，伶牙俐齿，机敏诙谐。当时没有市场经济，生产队产的瓜果梨桃得套上大车去城里叫卖，别人一天也卖不了一车，只要恒爷跟车去卖，不到一个时辰就卖完了，还能卖出好价钱。原来，恒爷把瓜果的名字、特性编成唱词，半说半唱，男女老少都爱听，听完就买。侯宝林主动与恒爷交朋友搜集民间唱词，他俩成了知己。

侯宝林在河南寨，有不少像恒爷、孙老头、老金这样的知己。

河南寨村附近有密云县古代外八景的两个景点。一处是"圣水鸣琴"。此处有圣水泉。据《长安客话》载："密云山不出泉，唯南十里山麓有二泉，相逾数尺汇成一流，故称圣水泉。"据县志记载："明万历初年，蓟镇总兵官戚继光驻军密云时到圣水泉观赏，捐款筹措修建圣水泉，并在泉边修建了一座龙女庙和一个过凉亭。使圣水泉的水发出清脆的古琴声音，故称"圣水鸣琴"。侯宝林在生产大队长的陪同下，详细参观了这一奇观。

另一处是"黍谷先春"。据黍谷山庙碑记载："春秋战国时期，燕国太子丹重修黍谷山庙。"这里有邹衍庙、邹子祭风台、邹子别谷院。黍谷山峰距河南寨村20里，侯宝林在大队书记曹德山陪同下，起五更步行来到此山。他俩从险峻的石梯攀到山顶。当时山上柏树成片，杂木成林，山峰陡峻，山花遍野，鸟语花香，景色诱人。曹德山给侯宝林一一介绍了这里的西严寺、大雄宝殿、三皇庙、龙王庙、观音庙、娘娘庙等十几处寺庙和每年三月三、四月十五庙会的盛况。还介绍了"化雪石"、文殊井、虎溪桥、葛苏文洞中练飞刀的来历和传说。侯宝林看到这里不仅风景幽雅，而且古迹寺庙颇多，兴致很浓。他不顾盛夏中午的炎热和饥肠辘辘，站在望京石上观看北京远景。在下山的路上，侯宝林请曹德山又讲了路边"望儿山"、聚宝盆的传说。曹德山说："侯先生像小学生似的问这问那，我以为是城里人好奇。后来在村里演出相声《游黍山圣水》，才明白了他的真正用意。真是大海不择细流、高山不弃抔土，所以成其大、成其高。"

背粪筐的是大师

侯宝林和当地老农一样，经常起五更拾粪。一次，他拾粪时看见一辆车在沙坑旁爬坡。因为坡长、超载，拉长套的南牛不与辕骡子劲往一处使，总拉不到沙坑外。车把式一个劲地抽打辕骡。侯宝林上前劝止，车把式不听，就为了多得几角钱补助。当时农村有"车把式的嘴，吃断骡子腿"的谚语。侯宝林向队干部建议，教育车把式，保护集体的牲畜。他还一连几日，每日背着粪筐往返40余里，跟在沙石车队后面，到沙河火车站，观察体验车把式的生活。回来后，他把车把式中的好人好事整理出来，邀请刘宝瑞共同创作了相声《好车把式》。在编写过程中，他俩绞尽脑汁，经常为一个情节，甚至一句台词争得面红耳赤。初稿完成，又征求意见，几经排演、修改。演出以后，使一些损公肥私的人在观众的阵阵笑声中得到了教育。

逢年过节，艺术团在场院或街心土台上演出。村民接来亲友、邻村邻乡的农民也闻讯赶来观赏。每次演出，都有侯宝林出场。他演出了《卖布头》《改行》《纽扣》《醉酒》等精品，以及在本村创作的《游黍山圣水》等几段相声。他们幽默、诙谐、配合默契的表演给村民们带来阵阵欢快的笑声。

一次演出《好车把式》以后，一位邻村的车把式说："没想到背粪筐的人，演相声还真过瘾。"当村人告诉他，那是相声大师侯宝林时，车把式疑惑地连说两句："背粪筐的是大师！"

当年有个初中生，常去刘家听侯宝林谈戏说艺，耳濡目染受到熏陶，爱上了相声艺术。后来，他成了县艺术团的演员，还反复揣摩侯宝林的相声。终于编演了《蔫大胆》等相声，在本县演出300余场盛况不衰，还获得县里文艺创作奖。

30年过去了，当年看过侯宝林说相声的人，还记忆犹新地说："看了他的相声，那叫一个乐！我做梦还乐醒好几回哪。梦话里都是：顺着光柱爬上去，一按电门掉下来！"

依依不忘兄弟情

1965年春天，在密云县体验生活的中央广播艺术团一行84人，就要回北京了。村里人依依不舍，几位老农同时握住侯宝林先生的手，久久伫立。青年们忍不住掉下了眼泪。不少外村农民亦闻讯起早赶来送行。大家难舍难分，像送亲人远行一样，目送着汽车。

临走前几天，村民们争着抢着宴请艺术团的同志们。侯宝林的第二家房东老徐，是村业余剧团团长，在艺术上经常请教侯宝林。侯宝林的多才多艺和热情谦虚，使老徐十分崇拜。农户没有肉票和油票，老徐就买了一只羊饲养，准备感谢侯宝林。"谢师"那天晚上，老徐一家做了羊肉丸子，打了烧饼。这使侯宝林十分感动，他和老徐一家都热泪盈眶，畅谈到深夜。

艺术团的同志们走后，各家房东不断接到来自北京的信件，感谢，问候，邀请。有的演奏员，回京后结婚，还发来喜帖或邮来喜烟喜糖。侯宝林每个月都给房东来信，邀请他们到北京家里做客。盛情难却，刘保元派儿子乃兴和女儿慧兰去了。侯宝林热情招待，买来纯粮食酒，包了肉馅饺子，特意炒了几个他兄妹爱吃的菜。临走时，侯宝林送慧兰十几本书，并嘱咐："你的作文不如算术成绩好，回去好好读读这些书，把作文成绩赶上去。"侯宝林拿出路费，还给刘家祖孙带上许多食品和玩具，亲自送他们兄妹到车站，叮嘱他们常到家里来玩。

刘家兄妹第二次去的时候，带了些黏面、自产的蜂蜜和侯宝林爱吃的锅贴白薯。他捧着蜂蜜说："再来时，别带这个。拿点白薯干来，我当糖含着，就想起你们了。"每次刘家兄妹去京，侯宝林不管多忙，总想法抽时间陪陪他们。

1966年，"四害"肆虐，鬼魅横行之时，农民们被迫中断了和侯宝林的来往，但时时关切这位相声大师的遭遇，凡有进京的，便四处打听。心里时时惦记着他啊！

1993年2月4日，数十年来给亿万观众带来欢乐的相声艺术大师侯宝林，终因癌病不治而撒手人寰。在最初的几天里，人们无不沉浸在哀痛之中，为痛失一位卓绝的人民艺术家而扼腕痛惜。那几天，无论是在街头、田间，还是屋里屋外，都有大师生前到密云体验生活时曾与之朝夕相处的农民们满怀恋念地回忆往事，他们说：侯先生的相声艺术和高尚品德，我们永远忘不了。在改革开放的今天，我们更想他呀！

（原载于《纵横》1994年第3期）

周信芳与戴不凡的交往

戴 霞

在京剧界，周信芳创立的"麒派"艺术享誉海内外。周先生祖籍浙江慈溪，1895年1月14日生于江苏省淮阴清江浦，父母都是春仙班的演员。在他虚龄七岁时，以"小童串"登台，使观众大为惊叹，遂取艺名七龄童，后改为麒麟童。他从小勤奋好学，少年时代就已是小有名气的演员了。在艺术上，他善于融会贯通，去粗取精。他学谭鑫培，同时吸收王鸿寿的身段、气度和唱法做工，又学习孙菊仙的唱腔、念法等，并博采南北众家之所长。经过长时间的刻苦钻研和磨炼，终于使自己的演技日益精湛。他敢于突破前人的条条框框，根据自身嗓音略带沙哑而又苍劲浑厚的特点细心揣摩，在艺术实践中不断总结经验，不断提高技艺，终于形成了刚劲质朴、特点鲜明的麒派艺术。周先生一生演过600多出戏，被称为谭鑫培之后最优秀的老生演员之一。其代表性剧目有《打渔杀家》《坐楼杀惜》《乌龙院》《四进士》《义责王魁》《追韩信》《文天祥》《徐策跑城》《清风亭》《澶渊之盟》《海瑞上疏》等。除了演老生、小生之外，他还演过武生、花脸、小丑、老旦，可谓生旦净丑，无所不通。他的表演充满着浪漫主义的色彩。周信芳不但精通表演，也能编能导。多年来，他创造出的一系列艺术形象，在观众心中留下了深刻的印象。剧中体现了百姓的情感，倾吐了大众的心声。用著名画家刘海粟的话说，就是"年轻人爱他的强烈，中年人爱他的生动，老年人爱他的深沉"。认识周信芳的人，都知道他心里想得最多的就是戏曲。笔者的父亲戴不凡先生和著名剧作家陈西汀先生生前都与周信芳先生合作过，深知周先生所创造的每一个成功角色，都是经他反复琢磨、推敲、修改，又听取他人建议的结果。即使是保留剧目，也是在不断地进行完善。

愉快合作　亦师亦友

1952年10月，第一届全国戏曲观摩演出大会在北京举行。我父亲作为大会的工作人员，参加了会演活动，负责编辑会演肯定的32个剧目。以前在杭州，父亲看过许多麒派老生戏，很是喜欢，但就是一直没有机会观看周先生本人的演出。在会演中，父亲第一次观看了周先生的演出，并有幸认识了他。演出大会期间进行了评奖活动，周先生演出的《徐策跑城》获一致好评，故他与梅兰芳等七名艺术家一起获"荣誉奖"。虽如此，但艺术局副局长张光年以及包括我父亲在内的部分戏曲工作者都认为剧中的"叫家院带过了马能行"这句话不通，必须改。

一天，周先生去我父亲办公室，两人谈起这件事，周先生也觉得这句唱词不通，可对父亲所拟的方案，他却无法接受。因为它不仅牵扯到唱腔，而且在唱"马能行"三个字时，有一个紧锣密鼓配合的大幅度撩袍上马的动作，如果改了"马能行"唱词，强烈的舞台气氛就出不来来了，真可谓"动一发而牵全身"，但始终也想不出一个可以替代的词来。

1954年3月，父亲去上海参加周信芳先生演出剧目的整理、审定、出版工作。作为华东戏曲研究院的院长，周先生白天的日常工作与晚上的演出任务非常繁重，但是，父亲到上海的一个多月之中，周先生每天

下班后都要到我父亲的办公室去，询问父亲整理剧本的情况。

我父亲热衷于麒派艺术，佩服周老"苦用功"的精神，欣赏他的现实主义表演，更敬佩他的人品。早在新中国成立前，父亲在报社工作编国内新闻的时候，上海戏曲界进步人士曾发起反内战、争自由宣言的签名运动，反对政府强令把演艺界的编导、演员与妓女、舞女列在一起发卡登记，他对当时走在"反对艺员登记"前列的周信芳就很佩服。1931年"九一八"事变、1932年"一·二八"事变后，周先生编演了借古喻今、宣传抗战、反对投降的《明末遗恨》《洪承畴》《董小宛》等新剧，轰动一时，起到了鼓舞人心的作用。新中国成立前夕，周先生没有随国民党撤退去台湾。新中国成立不久，他与梅兰芳、盖叫天、杨宝森合作演出，为抗美援朝捐献飞机大炮等，周先生的爱国精神和行为深深感动着我父亲。除谈整理剧本以外，周先生还向父亲谈论一些梨园界的往事及对艺术的见解。作为著名演员，周先生从不摆名角架子，而且经常"不耻下问"，向当时名不见经传还是小青年的父亲虚心求教一些历史和文学方面的问题，并对父亲的解答十分佩服。正因为如此，二人才有惺惺相惜、相见恨晚之感。

周先生会的戏极多，经常演出的代表剧目也有数十种。由于这些剧目产生的背景所致，其思想的倾向性不可能不打上当时社会的烙印。而这部分内容，理所当然地要成为戏改中被"整改"的对象。如何更好地整理这部分剧目？父亲经过反复考虑，决定先从最困难的《坐楼杀惜》开始。这出戏是周先生的拿手戏，自从被批评之后，周先生就没敢再演，但他心里是非常不舒服的。父亲与周先生仔细分析了该戏原本存在的问题，并谈了对这个戏的修改意见。父亲说，宋江杀惜是革命者对反革命者的斗争，戏的基本情节是可以成立的，但不应丑化宋江，不应强调嫖客趣味。周先生听后十分赞同，认为这一观点很有见识。二人又经过反复探讨，后来周先生回家关起门来，按照父亲提出的具体修改方案，苦苦琢磨了四五天，最后终于把这个戏修改出来。随后，周先生带着这个戏去扬州演出，取得了很好的演出效果。由于周先生的大力支持和积极配合，使父亲提前出色地完成了任务。以后父亲和周老在一些问题的看法上往往是一拍即合，如1958年底，在为周信芳举行的怎样记录周信芳舞台艺术经验的会议上，周老对父亲提出的应先记录有哪些戏（这些剧目由周本人决定），再谈舞台生活历史；在分别记录剧目表演艺术经验之时，既要谈内心动作，也要谈外形动作；既要谈现在如何演，也要谈过去如何演等意见极为赞成。从此，周先生与父亲经常联系，他们见面的时候，也还是忘不了那匹"马能行"。

父亲对麒派艺术十分痴迷，也被周先生刻苦认真、努力钻研的精神所感动，并从周先生身上学到很多东西。1961年文化部举办了纪念"周信芳演剧生活六十年纪念活动"，父亲撰写了《六十年的战斗》一文，从政治和艺术的角度，评价了周信芳六十年所走过的历程，文章经田汉伯伯修改后以《戏剧报》编辑部的名义发表。周先生性格内向，讷于言辞，生活中的他不抽烟、不嗜酒，衣着随便却非常整齐，其业余爱好就是买书读书。无论是从车上下来，还是下后台，总是手不释卷。父亲曾在他的书房里，看到藏书满架的情景，令同样嗜书的父亲兴奋不已。这些藏书为周先生深入理解剧情起了很大的作用。

晚年力作《澶渊之盟》

1960年，戏剧界开展关于历史剧的讨论，当时我父亲正在撰写研究岳飞的文章。为了追溯靖康之祸的根子，他翻了许多有关澶渊之盟方面的史料。翻过之后，觉得这段历史本身就是一出很好看的戏。我父亲一度曾萌生自己动手来编写关于这段历史戏的想法。他认为，甲午海战中的邓世昌是个硬骨头；澶渊之盟的寇准也是个刚强的硬骨头。旧戏中寇准这一形象，给人的印象总是很窝囊，如果把历史上寇准的真实面目写

出来，也是挺有意思的。

　　1961年初，剧作家陈西汀伯伯从上海来信了解北京戏剧界的动态。父亲回信说，领导正在抓历史剧的创作。他又来信问父亲："《澶渊之盟》尚可一试否？"原来，早在1955年，陈伯伯到北京参加第一期全国戏曲编剧讲习会时，分在我父亲负责的小组里，当时他有个《澶渊之盟》的剧本请我父亲看过。虽然陈伯伯在全国戏曲编剧中很有才华，而且写了很多剧本，但由于我父亲的要求甚高，所以那个《澶渊之盟》的剧本没有继续搞下去。于是父亲即去信，谈了自己对《澶渊之盟》的种种想法，指出，这个戏一定要给人以"耳目一新"的感觉，使它成为一个真正的历史剧。父亲在与周信芳的交往中，感觉他是一个集正直、善良于一身的人，而且个人的艺术修养相当高，而剧中的寇准也是个诗人兼政治家，没有什么文化的人是演不好这个人物的。再者，这个戏必须在舞台艺术各方面都尝试创新，周先生恰恰不是墨守成规的演员。鉴于此，周先生应该是扮演寇准最理想的人选……陈伯伯回信时竭力希望我父亲帮助他编好这个戏，并把有关的资料寄去；并说他收到我父亲的信后，立即去找了周信芳院长，谈到父亲的建议。周先生听后大感兴趣，于是将《澶渊之盟》列入1961年上海京剧院的创作计划中。为演好这个戏，周先生自己也钻到《宋史》中找"感觉"去了。父亲藏有《明刊续资治通鉴纲目》一书，"文革"后期，父亲曾回忆道："书甚有用。余为老牌（即周信芳）、汀兄搞《澶渊之盟》，据此本处甚多。"他将书中有关这段历史的许多材料均抄寄给了陈伯伯。

　　1961年，是已66岁的周先生最为忙碌的一年。除参加演出外，他口述的《周信芳舞台艺术》一书，由中国戏剧出版社出版。他还参加拍摄彩色影片《周信芳的舞台艺术》，包括《徐策跑城》和《乌龙院》两出戏。2月，他参加了由上海剧协举办的麒派表演艺术座谈会。"五一"节，他为毛主席演出，并受到亲切接见。6月，参加了上海市京昆传统剧目会串，与俞振飞合作演出《群英会》《打侄上坟》等戏，并在报刊上撰文悼念梅兰芳先生。12月，北京和上海举办了"周信芳演剧生活六十年纪念活动"。在北京的纪念活动中，他演出了《打渔杀家》《乌龙院》《四进士》《义责王魁》《海瑞上疏》等戏，受到了周恩来、陈毅等中央领导的热情接见。尽管周先生在纪念演出期间十分繁忙，还收了弟子，但他见我父亲到其下榻的新侨饭店去看望时，顿感十分高兴。他告诉父亲，《澶渊之盟》已编好，剧本也带来了，要父亲立刻就看，趁他在北京时给提提意见。其实，周先生已功成名就了，他完全可以像别的演员那样，编剧怎么编，他就怎么演，根本不必花那么大的力气，戴上老花镜去读什么《宋史》，去收集古籍中有关这个重大历史事件的原始材料，又与编剧反复分析研究探讨相关细节。这些，均显示了周先生对戏曲艺术事业不断探索、不断攀登新的艺术高峰的大家风范。

为了演好《澶渊之盟》，周先生付出了大量辛勤的劳动。一天夜里演出结束，他不顾疲劳就去看望陈伯伯，见其还在伏案疾书，于是便约出去吃夜宵。他们一边吃，一边谈论着如何修改剧本，包括怎样处理剧情、怎样更好体现剧中人物性格等。陈伯伯表示一定要把剧本改好，不负周院长的厚望。按照周先生的要求，他几易其稿，使剧本日臻完善。1962年，《澶渊之盟》终于脱稿。5月，周先生以67岁的高龄在汉口人民剧场先行试演了由他担任导演、主演的《澶渊之盟》。不久，又在上海天蟾舞台公演。这个戏集合了当时上海京剧院的赵晓岚、汪正华、纪玉良、刘斌昆、王正屏、李仲林、黄正勤、孙正阳等最著名的一些京剧演员。这是周信芳晚年演出的最后一部大型历史剧。在剧中，他出色地塑造了深谋远虑、忠贞果敢的宋代政治家寇准这一艺术形象。他那精湛的表演与富于魅力的麒派唱腔，使在场的观众如醉如痴，既受到爱国主义教育，又充分享受到了麒派表演的艺术魅力。演出之后，引起观众的普遍好评。大家一致公认，该剧是麒派艺术晚期的杰出代表作。为此，我父亲特撰写《为演员写戏——谈麒派新戏〈澶渊之盟〉》一文，并将《澶渊之盟》剧本推荐给《剧本》月刊发表，上海文艺出版社后又将该

剧出了单行本，特以著名画家程十发先生所画周信芳饰演的寇准形象作为该书封面。

广陵曲散　麒派尚存

　　1954年5月，周信芳先生邀我父亲去扬州。除看戏外，他要亲自陪我父亲和编剧吕仲先生游扬州瘦西湖。父亲考虑到当时周先生已年近六旬，又有繁重的演出任务，便婉言谢绝。但周先生执意相邀，并让夫人也陪同一块去，让幼女来为大家照相。他的夫人裘丽琳气质高雅又非常贤惠，是一位富家小姐，在少女时，由于经常看周信芳的戏，渐渐地爱上了他，却遭到了家人的反对，于是从家里逃了出来，和周信芳结了婚。为此，裘丽琳的家人在报纸上发表声明，和她脱离关系。她与周先生结婚以后相濡以沫，对戏班的管理、建设提出了许多好的建议，是周先生的贤内助。

　　在游湖过程中，父亲见周先生经常认真观察所到之处的一景一物。他在入神地观察了渔夫如何撒网打渔后，对父亲说：《打渔杀家》中的萧恩把肩上的网，一把朝前扔进河里，那是撒不开的，怎么能网得起鱼呢？原来，周先生总是把生活中的许多事与演戏联系起来。5月的扬州，柳绿花红，春意正浓，周信芳夫妇与自己的两位合作者谈笑风生，不知不觉，来到了著名的风景胜地平山堂蜀岗前。位于扬州瘦西湖畔的蜀岗之下，曾有一座隋炀帝命人修起的宫院，中心有一座房子叫"迷楼"。据说，楼中建筑豪华，室中美女珍宝无奇不有，人进去之后就会着迷，因此而得名。蜀岗下的右侧，便是北宋文学家欧阳修笔下所描述的"平山堂"，左侧山上是一座观音寺，寺里有一座特大的南北楼房式的建筑，很高。据说，这是在原迷楼遗址上重盖的。大家听着父亲讲隋炀帝、论欧阳修，一路上无拘无束，轻松愉快。

1976年春，父亲整理自己藏书时，四种明刊本唐人选唐诗一下跃入眼帘。他抚书良久，追思往事，不禁怆然。事后，他随手记下这样几行文字：

> 1954年春，因审完老牌剧目，而彼赴扬州演出，遂携吕仲老有扬州之行。于飞絮满天中，与演员同往绿扬旅馆，都十日。曾由老牌携其老伴暨幼女并吕仲老同舟泛瘦西湖，登平山堂，游观音寺，访迷楼旧址，复在虹桥附近由其幼女摄影。除数去招待所与彼海阔天空闲聊以外，夜则与仲老看戏，昼则余一人遍游市街。盖余卧则打鼾，又有早起习惯，仲不胜我扰，白天恒补足其睡眠也。于扬州城中穷访数日，仅见书肆一家，无甚好书，只得残烂不堪之竹坡梅册一、黄石牧《堂集续编》残本一而已。另于马路旁一私营杂货糖果之旧书店阁楼上，发现古书数堆，遍阅之，得此三册以归。价均奇廉。忆挟此而归时，正值与主要演员同去附近一包饭之茶馆就晚膳。团坐一桌，佳肴满席。余失却日来共饭时之谈笑风生，细翻此古本。晓岚素颇沉默，亦不禁笑我为真是书呆子。忆此一叹！……二十余祀矣！广陵曲散，牌、仲复于前去两秋九月物化，抚卷忆昔，慨莫能已。丙辰春日记。

周信芳早年有程毓章、高百岁等十大弟子，1959年又收沈金波、童祥苓等人为弟子。1961年他赴京参加"周信芳舞台生活六十年纪念活动"时又收李少春、李和曾等人为弟子，他无私地把自己的艺术经验传授给下一辈。父亲十分看好麒派的前景，他先后在《人民日报》《中国青年报》《北京晚报》《戏剧报》等撰文，介绍周信芳，宣传麒派艺术，他因此曾被人戏称为"麒派评论家"。

"文化大革命"中，周信芳夫妇被迫害致死，《澶渊之盟》上演不久就遭到摧残，"麒派"艺术今后会怎样呢？想到这些，父亲悲从中

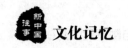

来，禁不住潸然泪下。"文化大革命"终于结束了，1978年8月16日，在上海为周信芳先生举行了平反昭雪大会和骨灰安放仪式，巴金致了悼词，邓小平等中央领导送了花圈。"湛湛青天不可欺，是非善恶人尽知，血海冤仇终需报，且看来早与来迟。"

这是周先生在《徐策跑城》中脍炙人口的唱词，也可以说是对"四人帮"下场的真实写照。父亲终于等来了为这位京剧艺术大师彻底昭雪的一天，人民给予了这位海派京剧代表人物所应有的地位。

（原载于《纵横》2006 年第 4 期，有删节）

忆老舍与齐白石的一段交往

刃　锋

文代会上一见如故

著名文学家老舍是一位具有深厚的民族文化基础而又兴趣广泛、知识渊博的作家，他与齐白石二人互相倾慕已久。新中国成立初期，老舍从美国回国后主持北京市文联工作，自从与白石老人在1950年5月召开的北京市第一次文代会上相遇后，他就经常去看望老人，日子一长，二位也就成了契友。老舍爱好戏曲、音乐、绘画，对中国画更特别欣赏，而对白石老人80岁以后所作的画简直可说是爱之入迷。

1951年春，有一天，老舍来到北京市文联（霞公府15号）。他在东跨院楼下主席办公室写字台前坐下便和我聊起，北京有些国画家在新中国成立以后生活很困难，看看想点什么办法帮助他们解决目前的生活问题。我便提出自己的设想说："可不可以把他们组织起来，发挥他们的一技之长，以求'自救'？当然，市文联从团结他们出发，四时八节给他们送点礼，发点救济金，是应该的，但也只能解决他们暂时的问题，从长远看还是组织起来，按照他们自己的能力就业'自救'，是否比较可行？"

老舍沉吟了一会儿，"噢"了一声，说："现在我们正在搞社会主义宣传教育。有些国画家的画路很窄，有的一辈子只会画梅花，有的只会画老虎，有的专攻山水，有的只能画仕女。要他们画现代人物，那可就不行了。因之，这类画家的出路十分困难，而他们却三天两头来求我。他们听说我喜爱白石老人的画，便源源不断地把白石老人的画送到我家里来求我收藏。开始盛情难却，我也就收买了一些。日子长了，人来多了，真的假的都拿来了，而我也就应酬不暇了，有些画我也分辨不出真假来。我只好去请白石老人过目，由老人自己鉴定。其中有一幅紫藤蜜蜂，老人看了又看，说这是他80岁以后的作品，并且又重新在画上题了字，并署上'白石重见旧作'的款识。"老舍又说："将来可以成立一个国画研究会，吸收这些国画家参加，也可以组织他们搞点工艺美术产品，像画书签、灯片等。"

这以后，老舍去西城跨车胡同看望白石老人，时常约我同行。

"知我者，老舍先生也"

我第一次随同老舍去拜访白石老人，是1951年初夏的一天上午。齐府上看门的那个黄面皮的老头以及服侍老人的中年女看护，看到老舍是熟客，便把我们一直领到白石老人的客厅。白石老人见我是一位生客，便问："老舍，这位先生是谁？"老舍即刻介绍说："这是我们市文联的一位木刻家、画家刃锋同志，他多年从事木刻和绘画。"老人接着问道："是不是雕花细木活？"老舍解释道："不是。他是把画稿画在木板上，雕刻出来，然后再把它拓印出来，叫作木刻版画。他与您老年轻时候所从事的细木雕花活可不一样。这是一门新兴的艺术。"老人听了，注意地看着我，微微地点点头，"啊、啊"几声。

白石老人很高兴，他把挂在裤带上的那一大串钥匙拿出来，打开橱柜，取出一只匣子，把点心从中拿出来，然后放在一只瓷盘里招待我们。这时老舍低声示意我说："老人拿出来请你吃的东西，你要吃，不吃他会不高兴的。"于是我顺手拿了一块饼干放进口中，大概时间久了，饼干已经变硬了，"咯嘣"一下才咬动。

老舍带来几幅画，有残荷蜻蜓、牵牛、墨蟹等，请老人鉴定是不是他70岁以后的作品。老人一一仔细看了，有几幅，老人说是他画的，也有一两幅老人指出是别人代画的。

鉴定完作品之后，老舍对白石老人说："老人，您的画不但咱们中国人喜欢，外国朋友也十分喜欢，他们对您也非常仰慕。新中国成立了，您的画也受到了国家的尊重，再也用不着到处奔波了。将来国家还要把您的杰作收藏到国家博物馆里，好好保存起来，流传后世哩。"老人听了高兴地说："知我者，老舍先生也。你是我的知音，我非常感谢你对我的友情。"

老舍哈哈一笑，接着对老人说："找一个天气好的时候，我约老人去中山公园的来今雨轩喝茶、吃点小吃。改天我用车子来接您，您可以去吗？"老人笑道："好，好，我从命。"

"老舍先生，你非常有眼力"

1951年初秋的一天上午，我去看望老舍，一进客厅，一阵花的幽香扑鼻而来，真可谓沁人心脾。我问了一声："舒先生在家吗？"老舍便从西边的书房兼卧室里走了出来，手上还捏着几张稿纸。

我在老舍对面的沙发上坐下，他指着手里的稿纸对我说："我正在给白石老人寻找画题，刚巧我在阅读苏曼殊的诗词，顺便摘录了几段，你看看选得如何？"

我接过手来一看，原来那上面是节录下来的一些诗句，如"凄迷灯火更宜秋""芭蕉叶卷抱秋花""手摘红樱拜美人""几度寒梅带雪红""蛙声十里出山泉"……我读了之后，觉得这几句诗选得很有意思，不一般化。我诙谐地说："你这几道题，也是对白石老人的一场考试哩！"老舍哈哈一笑道："这个难不倒白石老人，老人不仅是个画家，还是一位诗翁哩！"

几天后的一天上午，我和老舍一同乘车去看望白石老人。不一会儿，汽车开到了胡同口，我们下了车，沿着胡同来到白石老人的家门前，叫开了铁门，便向后进正厅走去。这是坐北朝南的一敞三间房，东面是老人的卧室，中间和西边的通间是老人的客厅兼画室。

只见白石老人正站立在画案一边悬肘作画，周围是他的女弟子们，当时有胡絜青、郭秀仪、张容玲、郭肖清等。此外还有一位中年男子，正在给白石老人理纸，他是李可染。

老人戴上眼镜，正聚精会神地画一幅写意樱桃。樱桃画得既水灵又透亮，托放樱桃的圆盘似粗笔蘸墨一挥而就，显得雄浑有力。李可染看出这是一幅佳作，便对老人说："老师，这幅画给我了。"老人透过镜片抬头望了一眼未说话，便着手画第二幅梨花春意图。刚画完，郭秀仪接着便说："老师，这幅画我要了。"不大会儿工夫，老人画了四五幅画，都被在场的弟子们收藏去了。

这时老人开始休息，坐在躺椅上和老舍说话。老舍坐在靠近老人的一边，从口袋里掏出那张摘录的诗笺，并从西服里兜取出一叠人民币送到老人面前，乐呵呵地说："老人，这是我刚收到的一笔稿费40万（折合币改后的40元），请老人喝茶买点心吃。另外我还摘录了几段诗句，求老人画几幅诗意画哩！"白石老人接过诗来，通篇看了之后连声说："好！好！老舍先生，你非常有眼力，选的几句妙极了，诗中都寓意着很生动的画境。我一定好好地琢磨。"

老人一面看，一面低吟道："'凄迷灯火更宜秋'，这个'秋'字是诗眼，我要把这个'秋'字托出来。'蛙声十里出山泉'，这幅画可不好落，首先要把这蛙声十里画出来全盘才活。画是无声的诗，但要表达出画本无声胜有声，才有意思，这是个绝活。"再往下看，老人说道："'芭蕉叶卷抱秋花'，这句诗巧，诗的本身就是一幅画。'几度寒梅带雪红'……"

看到这里，老人已有几分倦意，也渐渐迷糊了。老人靠在躺椅上闭目养神，不一会儿，便鼾声如雷地入睡了。这时已近中午，为了让老人好好休息，我们便悄悄告别了白石老人的画室，登车返回了。

"老舍先生，我要向你磕头"

北京的秋天瑰丽宜人，一天上午，我正在群众艺术馆的三楼（文联宿舍）里关着门作画，忽而仿佛听到手杖有节奏地撞击楼梯的"咚咚"声，而这声音已渐渐地接近我的房间。我立刻搁下笔开门迎出去，原来是老舍先生，拄着手杖一步步地朝我这边来了。

我笑着说："舒先生今天怎么得闲出来走走？"老舍说："在书斋里待腻了，便想出来走走，看看老朋友嘛！"我说："请您坐下歇歇。"老舍坐在我的转椅上，转过身来，正对着墙上晾着的那几幅马。老舍端详了一会儿，指着画对我说："刃锋，你何必画悲鸿的马，悲鸿自己画的马四条腿也未安排得当；诚如郑振铎所说的，'悲鸿的马总是三条腿，总是有一条腿画不好'。"

我听了老舍的批评，便为自己辩解说："我是在练工笔，也不是专学徐先生的马。我不是也在学习白石老人的用笔用墨吗？"我便从桌上翻出几幅画，一幅是葡萄，一幅是棕榈小鸡，一幅是残荷。这是我照着不久前从荣宝斋经理侯恺那里借来的几幅齐白石原作临的。老舍看着画说："你这几张临得要比那马画得好。还是多向白石老人求教，老人功力深，差不多画了六七十年，向这样一位老画家借鉴求教是非常难得

175

的，这比你闭门画马要有意义得多了。"老舍停了一会儿又问道："端木在家吗？"我说："在，他未出去，就在我的隔壁。"于是我们便走进端木蕻良的房间里。

端木正在书案前写京剧剧本，桌上堆放着许多参考资料。老舍对端木说："我今天特意来看看你和刃锋这两位老朋友，大家碰碰面聊聊天。"

老舍告诉我们，今天早晨白石老人的女看护给他打了个电话，说是老人在家发脾气，这几天吃得不好，又没有人来看他，他在家里生气。老舍接到电话之后，便给文联挂了个电话，叫秘书在萃华楼订了一个房间一桌菜，约白石老人来萃华楼用便餐。老舍对我们说："一会儿咱们一起到东安市场萃华楼去吃饭，人不多，就咱们几个人。主要是请白石老人，请你们二位也去作陪。"

于是我和端木、老舍三人一路走，一路聊天，不知不觉地已经到了东安市场，来到萃华楼后院预订的那个包间。老舍是主人，作陪的除我们两人外，还有文联副秘书长王松声、胡絜青大姐以及老舍的小女儿舒立。不大一会儿，文联的汽车便把白石老人接来了，陪同老人来的还有那位中年女看护。

大家围坐在一张大圆桌的周围，白石老人坐在首席上，着一件中式玄色长袍，手持朱漆拐杖，鹤发银须，颇有点儿仙风道骨之感。

老舍首先说："今天我们特地约几位朋友来请老人小聚，在座的有作家、画家、戏剧家，他们都景仰老人的艺术。还有一层意思，作为我对老人为我作画的感谢，让我们大家一起为老人健康长寿而干杯！"老舍举起酒杯，大家一同起身举杯向老人敬酒。老人站起身来举起酒杯呷了一口，说："老舍先生，我要特别感谢你，我要向你磕头。"逗得大家哈哈大笑。

老舍十分尊重白石老人，老人也非常尊重老舍先生，他把老舍看成知音。老人常说的一句话就是："老舍先生，我要向你磕头。"这表示老人的感激之情。

那时老人已92岁高龄了，然而他的视力、听觉都很好，对于常去看他的人大多都能认识。老人牙口也很好，在这次的筵席上，老人特别爱吃松鼠鱼。松鼠鱼做得外焦里嫩，老人吃得很香，连胡须都沾上了油汁。老人是湖南人，很爱吃点辣味，对萃华楼的名菜芙蓉里脊也很感兴趣。饭后喝了点茶，端木和松声有点事先走了，最后由老舍用汽车送白石老人回跨车胡同。

我们尾随着老人一同走进客厅，白石老人很高兴地从画案下的抽屉里取出一卷画来，展卷一览，则别有一番风味。

先是"芭蕉叶卷抱秋花"。画面上是一株硕大的芭蕉，层层叶片有规律地卷抱着一枝尚未开放的黄色花蕾，章法简洁有韵致。老人指着画说："老舍先生出的这个题在'卷'字上，使我感到为难了，但不知芭蕉是向左卷还是向右卷。后来经过我仔细地观察，原来芭蕉是向着日光的方向卷，于是我得到了启发，终于把'卷'字和'抱'字画出来了。"

再是"手摘红樱拜美人"。老人画了一只长颈花瓶，白底黑花，瓶的正面画着一条昂首挺胸、张牙舞爪的墨龙；瓶口插上一束盛开的折枝樱桃花，右下方是一只圆盘，盛着满满的樱桃；盘托是用粗笔蘸墨画的，真可谓诗传画意、画解诗神了。老舍看了满意地连连叫："好！好！"一般的画家作画多半求熟，而老人却求意。白石老人琢磨出来的画，使你越看越觉得有味儿。

接下来一幅是"几度寒梅带雪红"，是四尺整纸的，白石老人善于在大的尺幅上发挥他的气势，并且处理得浓淡疏密相宜。这是一幅雪梅，在老干和交叉枝上落着厚厚的积雪，在积雪和枝干的下面，突出一枝怒放的红梅，不由得使你联想到梅雪争春的诗句来，诚可谓诗中有画，画中有诗。

最后拿出来的是一张四尺对开的条幅"蛙声十里出山泉"。白石老人略带几分得意地说："老舍先生，你选的这句诗，我思索了好几天，不但要画出蛙还得画出声音来。画，古人说是无声的诗。我怎样从画面上画出声音来？还得有十里之遥，这可难倒我了。最后我悟出道理来了，我用蘸墨湿笔，画出两山之间的一道流泉，倾泻而下，势如奔马，何止十里！一群蝌蚪顺流而下，在泉中嬉戏，这样你不是也可以听到青蛙妈妈在召唤它的子女的呱呱声嘛！"

老人兴致勃勃地谈论他的创作思想，老舍聚精会神地听。听到精彩处，老舍情不自禁地伸出大拇指称赞道："高！老人的见解高！这句诗给您画活了！"

（原载于《纵横》2019 年第 2 期）

冰心与吴文藻："二人同心，其利断金"

傅光明

1923年8月17日下午，美国邮船杰克逊总统号载着一大批中国的精英，驶离上海黄浦码头。这些精英多来自清华。那时的清华无疑就是一所留美预备学校，高等科的学生大都一毕业，便成批结伴"放洋"。刚从燕京大学毕业的冰心，是第一次离家远足，同行的人中只与许地山和陶玲两人相熟。为排解思乡离愁的别苦，他们常一起在栏前极目远眺，观海上日出，望粼粼碧波，或到甲板上散步、集会、玩抛沙袋等游戏。

冰心对相伴左右的许地山始终以师长相待。她应感觉得到他对她的暗恋，尽管她对他也很有好感，却早有声言，一不嫁军人，二不嫁文艺同人。

冰心是1920年在燕大课堂上与这位长她七岁的"乡长老师"认识的，当时许是周作人的助教，并时以高班同学的身份替老师讲课。他为人敦厚、热情、风趣，课堂里总是笑声不断。他们真正相熟，是从编辑《燕大学生周刊》开始的。三个男生编辑是许地山、熊佛西和瞿世英，两名女生编辑是冰心和一位陈姓同学。这种活泼的课外活动，使他们成了亲密的好朋友。两人的纯洁友谊与其生命相始终。

不知是因为感到情缘未到，还是对冰心的有意回避有所察觉，许地山始终将深沉的爱恋埋在心底，未加表白。但他希望自己心爱的人找到

真正的幸福，并无论何时何地，都愿为她做任何事。正是他一次"阴差阳错"的热情相助，牵引出冰心日后的爱情。

忽一日，正在甲板上玩抛沙袋游戏的冰心想起先她赴美的贝满中学同学吴楼梅的信，说她弟弟吴卓是本届清华毕业生，可能同船出国，望给予关照。冰心和清华男生不熟，到舱中找人又多有不便，只好求助许地山去把吴先生找来。孰料一班有两位吴先生，此吴非彼吴，此吴者，吴文藻也，恰与吴卓同班。谁说这样的尴尬不是缘。

玩累了游戏，两人靠着栏杆聊起天来。吴文藻是去达特茅斯学院读社会学。冰心是去威尔斯利女子大学研究院，准备选修一些研究19世纪英国诗人的课。当吴文藻从冰心坦然的回答得知她有几本英美研究拜伦和雪莱的重要论著没有读过，显得很惊讶。这位"书虫"一本正经地说："这么重要的书你都没看过？你如果不趁在国外的时间多看一些课外书，这趟美国就白来了。"

这样逆耳的忠言，冰心从未听过。出国前，她已出版了诗集《繁星》《春水》和小说集《超人》，是人们在一见面时就要"久仰、久仰"的才女，而且蜚声文坛，也听惯了恭维的客套话。面对这样坦率的进言，着实有点下不了台。但她心里已"悚然地把他作为我的第一个诤友、畏友"！

9月1日，杰克逊总统号抵达西雅图，船上相识的留学生们互相留个便于日后联系的地址，就各奔西东了。所以后来许地山最爱开冰心的玩笑说："亏了那次的'阴差阳错'，否则你们到美后，一个在东方的波士顿的威尔斯利，一个在北方的新罕布尔州的达特茅斯，相去有七八个小时的火车，也许就永远没有机会相识了！"

刚刚安顿下来，冰心就收到一打新朋友们的来信，多是报安问候，也有表敬仰之意甚至爱慕之情的。冰心则一律以秀美的威校风景明信片礼貌地应酬几句作复。独独对寄来明信片的吴文藻，却专门写了一封热情的回信。"心有灵犀一点通"，吴文藻觉出冰心的来信似乎隐含着某种难以言说的意味，便开始以他特有的书痴方式传递爱的信息了。他为冰心买来认为必读的书，自己先看，并用红笔将他认为书中的重要部分或精彩篇章画出来，再写信告诉冰心，这书应该读，若没时间，起码应读红笔标出的部分，最后将书、信打包，快件寄往威尔斯利。

冰心"一收到书就赶紧看，看过就写信报告我的体会和心得，像老师指定的参考书一样的认真。老师和我作课外谈话时，对于我课外阅读之广泛，感到惊讶，问我是谁给我的帮助？我告诉她，是我的一位中国朋友。她说：'你的这位朋友是个很好的学者！'"

入威校不到9个星期，冰心因吐血住进了青山沙穰疗养院，与病友们一起度过了难忘的圣诞平安夜。碰巧吴文藻要去纽约，路经波士顿与清华同学集会，听到冰心生病的消息，便约了顾一樵等几位船上结识的朋友，专程来探望她。吴文藻劝冰心要听医生的话，好好休养，使少女的心里充满了暖意。

青山一别，匆匆一年过去，两人各忙学业，加之路途遥远，未再见面，但两人心底都涌出一种爱的思念，渴望尽快相见。不过正像梁实秋评价当时的冰心，"对人有几分矜持，至于她的胸襟之高超，感觉之敏锐，性情之细腻，均非一般人所可企及。"终于机会来了，冰心和几个留美同学要上演《琵琶记》，其中梁实秋演蔡中郎，顾一樵演牛丞相，冰心演丞相之女。冰心给吴文藻去信，并寄去了入场券，请他前来波士顿。收到信的吴文藻犹豫起来，他喜欢这位气质高贵、性情文雅的少女，也读懂了她的芳心，但一想到自己出身寒微，冰心又有那么大的名气，将来能否和谐地生活在一起，实在是个未知数。现实地一想，他以准备论文为由回复冰心，为不能来波士顿致歉。冰心一面怪吴文藻太过书呆子气，一面思忖自己是否热情过了头。可就在《琵琶记》上演的那个晚上，吴文藻准时赶到了波士顿美术剧院。冰心喜出望外，她相信这只能是爱的力量使情缘得以延续。

美国大学研究院规定，研究生取得硕士学位，除母语外，必须掌握

两门外语。冰心决定在留学的最后一个暑假，到位于纽约州东部绮色佳小城的康奈尔大学补习法语。是事有凑巧，还是天公作美，冰心的行李尚未落定，吴文藻即已出现在眼前。他也是来选修第二外语的。真是人生有缘才相聚。

景致幽深、美丽绮人的绮色佳为两人的热恋筑起了甜蜜的归巢。林间漫步、湖中荡舟、泉边留影、月下私语，沉浸在诗意恋爱里的这对男女被富有激情的幸福感包围了，吴文藻以当时西方的求爱方式问冰心："我们可不可以最亲密地永远生活在一起？"并表示希望做她的终身伴侣。怀春的少女一夜不成眠。第二天，她告诉文藻，自己的婚事得父母同意后方能确定。其实，她心里清楚，只要自己愿意，最疼爱她的父母当然会同意。

憨厚的吴文藻学业爱情两不误，撰写硕士论文的同时，还给冰心的父母写了长达五页信纸的求婚书，恳切希望二老将令爱托付给他："……令爱是一位新思想旧道德兼备的完人。……自我钟情于令爱之后，我无时不深思默想，思天赐之厚，想令爱之恩。因而勉励自己，力求人格的完成，督察自己，永葆爱情的专一。……家庭是社会的雏形，也是一切高尚思想的发育地和纯洁情感的养成所。……我这时聚精会神的程度，是生来所未有的。我的情思里，充满了无限的惶恐。我一生的成功或失败，快乐或痛苦，都系于长者之一言。假如长者以为藻之才德，不足以仰匹令爱，我也只可听命运的支配，而供养她于自己的心宫；且竭毕生之力于学问，以永志我此生曾受之灵感……"

冰心是应燕大校长司徒雷登之邀回到湖光塔影的燕园任教的。吴文藻则留在美国继续攻读博士学位，直到1929年2月回国。三年间，两颗挚恋的心只把思念写满鸿雁，情爱反因分别变得更真、更纯、更成熟。回来的当晚，吴文藻就按西俗，将一枚精致的钻戒送给冰心，希望她戴上。冰心让文藻先别急。冰心的家此时已搬往上海。两人遂乘车南下。在最后征得父母的同意后，冰心才戴上了那枚随文藻漂洋归来的钻戒。

1929年6月15日，冰心与吴文藻的婚礼在未名湖畔的临湖轩举行。临湖轩是冰心起好名，请胡适书写的。婚礼由司徒雷登主持。洞房选在了清幽的西山大觉寺。暑假，新婚夫妇南下省亲，冰心的父母在上海、文藻的父母在家乡江阴又各为他们置办了婚宴。

重返北平，冰心和文藻住进了整修好的燕南园66号小楼。两人终于有了自己温馨的家，完全沉浸在事业与爱情同步发展的欢乐颂中。

母亲的病故，令冰心顿感人生极短，生前应尝尽温柔，"只愿我能在一切的爱中陶醉，沉没。这情爱之杯，我要满满的斟，满满的饮。……人生本质是痛苦，痛苦之源，乃是爱情过重。但是我们仍不能不饮鸠止渴，仍从人生痛苦之爱情中求慰安。何等的痴愚呵，何等的矛盾呵！"最挚爱的母亲葬在九泉之下了，只有文藻是她的幻梦。

文藻在燕大社会学的讲坛上实现着他"社会学中国化"的梦想。任教一年后，他即被聘为教授，随后不久出任社会学系主任、法学院院长，安然过上了书呆子的生活。三个孩子相继出世，纤弱的冰心撑起一个家，她要教书、写作，同时又要做"相夫教子"的家庭主妇。海伦·斯诺称他俩是"中国青年婚姻的楷模"。

冰心和吴文藻属于那种情趣相投、性格特点互为补充的夫妻。他们思想彻底，感情浓密，意志坚强，爱情专一，不轻易地爱一个人，如果爱上了，即永久不变。他们追求不朽的爱，因为爱是人格不朽生命永延的源泉。不朽是宗教的精神，人世间没有比爱更崇高的宗教。在他们眼里，婚姻不是爱情的坟墓，而是更亲密的、灵肉合一的爱情的开始。"一个家庭要长久地生活在双方的人际关系之中，不但要抚养自己的儿女，还要奉养双方的父母，而且还要亲切和睦地处在双方的亲、友、师、生等之间。"

冰心与吴文藻的琴瑟和鸣产生出强大的亲和力，燕南园66号小楼是三个孩子健康成长的伊甸园，也是各方朋友的沙龙。时间久了，两人各自的同学、学生或朋友都成了共同的知己，像巴金、老舍、沙汀、顾一

樵、梁实秋、孙立人、潘光旦、费孝通、雷洁琼、郭绍虞、俞平伯、郑振铎、钱玄同等。

七七事变以后，燕大的旗杆上飘起了星条旗，这是司徒雷登的一番苦心，试图在战争的阴云下保留一片圣洁和宁静。但日军的炮火击碎了吴文藻"社会学中国化"的梦想，更重要的是，两人无法让深厚的民族感情在国家危难关头去接受星条旗的庇佑。

惜别北平的日子临近了，司徒雷登感伤地叮嘱他们路上小心，并随时等着他们重返燕大任教。最后，他动情地说："孩子，临湖轩是你们的家，燕园就是你们的家。"

别了，苦恋的北平！别了，死去的北平！冰心抑制住酸楚的泪，随吴文藻远赴昆明云南大学，筹建社会学系，继续实践他"社会学中国化"的计划。吴文藻在云南期间为中国社会学的发展所做出的卓越贡献，得到了国内外学者的关注和称誉。

冰心将他们安在昆明近郊一祠堂里的家起名"默庐"，家庭的一切开支全由吴文藻一人撑起。这时的冰心越来越佩服这位"傻姑爷"，他"很稳，很乐观，好像一头牛，低首苦干，不像我的sentimental（多愁善感）"。

1940年冬，冰心、文藻到了重庆。先蛰居在顾一樵的"嘉庐"，不久即搬入歌乐山中的"潜庐"。吴文藻进入了国防最高委员会参事室，想以从政的便利追求他"社会学中国化"的理想。冰心也当过一阵子女参政员和联合妇女抗日的"妇女指导委员会"委员，直接参加抗日工作。"我们是疲乏却不颓丧，是痛苦却不悲凉，我们沉默地负起了时代的使命。"吴文藻正是在此时提出了建立"边政学"的理论命题，冰心也在重庆的"忙"与"挤"中写出《关于女人》的名作。后来冰心辞去政职，幽居歌乐山中专事写作。为了节省开销，她还在"潜庐"门口种上了南瓜，他们晚上往往吃稀饭，孩子们每顿都抱怨没肉吃，却从来不亏待上山来的朋友们。难怪冰心常要嘲笑文藻是"朋友第一，书第二，女儿第三，儿子第四，太太第五"。

抗战胜利后，冰心和文藻回到北平，最先去看的是燕南园66号小楼。他们八年前的家，现时已是一片狼藉。文藻存放在阁楼上的几十盒笔记、教材、日记本，在美时与冰心长达六年的通信，早已荡然无存。太平洋战争一爆发，日军就占领了燕京大学，燕园住满了宪兵，文藻的书房竟变成了拷问教授的刑室。但令他们高兴的是，见到了劫后余生的司徒雷登，冰心答应将司徒雷登的经历写下来。

不久，冰心和文藻随国民政府驻日代表团前往东京，他们一心想的是为战后的国家和民族争取权力与地位，呼唤世界和平，要人们用爱与同情，用基督伟大的爱心和博爱精神去疗救战争给心灵造成的巨大创伤，"他（耶稣）憎恨一切以人民为对象的暴力，但对于自己所身受的凌虐毒害，却以宽容伟大的话语祷告着说'愿天父赦免他们，因为他们所做的，他们自己不知道'"。

1951年，冰心、文藻辗转回到北京。这里的一切都呈现出新气象。周恩来安排他们住在崇文门内洋溢胡同的一所四合院。冰心脱下穿了几十年的旗袍，改穿列宁装，文藻也由西装变成中山装，认真阅读毛泽东著作，以求在新社会更好地发挥他的学术专长。冰心很快就与新社会的文艺方针合拍，表示要"到工农兵群众中去，到火热的斗争中去"。文藻却面临着一种尴尬，所有的大学都取消了社会学系，而由政治学替代。他被分配到新成立的中央民族学院，开始了民族学研究。冰心和吴文藻也搬进了中央民族学院教工宿舍一个仅有三居室的单元房。但他们没有丝毫的抱怨，冰心由衷地感到"做一个毛泽东时代的中国人的幸福与骄傲"。她一点不留恋燕南园66号小楼的温馨日子。相反，她在清算自己的资产阶级思想根源时，把燕京大学说成是美帝国主义文化侵略堡垒中最"出色"的一个，它用湖光塔影的"世外桃源"迷惑中国的教授和学生，加深了其超政治、超阶级的错误思想，安于骄奢逸乐的美国式生活。

1957年，吴文藻被打成"右派"，剥夺了教研的权利，除了接受批

判，进行政治学习，就是去工厂、农村参观，终于认识到是自己坚持的资产阶级理论错了，并把马列主义作为改造世界的强大思想武器。冰心自然高兴文藻的思想进步得这样快。到1959年10月，吴文藻摘掉"右派"帽，感谢共产党，认为祖国总算没有白回来。直到"文革"，他们也毫不怀疑是自己错了。红卫兵把冰心打成牛鬼蛇神、黑帮作家、司徒雷登的干女儿；吴文藻是国民党的残渣余孽、资产阶级反动学术权威。家被抄干净了。烈日下，已年近七旬的老两口要经常接受造反派的批斗。本来拥挤的单元房里又被安排进另一户人家。"文革"中这种践踏人性、对知识分子灵与肉的摧残，实在是到了令人发指、惨绝人寰的程度。冰心得"早请示"，背诵《毛主席语录》，然后冲洗厕所。她虽在高温下挥镰割麦，也躲不过被造反派反剪双手就在麦地作"喷气式"批斗。文藻在"牛棚"也是吃尽苦头。

1969年，苦中作乐的冰心与文藻在湖北咸宁的"五七"干校又搭起了一个家，并说好在这里度过晚年。两人相互间爱的支撑和维系竟是这般凄婉。谁料他们会沾上中美关系改善的光，尼克松访华前，毛泽东要看相关书籍。领袖的意志解放了一批学贯中西的学者，冰心、文藻亦奉调回到北京，度过了"十年动乱"中一段最舒心的日子。

在生命即将进入80岁之秋的时候，冰心和文藻才重新获得自由。他们搬入了新居。文藻又开始带研究生，重新执笔撰写论文，焕发出迟暮的学术活力。但在"革命"中接受了思想改造的吴文藻，其学术立场也已经革命化了。不知这能否说是个遗憾。1985年9月24日，吴文藻辞世。冰心在一年以后写成《我的老伴吴文藻》，深情地回顾了他们忠贞精诚相爱、患难与共的62年人生旅程。

1999年2月28日，上帝派往人间的爱的使者冰心带着一个世纪的爱和梦去了天国。晚年冰心虽经历了那么多的风雨沧桑，却仍以一颗澄澈到透明的赤子之心，一份清醇隽永的豪迈之情，用她的笔向世人昭示爱的哲学，播撒心灵里的笑语和泪珠，告诉人们要追求真善美，憎恨假恶丑。她能爱能恨，因了爱而恨，因了恨而爱。她相信圣爱能解决一切。她的生命正是在爱里得到升华。

冰心愿将她和文藻的骨灰合葬，在他们的骨灰盒上只写：

江苏江阴吴文藻

福建长乐谢婉莹

两颗挚爱的心永留人间！

（原载于《纵横》2000 年第 6 期）

187

俞平伯与叶圣陶的 "暮年上娱"

杨振华

"文革"中，俞平伯被指为"反动学术权威"，与中国的许多知识分子一样蒙受磨难，进牛棚，下干校，历尽被抄家批斗之难，受尽迁徙颠簸之苦；叶圣陶，被封为"修正主义教育路线的祖师爷"，因周恩来总理的特别保护，避免了许多苦难，但也被免去教育部副部长职务，赋闲在家。1971年1月，作为受特殊照顾的老知识分子，俞平伯夫妇从干校回到北京，生活相对恢复了平静，逐步恢复了与朋友的正常交往。

那时，俞平伯与叶圣陶同住北京，但由于均年事已高，不能经常往来、当面交流，于是选择书信这种形式互通音信。他们把这些通信当作"暮年上娱"，也即晚年最佳的娱乐。

旧友故交的翰墨情缘

在俞平伯、叶圣陶晚年的书信里，时常说起年轻时的往事，言及新朋老友。回忆曾经的青葱岁月，以及历久弥香的友情，这无疑是他们晚年的乐事。他们回忆最多的是老友朱自清。早年，俞平伯与朱自清曾同游秦淮河，写下同题散文名篇《桨声灯影下的秦淮河》，成为现代文学史上的佳话；叶圣陶与朱自清先后在上海中国公学、浙江第一师范一起任教，可谓情投意合。可惜的是，1948年，朱自清就英年早逝。但两位老友从未停止过对他的怀念。

1974年末，俞平伯给老友的信中提到"忆及佩弦在杭第一师范所作新诗"，叶圣陶接信后，"怀旧之感顿发而不可遏，必欲有所作以宣之"。适逢他们在讨论《兰陵王》的词调，叶圣陶就以此调填词，抒发对朱自清深厚的友谊：

> 猛悲切，怀往纷纭电掣。西湖路，曾见恳招，击桨联床共曦月。相逢屡间阔。常惜，深谈易歇。明灯坐，杯劝互殷，君辄沉沉醉凝睫。
>
> 离愁自堪豁。便讲舍多勤，瀛海遥涉。鸿鱼犹与传书札。乍八表尘坌，万流腾涌，蓉城重复謦欬接。是何等欣悦。
>
> 凄绝，怕言说。记同访江楼，凭眺天末。今生到此成长别。念挟病修稿，拒粮题帖。斯人先谢，世运转，未暂瞥。

俞平伯不仅细读词句，提出了修改意见，而且加以点评，誊抄了几份赠送给朋友和学生，请人共赏。叶圣陶的词作情深意切，俞平伯的书法端庄典雅，让人们体味了俞、叶、朱三人之间那份友情的珍贵。

叶圣陶得知后非常感激，说："兄助成此作，事实如此，弟宜志感……"后来，叶圣陶还在信中详细追述与朱自清的交情："与佩弦可谓大有缘，于吴淞中国公学中学部同被聘为国文教员，一相见即觉契合无间。其后在杭一师联床对席，仅数月而已。弟居沪之时，彼来之即久盼。及其到也，或闻留仅数日，或以琐事颇多，或则一饮遽醉，临别之际每感尚未深谈……抗战期间在成都，彼居东郊，弟居西郊，相去颇远，则约晤于城内之少城公园。亦尝互访于寓所，虽盘桓竟日，终觉未

畅。"叶圣陶与朱自清联床夜话、饮酒酩酊、相约游园的旧事，有的是俞平伯所不知道的，他读后感慨，认为"思旧情深，可作前词之长笺自注读"。

1976年3月，叶圣陶意外得到四川一个朋友寄回的他与朱自清在1946—1948年的通信17封，叶圣陶"正怀怀旧之思，乃得此件，莫能言其为悲为喜"。俞平伯认为是"缘会之胜"。这些通信是交流《国文月刊》的出版，以及共同编辑国文课本之事。回想当年，叶圣陶"思之恒深疚"，他以为这些事给朱自清增加了重担；如果没有这些负担，朱自清1948年发病或许没有这样重，以致英年早逝。

新中国成立以后，朱自清的遗孀陈竹隐一直住在北京城外的清华园。俞叶曾相约去探望，但晚年俞平伯蜗居城内，因身体原因终未能成行。1976年5月30日，叶圣陶与儿子叶至善出城探望陈竹隐，多年的夙愿得偿，内心非常自慰。当时陈竹隐身体已经欠佳，子女都不在身边，子女五人中虽有两人在北京，但忙于工作，只能一周或隔周来省视一次，平时有帮做家务的阿姨每天来三个小时。陈竹隐告诉叶圣陶，直到新中国成立初期，朱自清的书房还保留原状，任人参观。书架上还陈列着朱自清亲手写定的诗稿两册，不知什么时候丢失了。后来，陈竹隐找到诗集《犹贤博弈斋诗钞》，寄给叶圣陶，让叶圣陶喜不可支。这是一本写在黑面抄上的诗集，内文都是朱自清用钢笔书写。叶圣陶还把抄写老友的诗集当作乐事，1976年先后抄写了朱自清的《敝帚集》《寒涧诗存》以及《犹贤博弈斋诗钞》。这些，叶圣陶都一一告知俞平伯。

1977年3月，俞平伯在信里还述及与朱自清一段情谊："佩公偕其夫人早年住清华园西园时，弟出城诣之，间或信宿，曾得一绝句有云'曾从秋荔分红叶，今日燕郊独看花'者，即所谓题叶西园也。燕郊署集秋荔名亭皆此缘生。"原来，他的散文集取名《燕郊集》，在清华园的书斋取名"秋荔亭"，都是和老友朱自清有关的。

1978年的最后一天，俞平伯读了叶圣陶作品的英译文，感到别有风味，又翻检出怀念朱自清的一首诗，寄给叶圣陶，聊作新年的祝贺。这一年秋天，俞平伯听说清华园在朱自清曾写《荷塘月色》的荷塘东侧修建"自清亭"，以纪念这位爱国文人。俞平伯虽然没有去观瞻，然"悲故人之早逝，喜奕世之名垂"，赋诗抒怀：

西园裙屐几回经，荷叶如云草色青。

忆昔偕行悲断柱，何期今赋自清亭。

俞平伯寄给叶圣陶的新年贺词竟用怀念朱自清的一首诗，可见三人的友情之深。

俞平伯曾得句"少年哀乐玄兄解，晚年愚怀圣老知"。玄兄（朱自清字佩弦，"玄"是否为"弦"？）当为朱自清，圣老自是叶圣陶。平生得两知己，俞平伯足矣。

幽兰雅韵间的唱和酬答

俞平伯是昆曲的爱好者和倡导者，曾先后成立谷音社、北京昆曲研习社两个昆曲社团，传抄曲目，传唱昆曲。自然，他希望老友叶圣陶能共享昆曲之美，于是，两人时常述说昆曲，回忆昆曲往事，探讨碰到的一些关于昆曲的问题。

1974年，俞平伯的夫人许宝驯写《忆江南》词，回忆当年在苏州的生活。这触动了俞平伯内心的昆曲之弦，随即和词一首：

苏州好，水调是家乡。只爱清歈谐笛韵，未谙红粉递登场。前梦费思量。

在俞平伯的印象里，古城苏州的好归结为是昆曲的故乡。他给词写了一段跋语，回想50年前自己和舅舅从杭州到苏州看昆曲的情景，还清晰地记得演出的剧目有《白罗衫·游园》《西厢记·跳墙着棋》《牧羊记·望乡》，感觉很好，只是知解良浅，领会不深。这首词无疑是他写苏州述昆曲的得意之作，所以，他恭恭敬敬地用毛笔抄录，连同跋语一起寄给好友叶圣陶。几天后的信里，他还惦记着当年苏州听昆曲的地方，并兴奋地记起"确是长春巷全浙会馆"。

俞平伯还和叶圣陶谈论唱曲的体会："唱曲总不外乎咬字做腔，关键在于运气。气从丹田出，吐音唇齿间，即所谓口法，亦叫'喷口'。一气转折，绵绵不绝，亦仿佛一种'气功'，此又是弟之戏言也。"在老朋友面前，俞平伯自谦对昆曲的评价是"戏言""瞎说"，而叶圣陶给他的评价是"论唱曲，兄谦为瞎说；弟虽为门外，以为极精"。

1976年4月1日，俞平伯写信邀请老友听自己录制的昆曲，叶圣陶果真雇车去听，听后感慨良多，在回信中说"真朋友相值，暂时不寂寞，斯至乐矣"。这盒录音带是"文革"后期曲友们在俞家雅集的记录。那是1976年2月16日下午，在永安南里十号俞平伯的寓所，十来个曲友围坐在一起，俞平伯报开场白，然后按下老式录音机的录音键，录下唱曲过程。大家轮流唱，俞平伯演唱的是夫人许宝驯作词、友人谢锡恩作曲的《鹧鸪天·八十自嘲》：

> 少小不谙世俗情，老来犹乏应酬能。躬逢盛世容吾拙，白首相将度岁春……

俞平伯夫妇自得其乐，沉醉昆曲，想让老友也在晚年的寂寞里感悟一下戏曲的欢愉。

1981年3月中旬，昆曲名家俞振飞请俞平伯为新编的《振飞曲谱》

作序。盛情难却，俞平伯写出初稿，自己反复斟酌，同时寄给老友叶圣陶，请他指正。他对序言中的标点、字句细细打磨、推敲，力求做到"羚羊挂角，无迹可求"，准确地表达自己对昆曲的理解和对俞振飞曲谱的评价。他力求文字更精准、易懂。如对于"昆曲又称水磨调"，他感到名称的由来表述得不够明白，又一下子想不好，就写信给叶圣陶。

叶圣陶就告诉他，昆曲"唱法细致滑润，功夫如红木作之制红木家具，乃克说明水磨调之由来"。信里说了不够，叶圣陶还兴冲冲赶到俞家，告诉他所了解的水磨调的情况。俞平伯在序言里马上加以改正，采用叶圣陶的说法："其以'水磨'名者，吴下（苏州）红木作打磨家具，工序颇繁，最后以木贼草蘸水而磨之，故极其细致滑润，俗曰水磨工夫，以作比喻，深得新腔唱法之要。"第二天，他给叶圣陶的信中还在叨念："昨荷宠临，面告水磨工夫之实况，使文章充实，言之有物，信为大力支援，无任铭感。"瞧！这真是一对认真可爱的老头。

1982年2月7日，是俞平伯生命中非常特殊的一天。那一天，他的妻子许宝驯去世。妻子的去世对俞平伯的打击很大。从此，俞平伯的古槐书屋内再也听不到昆曲的唱和声，俞平伯也很少再和人讨论昆曲。1984年11月，叶圣陶给他写信，谈起自己参加的两次曲集，因耳背，只闻其笛音，听不清其唱腔，徒然地感到疲劳。几天后，俞平伯回信说，你家的两次曲集，盛况可以想象，可惜的是你只听到笛音，借助助听器是不易分辨口音声气的；我沉溺于昆曲数十年，两次决断，一断于1966年，后又小续，到1982年，昆曲则成"杳然绝响"。

在生命最后的岁月，俞平伯归心佛法，思遁"空""净"二门。昆曲也淡出了俞、叶两人探讨的范围。

曲园的未践之约

苏州曲园的恢复无疑是俞平伯晚年最大的乐事之一。曲园是俞平伯的曾祖俞樾建造的一处园林，也是俞平伯的出生之地。1953年，俞平伯将它捐赠给政府。"文革"期间，曲园受到严重的破坏，成为众家聚居的一个大杂院。

俞平伯最早提议复建曲园是1979年岁末。当时，著名园林艺术家陈从周到北京开会，在会上发言希望恢复曲园，得到与会人士的赞同。与俞平伯会面时，他说到苏州曲园有复建可能。俞平伯听后就把这个信息写信告诉叶圣陶，希望叶圣陶在有关场合呼吁倡议。叶圣陶参与社会活动较多，人脉较广，性格敦厚谦和，不像俞平伯那样性格内敛、我行我素。所以，俞平伯希望叶圣陶多关注曲园的修复。此后，他们在信中经常探讨：如何争取苏州地方的支持，如何恢复曲园才有意义，等等。叶圣陶与陈从周最早关注曲园的修复，也是对修复贡献最大的两人。

受好友之托，叶圣陶专门写了《俞曲园先生和曲园》的文章，寄给俞平伯校读，后发表在1980年1月的《苏州报》上，呼吁修缮曲园。他指出："新中国成立以后，曲园由曲园老人的曾孙俞平伯先生捐献给国家，现在年久失修，而且成了好些人家聚居的杂院。像曲园老人这样一位学者，咱们应该纪念他；而要纪念他，保存并修缮曲园是最好的办法。曲园的面积并不大，修缮并不费事，不用花大笔的钱，而对于发展旅游事业，尤其是增进中日友谊，却能起极好的作用。"陈从周还专门把叶圣陶的文章转给苏州市委，希望得到领导重视。不久，叶圣陶收到苏州方面来信，信中希望叶圣陶向中央有关部门反映，落实经费。叶圣陶把这封信寄给俞平伯，俞平伯读后有些懈怠，心想作罢。当时，小修曲园，即只修复春在堂和乐知堂两处厅堂，意义不大；而大修，需要50

万元，这在1980年可不是一个小数目。并且涉及要搬迁20多户人家和有关机关，困难很大。

但随后，俞平伯又坚定了信心，告诉老友"既已发动，不宜中止，却宜缓进"，准备从长计议。对于修园，最为热心的是陈从周，他给俞平伯的信里说"必定要修，非修不可"，这让俞平伯对自己的畏缩不前深感惭愧。陈从周还提议，可以联名函陈国家文物局、园林局，以引起重视。1980年5月，叶圣陶、俞平伯、顾颉刚、陈从周等七位著名专家、学者联名致函国家文物局，吁请修复曲园。国家文物局和苏州市政府作出了修复曲园的决定，并于次年12月开始讨论修复事宜。

1982年，曲园正式开始修复。首期投资12万元，只能修复几个主要的厅堂，即春在堂、乐知堂，也就是把俞曲园纪念馆先建起来。与苏州其他园林比较，曲园并不大，苏州方面认为旅游开发价值不高，对整个曲园的恢复意存观望。还是叶圣陶，亲自写信，让儿子叶至诚转给时任苏州市委宣传部部长兼友人的董昌达先生。叶圣陶在信中表示"曲园总须有园，地面虽窄，可请从周教授参考旧时布局斟酌之，必能幽雅宜人"，望董先生转告苏州党政领导。董先生收到叶圣陶信后，随即给俞平伯去信，情词恭谨，表示将尽力办理。在这一年的全国两会上，叶圣陶在人大江苏代表团分组讨论会上，再次呼吁，"曲园当须有园，非以供众人游观，意乃在存其本来面目"。当时，包括江苏省委书记、代省长在内的许多领导在场，叶圣陶是全国人大的常委，他的发言有一定的分量，让人们认识到，修复曲园主要是恢复历史遗迹，不是功利性的供人游览。在江苏电台的一次采访时，叶圣陶谈两会的观感，也谈到苏州曲园的修复问题，希望能够在修复之日与好友俞平伯一同游园。

在1983年的苏州城市规划鉴定会上，陈从周又据理力争，曲园的整体修复计划得以逐步实施，园内的住户将迁出，新建的房子将拆迁。这些信息，俞叶通信传递。俞平伯跟叶圣陶说，可以戏拟一小说《吾庐外史》，其中有一回"陈教授巧计复名园"。这是对陈从周为曲园恢复所做贡献的肯定，也是对一个学者智慧的倾服。俞平伯对"陈教授巧计"的解释是，厅堂修复容易，住户拆迁难，陈从周就从容易的下手，建议先修厅堂；既然已经花钱修了，接下去的拆迁不得不做，否则，下不了台，曲园自然可以完全修复。如果要一步到位，难度太大，反而会让地方政府知难而退。

曲园的修复几经曲折。1984年，曲园的主要厅堂得以修复。直到1990年，曲园才全部竣工，对外开放。遗憾的是，俞平伯想和好友叶圣陶同游故地终未能实现。叶圣陶于1988年2月去世，俞平伯也在曲园修复的同年10月长眠。现在，曲园已经成为苏州重要的人文景观之一。

俞平伯与叶圣陶的通信，还时常交流生活的情事，比如，相互告知阳台上的牵牛花如何缤纷繁丽；也探讨书法，互寄《兰亭序》临摹作品，探讨《兰亭序》的真伪。俞平伯还常和叶圣陶谈论佛理，认为佛法当有博学审问慎思明辨之功，赞同《坛经》"无情无佛种"的话，倡导博爱忘我，破除我执。

确实，两位老人的内心一片宁静纯澈，可以用俞平伯给苏州曲园乐知堂堂名的解说来评价他们的心灵世界，即"乐天、知命、安闲、养拙"八字。

两位文化大家的鸿雁往返，袒露各自的心路足迹，给他们寂寥的晚年生活增添了无穷的乐趣。正如叶圣陶说的，他们的通信"畅怀倾吐，如见肺腑，贤于博弈，真得上娱者"。

（原载于《纵横》2010年第8期）

从此秋郎是路人

——冰心与梁实秋的世纪友情

周　明

　　梁实秋先生1987年11月3日在台湾病逝的消息，震惊了大陆文坛。在北京，我曾有幸接触过梁先生的长女梁文茜，她是北京一位出色的律师。1949年后，海峡两岸信息隔断，父女天各一方，思念情深，痛苦异常。后来，情况稍有松动，1971年夏天，父女二人便急切相约在美国会面。梁文茜给父亲捎去了北京东城内务部街梁先生故居四合院里枣树上的大红枣。先生爱不释手，老泪纵横。事后梁实秋先生将这颗红枣带回台湾，浸泡于玻璃杯中，供奉案头，足见其思乡之情深！我还见到过一帧照片，梁先生在他台湾的寓中昂首站在一幅北京故居图画之前，遥望着远方，寄托他对故都、对北京、对诸多昔日友好的思念。

　　他的突然去世，不仅使台北的亲友们，更使远在北京的亲友们悲痛惋惜。

　　冰心便是这痛惜者中的一位。这位当时已是87岁高龄的老人，由于痛失老友，竟在短短的一个月时间内连续写了两篇悼念文字：一篇是《悼念梁实秋先生》，发表在《人民日报》；一篇是《忆实秋》，刊登在上海《文汇报》。看得出，两篇文章冰心均是和泪而作。

冰心老人第二篇文章脱稿时，我正好去看望她，因而我成为这篇文章的第一个读者。我被这两位文学前辈的友情深深感动。许是冰心老人刚刚完成这篇悼念文字，许多往事涌上心头，她给我详尽讲述了她和梁实秋先生的相遇、相交到相知的漫长的故事……

梁实秋是吴文藻在清华学校的同班同学。

1923年，在赴美留学的途中，梁实秋与冰心在杰克逊总统号的甲板上不期而遇，介绍人是作家许地山。当时，两人寒暄一阵之后，梁实秋问冰心：

"您到美国修习什么？"

冰心答曰："文学。"

"您修习什么？"她反问。

梁实秋答："文学批评。"

就在这之前，冰心的新诗《繁星》《春水》在北京《晨报》副刊发表后，风靡一时。梁实秋在《创造周报》第102期（1923年）上刚好写过一篇文章：《繁星与春水》。那时两人尚未谋面，不想如今碰巧在船上相遇。在海船上摇晃了十几天，许地山、顾一樵、梁实秋、谢冰心几个都不晕船，便兴致勃勃在船上办了一份文学壁报叫《海啸》，张贴在客舱入口处，招来了不少旅客观看，后来他们选了14篇作品，作为《海啸》专辑，发表在《小说月报》第11期上，其中有冰心的诗三首：《乡愁》《惆怅》《纸船》。

到美国后，冰心入威尔斯利女子大学。一年之后，梁实秋转到哈佛大学。因为同在波士顿地区，相距一个多小时火车的路程，他们常常见面。每月一次的"湖社"讨论会期间，他们还常常一起泛舟美丽的诺伦毕加湖。后来，波士顿一带的中国留学生在当地的"美术剧院"演出了《琵琶记》，剧本是顾一樵改写的，由梁实秋译成英文，用英语演出。梁实秋饰蔡中郎，谢文秋饰赵五娘，顾一樵演宰相，冰心演宰相之女，演出在当地颇为轰动。后来许地山专门从英国给顾一樵写信说："实秋真有福，先在舞台上做了娇婿。"冰心也调侃梁实秋说："朱门一入深似海，从此秋郎是路人。"说到此，冰心老人说：这些青年时代留学生之间彼此戏谑的话，我本是从来不说的，如今许地山和梁实秋都已先后作古，我自己也老了，回忆起来，觉得这都是一种令人回味的幽默。

冰心老人说，梁实秋很重感情，很恋家。在杰克逊总统号轮船上时，他就对冰心说：我在上海上船以前，同我的女朋友话别时，曾大哭了一场。这个女朋友就是他后来的夫人程季淑女士。

1926年，梁实秋与冰心先后回国。冰心同吴文藻先生结婚后，就住在任教的母校——燕京大学校园内。梁实秋回国后在北京编《自由评论》，冰心替他写过"一句话"的诗，也译过斯诺夫人海伦的长诗《古老的北京》。这些诗作她都没有留底稿，还是细心的梁实秋好多年后拣出底稿寄还给她。

冰心还清楚地记得，1929年她和吴文藻结婚不久，有天梁实秋和闻一多到了他们的燕南园的新居，楼上楼下走了一遭，环视一番之后，忽然两人同时站起，笑着说："我们出去一会儿就来。"不料，他们回来时，手里拿着一包香烟，戏笑说："你们屋子内外一切布置都不错，就是缺少待客的烟和茶。"因为冰心夫妇都不抽烟，招待他们喝的又是白开水。冰心说，亏得他们的提醒，此后我们随时都在茶几上准备了待客的烟和茶。

大约在1930年，梁实秋应青岛大学之邀去了青岛，一住四年。梁实秋知道冰心从小随从海军服役的父亲在烟台海边长大，喜欢海，和海洋有不解之缘，便几次三番地写信约冰心去青岛。信中告诉冰心，他怎样陪同太太带着孩子到海边捉螃蟹、掘沙土、捡水母、听灯塔呜呜叫、看海船冒烟在天边逝去……冰心也真的动了心，打算去，可惜后来因病未能成行。倒是吴文藻利用去山东邹平开会之便，到梁实秋处盘桓了几天。

他们过从甚密，接触比较频繁，乃是20世纪40年代初在大后方。当时冰心一家借住在重庆郊外的歌乐山；梁实秋因为夫人程季淑病居北平，就在北碚和吴景超、龚业雅夫妇住在一所建在半山上的小屋。

如果要造访梁实秋，必须爬上几十层的台阶。为方便送信的邮差，梁实秋在山下竖立一块牌子，名曰：雅舍。这雅舍的惠名，他一直用到了台湾。那时，梁实秋因怀念夫人，独居无聊，便拼命写文章。这个时期他发表的文章最多，大多数是刊登在清华同学刘英士编的《时代评论》上。

有一次，冰心去看梁实秋时，曾为雅舍题词说："一个人应当像一朵花，不论男人或女人。花有色、香、味，人有人、情、趣，三者缺一便不能做人家的一个好朋友。我的朋友之中，男人中只有梁实秋最像一朵花……"

抗战胜利后，冰心和吴文藻到了日本。梁实秋先是回北平，后于1949年6月去了台湾，先在"国立编译馆"任职，后任"国立师范大学"教授。这期间他们也常相通信。冰心在她日本高岛屋的寓所里，还挂着梁实秋送她的一幅字。

1951年，吴文藻和冰心夫妇回到祖国，定居北京。与梁实秋之间，虽然不像在海外时通信那么方便了，但依旧相互关注。直到1966年那场风云突变的"文革"风暴袭来，一切才骤然中断。远在台湾的梁实秋，于1969年的一天，突然从老友顾一樵先生处得悉：冰心和老舍在"文革"中先后自尽；又从《作品》（中国台湾）杂志上谢冰莹的文章中看到："冰心和她的丈夫吴文藻双双服毒自杀了"，一时间，梁实秋悲痛不已，提笔写下了《忆冰心》《忆老舍》的血泪文字，以悼念故友。

后来这篇文章辗转到了冰心手里，她看后十分感动，当即写了一封信，托人从美国转给梁实秋。冰心在信中说：那是谣言，感谢友人的念旧。她希望梁实秋回来看看，看看他们两人（当时吴文藻先生还健在）的实际生活，看看他自己的儿女和冰心的儿女们工作和生活的情况。她告诉他：北京大变样了！他爱吃的东西，依然可以吃到；他玩过的或没有玩过的地方，都更美好了。总之百闻不如一见，眼见为实。大家都是80岁以上的人了，回来畅谈畅游一下，如何？最后冰心还深情地说：我们和你的儿女们都在等你！"

结果等来的不是离开家园40年的风雨故人，而是梁实秋先生不幸逝世的噩耗。且正是先生决定归来之时，这更使人感到痛心和遗憾。

冰心得知梁实秋不幸逝世的消息后，十分难过。消息是梁先生在北京的女儿梁文茜当日告知冰心的。感慨万端的冰心说："梁实秋先生是著名作家和翻译家，是文藻的同班同学，也是我们的好朋友。他原籍浙江，出生在北京，对北京很有感情。我们希望他回来，听说他也想回来，就在他要做出归计之前，突然逝世了，我听了很难过，也为他感到遗憾。"

据梁先生遗言：如若此生他真的不能再返故里，希望夫人韩菁清替他去北京看看，看看他的儿女们，看看他的老朋友，看看那座四合院……

果然，在梁先生逝世不久，韩菁清冲破一切阻力，带着先生的遗愿，飞到了北京。她替梁先生看了一切他希望看的。在北京的两位梁先生的挚友——谢冰心女士和老舍夫人胡絜青女士是她此行重点要拜望的。

韩菁清女士，系港台影歌双栖明星。1931年10月出生于江西庐山。7岁时随父迁居上海。1946年荣获上海"歌星皇后"桂冠。1949年初移居香港。20世纪50年代曾在香港出版散文《韩菁清小品集》。她曾自己编剧并主演《大众情人》《一代歌后》《香格里拉》《我的爱人就是你》等影片，获"金马奖"优秀演员奖；灌制有《一曲寄情意》《多谢你的黄玫瑰》等唱片。

1975年5月9日与梁实秋结为伉俪。由于她是影歌明星，加之又年轻于梁实秋30岁，这一忘年之恋曾轰动台湾。他们山盟海誓，坚定不移。一个说："我爱你已胜过爱我自己。"（韩菁清）一个说："为了爱，

201

我不顾一切。"（梁实秋）他们的爱情是一部感人至深的美丽的故事。

那天，韩菁清女士拜访冰心时我在座。陪同她来的是梁实秋先生在大陆的女儿梁文茜。韩菁清一再热情表达了梁实秋对老朋友冰心的思念。平日，梁实秋向她讲述了许多关于冰心、老舍和他之间有趣的故事。她说，梁实秋最早写评论冰心的文章时，他说他曾误认为《繁星》和《春水》的作者"不是一个热情奔放的诗人，而是一个冷隽的说理的人"。"初识冰心的人，都觉得她不是一个容易令人亲近的人，冷冰冰的好像要拒人于千里之外。"但是接触多了，渐渐熟悉了，就会觉得"她不是恃才傲物的人，不过对人有几分矜持，至于她的胸襟之高超、感觉之敏锐、性情之细腻，均非一般人所可企及"。梁实秋说这就是他最初时对冰心的一个认识过程，往后就愈是认识到一个了不起的真正的冰心。

梁实秋还告诉韩菁清说，冰心的名篇《寄小读者》大部分是在医院病床上写出来的。因为冰心到美国不久便吐血，有时上气不接下气的，健康情形一直不好。然而正是一种毅力和精神支配着她，才能在病中写出这样有影响的作品！

冰心听了韩菁清这些话之后，说：哪里，哪里。我和实秋阔别几十年，我在祖国的北京，他在宝岛台湾，隔海相望，虽说不得相见，可彼此心里都有。我也常常想念他，想起我们的以往。实秋身体一直很好，不像我那么多病。想不到他"走"到了我的前头。最使我难过的，就是他竟然会在决定回来看看的前一天突然去世，这真太使我遗憾了！

韩菁清将两件礼物郑重赠送冰心老人：一件是一盒精装美国花旗西洋参——她说这是梁实秋生前常服用的；一件是她本人的几盒代表作——声乐磁带。

冰心回赠她自己的几本新著，并亲笔签名。韩菁清说：这是最宝贵的礼物，我要带回台湾，和实秋的书珍藏在一起。

握别时，冰心深情地说：实秋是我一生知己，一生知己……

（原载于《纵横》2003 年第 6 期）

沈从文与张兆和：相濡以沫55年

陈开第

沈从文是中国现代文学史上的文学大师，他执着地追求生活，依恋人生，热爱自由。他有自己独立的价值观和审美心理，他注重人格的独立。在情窦初开时，他追求完美的女性，乐此不疲。在追求张兆和时，历时四年情书不断，却没有得到一个字的回音，可谓情圣也。在他执着的追求下，终于和张兆和结为秦晋之好。

结婚后，沈从文写过一篇《水云》的散文，他说："我要的，已经得到了。名誉或认可，友谊和爱情，全部到了我的身边。"这时的沈从文正在新婚蜜月中，但他始终没有忘记一个作家的责任，他抓紧时间创作了名作《边城》、系列《湘行散记》。从1933年至1946年，沈从文和张兆和的生活都过得并不平静。沈从文的作品集不断出版，虽然这中间经历了抗日战争和解放战争，他们夫妻同甘共苦，从苦难的日子里熬过来了。但到了1947年初，沈从文和张兆和的日子就不好过了。郭沫若的杂文《拙劣的犯罪》在上海《文汇报》发表，该文认为沈从文对创造社的看法是"捏造事实，蒙蔽真相，那明明是一种犯罪，而且是拙劣的犯罪"。认为沈从文"极尽了帮闲的能事"，而简直成了"死心塌地的帮凶了"。到了1948年3月，香港出版的《大众文艺丛刊》第一辑发表郭沫若的《斥反动文艺》，在这篇文章中，沈从文被认为"一直是有意识地作为反动派而活动着"的作家。沈从文对郭沫若的两篇高压文章不予理会，还在《论语》半月刊发表论文《中国往何处去》，认为内战"实无可希望"，只有"往毁灭而已"。

这时的沈从文正在北京大学任中文系教授，北大学生贴出了声讨沈从文的《大字报》，同时转抄了郭沫若的《斥反动文艺》，这才给沈从文带来了极大的压力。沈从文陷入精神危机，用剃刀把自己颈子划破，两腕脉管也割伤，又喝了一些煤油，试图自杀，后被送医院抢救过来。

沈从文在新中国成立之初的遭遇是悲剧性的，但他的夫人张兆和一点也没有怪罪沈从文，她悉心照料，安慰沈从文，一刻不离沈从文身边。当沈从文稍好一点，张兆和又鼓励他写文章，沈从文发表了《读游春图有感》，对展子虔的《游春图》的真伪问题进行了讨论，这是沈从文在物质文化史领域的第一篇文章。

沈从文北大教授当不成了，学校就把他送到华北大学学习，后又随学校转入华北人民革命大学学习。这段时间沈从文没有干别的，不断写着没完没了的检讨。《我的感想——我的检讨》，还有检讨性的文章《我的学习》，都发表在《光明日报》上。

这对自尊心极强的沈从文，无疑是极大的打击，然而沈从文毕竟是沈从文，在张兆和的关爱下，他终于重新振作起来。

1951年10月25日，沈从文作为北京农村土改工作团成员赴四川参加土改，在那里待了四个多月的时间，他给张兆和写了50多封信。在这些信件中，苦闷和忧郁的情绪一扫而光，取而代之的是为国家服务的热情。

1952年3月，沈从文返回北京。由于他自1949年8月已经不在北京大学教学，他在四川曾写信给张兆和把房退给北大，张兆和照办后，全家已搬迁至临时租住的交道口头条胡同。张兆和看见了一个身体健壮、全新的丈夫站在自己面前，有说不出来的高兴。

1953年第三次全国文代会在北京召开，沈从文作为全国美协推选的代表参加了这次会议。10月4日，毛泽东接见部分与会代表，文化部部长沈雁冰向毛泽东逐一介绍了参加会见的代表。当介绍到沈从文时，毛泽东问了沈从文的年龄，听到回答后说："年纪还不老，再写几年小说吧……"听到这里，沈从文眼睛湿润了，毛主席的鼓励似乎冲淡了沈从文多年来埋藏在心底的委屈。他回家刚坐在椅子上，就赶忙把见到毛主席的情景向张兆和述说，听完后，张兆和激动地握着沈从文的手说："让我也来分享这份幸福吧！"

1953年沈从文一家告别了租住民房的历史，搬入东堂子胡同51号，历史博物馆家属大院后院靠东头的三间北房。

1954年，张兆和离开了北京西郊圆明园101中学，调至《人民文学》编辑部工作，从此告别了长期住校的历史，对孤独寂寞的沈从文来说，这也是一个安慰。

沈从文的心情开朗了许多，开始走出自我禁闭的书斋，经常到离他家不远的老朋友陈翔鹤家走动，也能听到他的笑声。还和家人到中山公园、北海、颐和园去玩。

就在这期间，陈翔鹤明显地感觉到沈从文的心情好起来了，就建议沈从文把他对一些冷门学科的研究心得写成文章，张兆和在一旁听着，也支持陈翔鹤的建议，这才有后来发表在陈翔鹤主编的《文学遗产》上的《略谈考证工作必须与实物相结合》《学习古典文学与历史实物问题》《从〈不怕鬼的故事〉注谈到文献与文物相结合问题》等五篇文章。从而使全国古典文学的青年研究者和青年读者知道中国还有这样一位著名的老作家！

这段时间，沈从文进入了最为活跃的时期，1956年他又被增选为全国政协委员，并在会上做了发言，《人民日报》全文刊登了他的发言。

沈从文一反他年轻时不健谈、有点木讷的性格，整天和张兆和有说不完的话。张兆和经常和沈从文开玩笑，逗得他开怀大笑。张兆和对沈从文说："你带我到青岛的两年时间也没有说过这么多话，你应该再给我写几封情书才好！"

1957年"反右"运动开始，丁玲被错打成"右派"。沈从文在这场运动中没有发言和表态，他顺利过关了。生活上，得到了张兆和的细心安排照料。这年，《沈从文小说选集》由人民文学出版社出版，这是1949年以后出版的第一部旧作结集。从1957年至1966年，沈从文在张兆和的协助下，《唐宋铜镜》《龙凤艺术》等专著相继出版。

1966年，沈从文64岁时，赶上"文化大革命"。他在运动中受到很大冲击。他家原东堂子胡同三间宿舍被压缩为一间，所藏之书尽失。

1969年末，张兆和被下放到湖北咸宁文化部"五七"干校。沈从文一家成员已经是天各一方：次子虎雏早在1966年就同妻子一同去四川参加"三线"建设，女儿朝慧早成了在各地漂泊的"流浪人"；长子龙朱虽仍在北京，被划成"右派"，正在工厂接受监督改造。

就在张兆和去湖北一个月后，12月底，沈从文被送到湖北咸宁，老妻张兆和特意赶到县城来接，临时找了一所破旧学校落脚休息。住了不到半个月，又把沈从文发落到双溪，安排住临时打扫出来的旧猪圈，沈从文坚决不去，后改为一间小学校的教室，才总算有了一个落脚的地方。这里离张兆和所在的五七连队驻地60里。沈从文在一个被称作"七五二高地"的地方看守菜园子。他十分称职，风天、雨天、雪天，从不间断。有一天夜晚，大雨滂沱，发洪水了，水从房门和墙缝往房里灌，不一会儿屋里成河了，沈从文见情况不好，撑着雨伞，站在房屋中央，望着不断涌进来的水，不知如何是好……在这样的处境中，沈从文病倒了，血压高得惊人，高压250mmHg、低压150mmHg。他被送进咸宁医院治疗，遇上了尽职尽责的好大夫，在住院治疗40多天后，他的血压开始下降，并终于稳定了。这里有大夫的功劳，也有他爱妻张兆和的功劳，是她日夜守护着沈从文。吃、喝、拉、撒、睡，她都管起来了，使沈从文不感到寂寞，睁眼就能看见爱妻，所以他踏实多了，病也好得快。

10月，沈从文康复出院，张兆和陪他返回双溪。没过多久，干校安排沈从文与张兆和一道，从双溪转移去丹江。被安排在一个偏僻的采石场旁的荒山沟里住下。

住处离丹江口只有5里路远。每天一抬头便可遥望见丹江口横跨江面的那座宏伟大坝的身影。沈从文触景生情，对张兆和说："十年前，曾到这里参观，亲眼看见丹江水坝的合龙。想不到十年后，自己又搬迁到这座大坝附近。"张兆和也感慨地说："个人只是漂在大河中的一滴水，这滴水还不知道漂到哪里去。"

尽管有张兆和的精心照顾，但住在这远离人烟的荒山沟里，缺医少药，张兆和想为沈从文搞点肉和鸡蛋都办不到，一日三餐清汤寡水。1971年冬，沈从文因心脏供血不良，病情逐渐加重，身体也浮肿起来，连日常行动都成问题，张兆和眼看着老夫病重，不回京治疗要出人命，多次致函干校领导。经过八个月的交涉，才被获准沈从文一人回京。老夫老妻又一次分离，张兆和仍留在荒山沟里苦度时日，而沈从文回京后也是一人苦熬着。半年后，张兆和申请退休得到批准，回到北京，回到日夜想念的丈夫身边。

返京后，夫妻二人住在一间房中，非常困难。张兆和找到作家协会，经努力，作协分配给沈从文两间房的宿舍，地点在小羊宜宾胡同。条件有所改善，张兆和则开始了两地奔波的生活。每天早晚三餐都是张兆和给沈从文送去。打水洗衣，去医院取药，都是张兆和主动承担，忙得不亦乐乎！

张兆和虽然每天又苦又累，但看到沈从文在小屋里专心完成周恩来总理交给的任务，修订《中国古代服饰资料》一书。心里还是高兴的。沈从文深切地体会到：若没有老妻的照料，他是完不成编撰这本大书的任务。

1976年在中国可以说是一个多事之秋。这年发生了许多令人难以忘却的大事：周恩来、朱德、毛泽东相继去世；4月5日发生了震惊中外的"天安门事件"；7月28日发生了唐山大地震……沈从文所住小羊宜宾的正屋山墙也坍塌了。在家人的劝说下，沈从文和张兆和南下苏州，住

在张兆和五弟张寰和家里。此时沈从文心里想着的还是他的《中国古代服饰资料》，只在苏州住了六个多月就不顾亲友的劝说，追回北京，又住进了他那间窄得不能再窄的小屋里。一张书桌他只能与张兆和轮流使用。在无法工作的情况下，沈从文想到了时任全国人民代表大会副委员长的邓颖超，写了一封求助信：

邓副委员长：

我名沈从文，解放后，就在历史博物馆研究文物……

我今年已经75岁，体力虽不如十多年前健康，工作情绪还未衰退，迫切希望还能争取几年时间，把总理生前交付给我这份任务，努力完成。并尽可能把其他所学，在国内文物研究始终还是"空白点"的部分，我由于常识较多，也能从"共同提高"目的着手，把能写的逐一写出，才对得起党的教育，和总理对我的期望。因此写这个信，盼望能得到你一点帮助，为解决一下住处问题。房子并不要求太好，只希望房间宽敞一些，环境比较清静，交通也还便利。家中老幼三代六个人住在一处，日常生活能得到一点照料，工作室能够把应用图书资料分门别类摊开。翻检查用时，不必我爬向高处找寻，使家中人为此担心跌倒。助手抄书、绘图，还有个空处可以坐下来从容进行工作。外边人来商请协助工作，借看资料时，还有个回旋余地，不至于影响到家中人，使他们生活工作受妨碍……估计能有四五间房子，就可望把这点有限生命，集中用到待进行工作中去。对我来说，这种新的工作，生活条件就够好了，算得十分幸运，此外再无多求。烦扰您处，实在深感不安！

敬此

并祝尊体健康！

沈从文

（一九七七年）八月九日

沈从文后来还致信给当时的统战部部长乌兰夫，请求解决住房问题。但在那个百废待兴的年代，许多人需要落实政策，各有关部门均无暇顾及沈从文的问题。后来，胡乔木任中国社会科学院院长时，尽了最大的努力，出面帮他配备了助手，解决了医疗问题，对他的待遇也由四级研究员调到二级。在没有房子可配给沈从文时，又是胡乔木决定由中国社会科学院出面在友谊宾馆长期包房，给沈从文作临时工作室。几个月后，《中国古代服饰研究》终于定稿。这本沈从文解放后花了十多年心血写成的书，使他毫无愧色地跻身于文化史、风俗史专家、学者的行列。

1981年9月，《中国古代服饰研究》由商务印书馆香港分馆出版，初版印3000册，一个月内即已出售2000册。书印得很漂亮、大方，沈从文非常满意。从友谊宾馆搬出后，沈从文仍然没有一个好的工作环境。沈从文还想把服装研究工作坚持进行下去，但生活工作条件太糟糕了。《中国古代服饰研究》出版不久，供国内出版的修订本的工作又摆在面前。1985年5月18日，老作家萧离致信中共中央总书记胡耀邦，反映沈从文的住房生活问题，受到中央的重视。当年6月，中共中央组织部为解决沈从文的住房和待遇问题向中国社会科学院发文：中央同意，沈从文先生为正部级研究员，按部长级解决工资、住房和其他待遇问题。工资300元，从6月起。1986年，沈从文84岁时终于分到一套大三居的宿舍，迁入崇文门大街22号新居。这年秋天，我去看望沈从文夫妇，看到他们都有自己的书房，宽敞的会客厅。但是沈从文的身体太差了，第一次中风后还没有完全恢复，又因为基底动脉供血不足住进了中日友好医院，现在刚从医院出院回家。我为此替沈先生难过。沈先生送我一本《中国古代服饰研究》增订本，他靠在躺椅上说："手发抖，就不签名了。"

沈先生于1988年5月10日，晚8时30分在家中逝世，终年86岁。他逝

世时很安详，像是没有什么痛苦和遗憾。

1988年5月18日上午，我去八宝山向沈先生遗体告别，这是由家属组织的告别仪式，不带官方色彩：没有主持人、没有悼词、没有哀乐。在贝多芬奏鸣曲《悲怆》——这是沈从文生前最喜欢的音乐——的旋律中，来自四面八方的亲友、朋友、同事、学生，将精选的一株株月季花放在他的身边……人们以最朴素的方式向这位文学大师做最后的诀别。我紧紧地握着沈夫人的手说："我谨代表去世的父亲陈翔鹤和母亲王迪若及全家，来向沈先生告别，请节哀。"这是这么多年来我参加的最感人的遗体告别仪式。

当我在1992年秋天，再去看望张兆和老人时，老人显然已从失去老伴的悲痛中走出来了。她平静地、细声细气地向我述说："今年5月，是从文逝世4周年，我们全家把他的骨灰带回了家乡，他生前不事声张，死后肯定也不愿惊动故乡人。我们就把他的骨灰一半撒入沱江，一半埋进墓园。家里从文遗照前我从未断过鲜花，这几年我把开败的落英收藏起来，就是为这次在沱江撒骨灰时，让这些玫瑰花瓣再陪从文走一程……"

张兆和老人还是拿出许多当时的照片让我看。沈先生的墓地位于听涛山下，这里没有造价高昂的墓碑，只有一块天然五色石，正面碑文是沈先生自己的手迹："照我思索，能理解'我'，照我思索，可认识'人'"；背面的碑文是张兆和的四妹张充和书写的"不折不从，亦慈亦让；星斗其文，赤子其人"。离墓碑不远的树荫下，有黄永玉为表叔立的一块石碑，石碑上写着："一个士兵，要不战死沙场，便是回到故乡。"这也是沈先生自己的话，表达了他对养育自己家乡的一片深情。

在沈从文逝世后的十年间，张兆和把全部精力都放在整理、编辑沈从文的文稿上了。她主持出版了20卷的《沈从文别集》。集中收进了过去从未发表过的一些作品。沈从文当年追求张兆和时曾是写情书的能手，可惜那些精彩的情书已毁于日军侵陷苏州的战火之中。而《沈从文别集》中却收进了难得一见的沈先生和张兆和婚后第一次离别的书简。

说到张兆和，沈先生对她四年多的苦苦追求，对她的钟情和爱恋是完完全全对的。她年轻时是一个外美内秀的新女性。跟沈从文结合55年患难与共的岁月里，更加证明了她是外柔内刚，无比坚强，有见识、做事决断的好妻子。在沈从文最困难的日子里，她寸步不离左右，给沈从文以力量、信心、勇气和安全感。她不愧是沈从文的爱妻，贤内助。他们夫妻相濡以沫55年，给后人树立了纯朴爱恋的典范。

（原载于《纵横》2006年第8期）

冯雪峰与我放鸭子

陈早春

　　1969年9月，为了"备战"和"接受工农兵再教育"，我们人民文学出版社除了留下少数几个人搞"样板戏"之外，无论"革命群众"或"牛鬼蛇神"，不管老弱病残，都被"全锅端"到湖北咸宁的"五七"干校。67岁的文化名人冯雪峰也佝偻着腰，戴着"黑帮"的帽子，同大家一起走上了"五七"道路。

　　开始，他被安排在蔬菜组种菜。每日翻地开畦、运肥泼粪，一天下来累得既难躺下也难爬起，这对老弱病残者来说实在是不堪重负。但冯雪峰由于出身农民家庭，又参加过二万五千里长征，吃过小米，扛过步枪，蹲过监狱，在各种磨难中淬过火，因此在组里干得十分出色。连最好挑剔、以找碴儿为职责的某军代表，也在人后啧啧地称赞过这个瘦弱的老头："他比我那长期在农村劳动的祖父还精干！"

　　当时我正在当"鸭司令"，放养着200多只母鸭。由于是当地大棚里筛选下来的处理品，它们原先一只只毛屡屡的，吝啬得一个蛋也不肯下。后经我几个月的调养，且不费饲料，春天的下蛋率几乎达到了百分之百，能保证"连"内每个"战士"每天可以吃到一个鸭蛋。这对于连续啃了半年多的咸菜疙瘩、不沾油荤的"吃斋"队伍来说，无疑是件大恩大德的善事，也引起了军代表和连干部的重视。他们对我说："你每日早出晚归，栉风沐雨，够辛苦，需要一个助手。再说，你懂得整套农活，大田还需要你去指挥，放鸭的事，你培训培训，今后就交给你的助手。"我欣然同意。但得知这个今日的助手、明日的接班人是冯雪峰时，我却犹豫了：第一，冯雪峰做过胃大切除手术，来干校后经军代表特准可以买饼干来维持生命，若在湖里放鸭子，一日三餐不准时，且都是凉的，他能否承受得了？第二，湖里夏天烈日当空，没有任何遮拦，地温高达四十几摄氏度，而寒冬北风刺骨不算，时不时还会掉进水里成为落汤鸡，年近七旬的老头，受得了这份罪？第三，湖地的田埂都是烂泥搭的，水蚀霜冻后就成了豆腐渣、烂糯糊，烈日一晒又成了见棱见角、有锋有刃的死硬疙瘩，矫健的年轻人都难免摔跤，将他的老骨头摔断了怎么办？我将自己的顾虑向上级说了，但没被受理，因为我属"连队战士"，服从命令是天职。

1970年初秋，鸭子经过"夏眠"后又到了下蛋的季节，冯雪峰来到我的"麾下"报到。他已是我的老"部下"了。

那天他奉命来到，一见我只穿一条短裤衩，通体像醉虾一样红中透黑，便善意地忠告我："早春，这地方的太阳很毒，你得戴个草帽，背心总得穿一个才是。"我说："光棍一条，为的是图方便，也为了偷懒，天晴让它晒，雨天让它淋，不用换衣服。有时我还得跟鸭子在水中赛跑，下水无须脱衣服。"他听我这么说，沉默了一会儿才沉吟道："我老了，不行了，今后不仅帮不上忙，还可能给你添累赘。"

看他戴着草帽，脚蹬胶底跑鞋，灰不灰、白不白的旧制服，瘦胳膊瘦腿像干枯的树枝，真令人心酸眼涩，实在不忍让他做我的助手和接班人。但我极愿意有个伴，自放鸭以来，每日睁眼闭眼都是苍茫茫的天、汪洋洋的水，寂寞得无聊。

冯雪峰并不甘于作为我的伙伴，他一来就要领任务："我小时在农村，什么农活都干过，就是没放过鸭子。我该帮你干些什么事？"我如数家珍地向他传授了养鸭子的经验，至于他的任务，我不大经意地说：

"一切有我照管，你只帮我看着它们点，不要让它们瞎跑，或掉了队，或往禾穗已钩头的稻田窜，毁了庄稼。"

他领任务之后，就马上去鸭群边寻找自己的岗位。尽管当时鸭子已吃饱，在水洼边睡觉，他还是蹑手蹑脚地往鸭群边靠，死死地盯住它们，生怕它们一展翅就飞跑似的。一会儿，鸭子纷纷醒来，在水洼里戏水，冯雪峰更显得紧张，围着水洼来回跑，任我怎样制止也无效。看来他将我交给他的任务牢记在心，坚守着自己的岗位。

太阳偏西了，为了让鸭子晚上饱餐以过夜，我将它们赶入深水中去限食（行话叫"限"）。"限"到一定时候，鸭群开始骚动、哗变，饿慌了的四处乱窜。冯雪峰见此情景，顿时慌乱得像热锅上的蚂蚁，挥舞着鸭竿，顾此失彼地应接不暇。

太阳已靠近地平线，该是让鸭子进食的时候了。我吹了几声口哨，鸭子"嘎嘎嘎"地叫着向我飞扑过来。我将它们引至一块刚收获过的稻田，这里有稻粒、草籽、虫虾和田螺等，可让它们荤素搭配着饱吃一顿。冯雪峰见到这一切，好似千斤石头落了地，轻松地说："看来我的紧张是多余的，鸭子都听你这个'司令'的指挥，招之即来，挥之即去，何苦要我多操心！"话刚落音，鸭子已进入田中觅食了，一下子他又急了。他佝偻着腰，沿田埂疯跑，摔倒了，又爬起急跑，又摔倒了……这样反反复复多次，土疙瘩、鸭竿都与他作对，将他绊倒。我不知发生了什么事，开始以为是鸭群中出现了黄鼠狼。过了好久，我才弄明白，原来冯雪峰不了解鸭子的觅食规律，一见到它们为争夺觅食的有利地盘低头、耸尾来回跑的情景，担心其跑飞了，所以才拼命地追赶、堵截。他时时刻刻都在记着自己的岗位和职责。

冯雪峰放鸭第一天的战绩虽不佳，付出的代价却很高：脚手都挂了彩，衣裤甚至头发都浆上了泥沙。但他也得到一点补偿，第二天清棚捡蛋时，白花花一片，206只鸭子下了203个蛋。看到这一丰收景况，他像小孩一样，天真地开怀大笑。

　　以后两天日子过得还算太平，鸭子乖乖地听指挥，我们也赢得了清闲，可以聊聊天。我原想利用没有第三者在旁的机会，无所顾忌地请教一些他与毛泽东、鲁迅、瞿秋白、张闻天等人的交往，中国现代文学史中的多次争论，以及他个人爬雪山、过草地、蹲监狱等传奇般的经历。但他几乎不接应这样的话题，要么说这些已写过材料了，要么叫我去看某某革命组织印发的资料。我感到，尽管他已两度为我的"部下"，但他属"黑"，我沾"红"，分属两个营垒，虽然在干校"红"与"黑"已不像"文革"高潮中那样泾渭分明了，大家同属"天涯沦落人"，但"防人之心不可无"啊！他不愿说，也许还因他不愿在过去的日子中讨生活、翻疮疤，心中有很多不堪回首的往事。

　　我向他提的问题没得到回应，倒是他向我提了许多放养鸭子的问题，我都一一作了说明。我滔滔不绝地说，他专心致志地听。他越是听得认真，我就越说得有兴，以这样的"高堂讲经"打发无聊的时光。有一次，他插话问我："你很小就离开农家，也没有放养鸭子的经验，为何取得了这样高于鸭师傅的成绩？"我不假思索地说："党把我培养成知识分子，本想干点文化工作，从来也没想到还会返回去当农民，当鸭师傅。我干得再好，对党对己都是个损失。但命运既然作了这样的安排，个人改变不了。怎么办？要么苟且偷安，要么玩世不恭，要么愤世嫉俗。我不愿这样混和闹，只好奴性十足地干一行爱一行、钻一行，从干中实现自我价值，寻找人生乐趣。目前我不能与人交往，就与鸭子结伴，观察它们，了解它们，研究它们的生活规律，从研究中寄托爱心，锻炼已经生锈了的思维。不然，我整日在这荒无人烟的湖地里，被动地经酷暑，历严寒，不被环境戕死，也会自己闷死、憋死……"他听了我的这席话，颇有感触地说："这是一种人生哲学！抱这种人生哲学的知识分子不多。的确，有人认为这样的人是安贫乐道的庸俗之辈，或是不反抗命运的奴才。但什么叫俗人，什么叫奴才，都是那些怀才不遇、愤世嫉俗的'志士仁人'诠解的。这些人到底有无才，还是个问号，往往

自认才富五车的人，说不定他的才还不够一合一升。生活中不乏这样的人，大事干不来，小事不愿干。宝刀可以断铁，岂不能断木！铅刀还应一割哩！我曾经说过，人世间有在高堂应对的主人，也有在灶下烧火做饭的奴婢；有日驰千里的车子，必得有铺路的灰砂碎石。鲁迅曾经写文章界别过'聪明人'、奴才和傻子，我看世界上多的是'聪明人'，奴才也不少，缺乏的是傻子。如果多些傻子，世道就好了。"自这次不经心的交谈之后，我们之间那堵"红"与"黑"的墙慢慢地变小、变矮了，特别是自干校回到机关之后我们成了忘年交。这种变化，也许跟这次交谈不无关系。

很可惜，我们在干校相处的日子不很长。大约是在他来放鸭的第四天，就发生了一件影响他放鸭生涯的事，从此他再不做我的助手，更没能做成我的接班人。

这天下午，我们在鸭子限食时天南海北地聊天，待我吹哨将鸭群召上岸时，发现少了近三分之一的鸭子。我知道发生了什么事，便将上岸的鸭子交给冯雪峰，让他独自照料它们觅食。我却纵身跳下水去，游向肉眼不及的湖汊处，去寻觅脱群的掉队者。然而寻遍所有湖汊都没有找到，后来在一片稻田中传来了"窸窸窣窣"的响声，上岸就近一看，它们正在絮絮地偷食稻穗。由于时近垂暮，它们恋食不舍，费了九牛二虎之力才将它们赶了出来，逐向湖中。待我将它们赶归鸭群时，天已蒙蒙黑了。冯雪峰还在等着我，费劲地拦阻、堵截早想上路归棚的鸭群。我见此情景，禁不住说了几句硬话："到这个时候了，你应该随机应变，先把这批鸭子赶回去，何必死死等我！"他没有分辩。不难看出，他在自责自咎。我为了缓和紧张的空气，便说："没事。鸭子不像鸡，不患夜盲症，只要有点月光，它们会回棚去的。"

考虑到鸭子熟悉我的身影，由我前面引路，为防掉队者，由冯雪峰殿后护驾。待长长的一列队伍浩浩荡荡地返回鸭棚，却不见冯雪峰。我赶忙返回去找人，闻声只见冯雪峰在水沟中一手掐着三只鸭子的脖子，另一手在草丛中既摸且按，原来他在抓一只掉队的鸭子。我忙下到水沟中摸住了那只鸭子，并扶他上了沟岸，催他往回走，他却蹲在岸上一动不动。我以为他摔伤了走不动，可他说没摔伤，只是担心还有掉队的鸭子没发现。我告诉他，掉队的鸭子会叫唤，除非碰到了野兽，他这才放心地跟着我回去了。待到灯光下一看，他全身都是泥泞，胶鞋也掉了一只，原有的伤口又渗血了。

次日清晨，他按时赶到鸭棚，仍照常跟我赶着鸭子下到湖地。整整一天，他再无兴致向我请教鸭经，却几次向我提出："我脚腿不灵便了，赶不上鸭子，你给的任务我胜任不了。昨晚我犯了错误，今后还难免再犯。为了不给你添累赘，也为了鸭群得到更好的照料，我请求调回原组去种菜，干些力所能及的事。请你代我向军代表、连干部请求一下，就说我干不了，干不好。"这事引起了我反复地思索，如果冯雪峰是个苟且偷安的人，会巴不得在我这棵树下乘凉，天塌下来有"司令"顶着，管它那些闲事；如果他是一个玩世不恭、愤世嫉俗的人，正可拿鸭子来撒气，鸭子丢了、死了，其奈我何？但他却傻子似的忠于职守。他来放鸭子是出于一种责任心，他请求免除这差事也是出于一种责任心。

由于我有这种考虑，也由于人所应有的对一位老者的同情心，我马上向军代表和连干部转达了他的请求。好在他们并不怀疑冯雪峰的劳动态度，没有"抓阶级斗争新动向"，同意了冯的请求。没过几天，冯雪峰调回原组了。我很惋惜，但也庆幸他从我这里得到了解脱。不然，像他干事这么认真的人，哪怕只与我一起再经历一个秋去冬来，也许不要等到1976年，在干校就得向他的遗体告别了。

（原载于《纵横》2002年第2期）

漫画搭桥

——丁聪和邵洵美的友情

绡 红

新中国成立后第一个春节前，我们一家刚从上海搬到这个古老的北京城。什么都新鲜，舅舅带我们去前门，爸爸不去，因为"小丁要来——"这小丁，说的就是漫画家丁聪。那时我刚18岁，对爸爸邵洵美大半生孜孜不倦的文学出版事业可以说了解甚微；不过，他在文化艺术界的朋友众多，他们时常来家欢聚畅谈，是我们从小就看惯的，所以一到北京，叶浅予来旅社，丁聪到我们新家拜访，是自然不过的事……那次丁聪为什么事来访，半个多世纪后我才明白。

到了1998年我才第一次见到丁聪。那时，我几乎天天钻在上海图书馆。一天，上图侧翼的展览馆张贴着"丁聪漫画展开幕"的广告。想到他是爸爸的老友，我决定留下来一睹这位名画家的风采。见他和夫人与熟人握手言欢，见他受观众鼓掌欢迎，我挤进人群，冒昧地向他作自我介绍。听说我是邵洵美的女儿，他笑逐颜开。展览会人太多，未能细谈，他给我留下了北京的住址。不料我远赴重洋，一去五年……再见丁聪已是七年后。来京的第二年，我已年逾古稀，由媳妇陪着到昌运宫拜访丁叔叔和沈阿姨。我带上妈妈回忆的《盛氏家族·邵洵美与我》，书里写到爸爸请好些作家画家朋友到家吃新婚满月酒。作画庆贺的画家里有丁悚——妈妈提道："他儿子也画漫画。"我特地复印了丁悚刊在《时代画报》的一张画，送给丁叔叔留念，延续两代的情谊。

丁叔叔一见我就说："你很像你爸爸。"接着他忆起往事："我为'时代'作画时还小呢，我爸爸为'时代'画得多。他当时在上海英美烟草公司画广告，空下来就为时代公司各份画报作画。他和邵洵美很熟很熟。"说到自己，他笑了："我从小喜欢画图，为'时代'作画时才十六七岁。家里兄弟姐妹十一个，我是老大，要帮助家庭，所以上中学时就作画投稿。中学一毕业就工作，在上海晏摩氏女中教图画课。我自己没上过美术学校（那时候画漫画的都没有上过），只是在上海美专自学画石膏像。上海美专是刘海粟办的，我爸爸是教务长助理。后来画家黄苗子介绍我进《良友画报》做编辑。《良友画报》是广东帮的；《时代画报》是上海帮的。我也为'时代'画。"提起时代图书公司那些画家，他讲，都是很棒的！叶浅予画《王先生》，他是编《时代画报》的；鲁少飞编《时代漫画》；宗惟赓编《时代电影》；张光宇编《万象》。

"张光宇编的《万象》非常好，一共出了四期，印得非常考究，邵洵美是老板哦！解放后我们一直想办份画报像当时《万象》那样的，没有成功。……当年墨西哥画家柯佛罗皮斯来上海，洵美招待他，也只有洵美招待得起！他为洵美画了张漫画像（我翻开妈妈那本书，指着印着的那张）。对！这张漫画像给大家的印象极深。柯佛罗皮斯是*Fanity Fair*杂志的编辑，画得非常好。张光宇就是学柯佛罗皮斯的，是洵美介绍认识的。后来张光宇画的《万象》和《十日谈》的封面尤其好。"

忽然，他想起上海的"一·二八事变"："闸北打仗，殃及商务印书馆，商务失火，书纸、纸灰在空中飘扬，好几天！商务的影写版机器也毁了。本来，《良友画报》是商务自己印的，后来就改为时代印刷厂印了……"说到这里，他讲到解放后跟我爸爸的交往，那就是，由他经

手为人民政府向邵洵美收购时代印刷厂。我从不知道这桩事是他居间具体办的，原来经过是这样的：

"解放后我回到北京，那时共和国还没成立。我被派出国，去布达佩斯参加世界青年代表大会和世界青年联欢节。一回北京，廖承志就来找我，要我编《人民画报》。那时刚解放，国家缺少人才，也缺少设备，文化事业要办。廖承志是负责这方面工作的，要在北京成立新华印刷厂，办《人民画报》。他知道邵洵美的时代印刷厂的影写版印刷设备非常好，就决定收购那爿工厂，派我去上海和你爸爸谈。我住在上海大厦。你舅舅盛毓贤是时代印刷厂的经理，他很精明，代表你爸爸和我谈判，提出的要求是，那套设备的售价按当时买进的美元原价，并且要以美元折算。我们不同意。眼看美元汇价天天上涨，最后只好同意。我拎着两只装满现钞的箱子到上海……为了编《人民画报》，找了胡考。胡考当年也是常在时代各种刊物发表作品的，他画漫画，也写文章，他可是正式美术学校毕业的……后来你们家搬来北京，住在景山东大街，我和胡考一起来拜访你爸爸。你爸爸这部印刷机为印《人民画报》确实起了很大作用的。"

当时政府收购这套设备时，把时代印刷厂全体技术人员13人一并带走的。前年，他们之中健在的六位曾和我见面，提到当年迁厂，他们说，设备中那块关键的网线版是丁聪随身带着上火车的。他们来京建立北京新闻摄影局印刷厂，后来几经变化，先后更名为北京美术印刷厂、北京新华印刷厂北厂、北京新华彩印厂，工厂由小变大，发展到1100多名职工。他们13位技术工人和学徒受到党和领导的重视，培养成专业技术骨干，使影写版印刷技术在国内发展发达；承印的刊物除《人民画报》，还有《解放军画报》《民族画报》《中国摄影》等。《人民画报》除各民族文字版外，外国文字版就有19种。他们也把这种技术传授到朝鲜、越南、罗马尼亚、阿尔巴尼亚、蒙古等国。他们称道邵洵美目光远大，在日本侵略者已经觊觎我国领土，发动"一·二八事变"之后，他居然还拿出自己仅剩的财力，买进这一套设备，他是预见这套设备具有发展我国印刷事业的潜力。

见证这段鲜为人知的历史的老画家丁聪，也是漫画20世纪30年代在上海蓬勃发展的见证人。他兴致盎然地回忆当年漫画家们在上海时代图书公司的趣事，回忆他们共同参与创办的三份画报。尤其那份《时代漫画》，现今读者熟悉的许多著名漫画家都是从这里起步的，这些漫画家们几十年牢固的友谊也是从这里联结的。30年代筹备全国漫画展和全国漫画家协会的任务落在《时代漫画》和《漫画界》的编辑鲁少飞和黄敦庆的肩头（当时《时代漫画》，被罚停刊，变身为《漫画界》），丁聪也参与其事。"八一三"日军侵占上海，《时代漫画》编辑鲁少飞和宣文杰赶印了画家们的通讯录，这些漫画家大都成为抗日救亡漫画宣传队的骨干。1984年《时代画报》的同人曾在北京相聚庆贺创刊50周年。而今创刊70周年之后，在热心人的奔走下，《时代漫画》的选印本问世，老画家们高兴极了，一一题词作画纪念。丁聪是这样写的：

"翻阅旧作，恍如隔世，惭感之情，兼而有之。折腾了半个多世纪，终于还是回到漫画这本行，足证本性确属难移的。"

近距离接触了这位令我尊敬的漫画家，我特地收集了他的作品，细细赏读。看老人20世纪70年代后期以来第二个创作高峰，收获了如许成果：单是《丁聪漫画系列》就有十几集。他画的文人漫像多达163人，可见他的勤奋和对人的热情，他对一个个人物观察入微，笔下突现每个人与众不同之点，显现他的漫画功底。他画的近千幅源自生活的讽刺画，充满善意；一位画家以揭露社会上的歪风邪气和不良现象为己任，那是他对自己的国家和人民的热爱。看他寥寥数笔，熟稔的线条里包含深思，幽默的笔触中吐露真诚，一幅幅引人莞尔，发人深省。

记得那天聆听丁叔叔有滋有味地忆旧，两个小时滔滔不绝意犹未尽。直到二老送我们到电梯口，方才听得沈阿姨说起丁叔叔患急性胰腺炎刚好，令我十分不安，感动得说不出话来。然而，这是丁家两代漫画

家跟邵洵美、跟时代图书公司、跟"时代"的漫画家们的交情，老人难以忘却。望着桌上我和他的合影，老人脸上的笑意深深印在我的心里。朴实敦厚的丁聪，并不口吐珠玑，但是他那双漫画家敏锐的眼睛，对人生万般事例的深入思索，对是非善恶美丑的分界，永驻人间。丁聪，他是一位哲人。

（原载于《纵横》2009 年第 8 期）

新凤霞为什么嫁给了吴祖光

吴　霜　口述

魏天凤　周　园　整理

有的艺术家在专业领域以外建树很少，而我的母亲新凤霞则不同。我想，最后她完整人格的形成，得益于与我父亲吴祖光的结合，也归功于她极其清晰的艺术追求。

我母亲嫁给我父亲的时候只有24岁，但此前已经经历过旧社会的许多贫苦和辛酸，也开始品尝到新生活的甘甜。

母亲出生于1927年，原名杨淑敏，小名小凤。旧时唱戏的圈子里很多人都是被捡回来领养的，于是便有传言说她也是孤儿，流落到天津被领养。我觉得这是无稽之谈，母亲就是天津人，是杨家亲生的大女儿。尽管她在五个兄弟姐妹中算长得特别漂亮的，但他们有长得非常像的地方。谁要是说我母亲不是她们的亲大姐，家里这几个姨准跟他急。

母亲若非家境贫寒，可能不会去唱戏，因为戏曲舞台上要想成个"角儿"太难了，要求太高：首先得具备一副好嗓子，但十个人里不见得有一个；其次还得有个好外形，得扮相好；还有得会表演，要不然上台没法扮演不同性格的人物形象；最主要是从很小的时候就得开始练身体功夫，没有底子，到了十五六岁，骨头硬了、筋成形了，就很难再练出来。母亲七八岁便跟着自己的堂姐（著名刀马旦）学京剧，堂姐嫁人

离开天津后，没人教戏了，京剧的拜师费又太贵，于是她拜了一位彩旦演员为师，改学评剧。彩旦演员对一出戏里每个角色的戏份都熟，即俗话说的"肚里宽敞"。这样母亲跟随这位师父学了好多年，学会了好多出戏。母亲14岁的时候，师父所在剧团里演《三笑点秋香》的女主角突然上不了台，经理急得不行，临时抓人，对我母亲说："小凤子，我记得你好像会吧？"我母亲艺高人胆大，说："这些我都会。"经理又问："你顶缸行不行啊？""行啊，没问题！"于是母亲便临时登台。观众突然发现台上这个小演员还挺不错的，人漂亮、戏也唱得好，她自此就登上了评剧的舞台。

因为年轻又没有背景，母亲奋斗得很艰难，坚持不懈的付出让她开始在天津小有名气。经过三年的打磨，母亲20岁出头到了北平打拼，进不了好的剧院，她就辗转去了天桥一个小剧场——万盛轩。那时万盛轩只是在棚子里搭个小台子，一场才能坐几十人。但母亲气场强、有独特的吸引力，只要她一上台，大家都不走了。"万盛轩有个新演员很不错。"观众们你传我、我传他，她就这样慢慢地在天桥站住了脚，剧场的场地也随之越换越大。直到现在，万盛轩一进门处还挂着我母亲的照片。

新中国成立初期，因为要推广婚姻法，希望借助文艺力量宣传，而评剧因咬字清楚，观众不用看字幕、不用猜，特别符合当时的看戏需求，所以非常普及，于是北京市文化处（即后来的文化局）干部就交代我母亲所在剧团一项任务：交给他们一本陕甘宁边区宣传的小册子，讲的是刘巧儿闹婚姻自由，让他们编新戏。后来在集体努力下，刘巧儿的故事逐渐成形，母亲作为主演也一举成名。

当时母亲火爆的程度就像现在最火的女演员一样，只要她出现，人就走不动了，以至于每次她下了戏以后都必须把脸全蒙上，然后由许多工作人员围着，从后门将她送到黄包车上，再把篷子拉好。即便如此仍有很多观众在后门等着，见到我母亲就喊："新凤霞出来了，那个包着头的就是！"黄包车往前跑，他们就在旁边跟着追，有的喊"凤霞同志，凤霞同志"，有的喊："新老板，您放心吧，没人欺负您，我们给您送回家去！"我母亲还对这些热心的观众一一回应："谢谢您啊，谢谢您啊！"

母亲成了"金凤凰"，很多人给她介绍对象，但她主意特正，就是不为所动。这个"主意正"的特点，也是在她很小的时候便显现出来的。有一次中国话剧元老唐槐秋看到她说："你这个孩子这么好的条件，来给我演话剧吧。"我母亲却很坚决地拒绝了，她说："我可不演话剧，话剧没唱，我这个嗓子是要唱的。"她很清楚自己的优势，所以对于艺术方向的选择和把握很坚定。在择偶时，她更是清楚地知道，自己的艺术水平还不够高，加上又没文化，到一定高度就进入"瓶颈"、上不去了，所以必须要找一个在艺术上能帮忙的伴侣。

母亲在天桥唱戏的时候，老舍先生经常到后台找她。他和母亲很谈得来，母亲把他当父辈一样敬重，于是我母亲将这一想法告诉老舍先生。他说："你这个想法太好了，你是一名艺术家，就应该嫁给文化人。"因为老舍先生跟我父亲很熟，一下子就想到了他，告诉母亲："有一个人我觉得蛮合适你，你可以考虑。他叫吴祖光，是一名剧作家。"我母亲说："这个人我听说过，名气大，是剧作家又是导演，肯定是一老头儿啊，跟我合适吗？""怎么不合适？他可不是老头儿，是个年轻人，回头介绍你们认识。"

我父亲出生于文化世家，他十八九岁在国立剧专当老师时，我祖父给他寄去了一个册子，讲的是抗日英雄苗可秀的英勇事迹。我父亲看完后深受感动，据此创作出剧本《凤凰城》，并在曹禺的支持下排演，后来在全国各地演了上千场。作为年轻的剧作家，父亲从此红遍全国。因为演的场次多，服装都烂了好几拨。

父亲因为年轻，进剧场看《凤凰城》时，门口收票的老头儿问他要票，他说："我还要票吗？我是这部剧的作者。"老头儿看了看我父亲

说："谁？吴祖光吗？"我父亲说："对啊，我是吴祖光。"老头儿说："蒙谁呢？你是吴祖光的儿子还差不多。"这种乐子出了好几起。

后来开文代会时，我母亲坐在老舍先生旁边，见到正在演讲的我父亲侃侃而谈，很有风度。我父亲利用给我母亲作专访的机会，到后台认识了她。我母亲在受访时感受到我父亲对妇女的尊重，发现他性格好，人品也好，知道这才是值得倚赖的人。我母亲很聪明，又是大城市出来的，没什么封建思想，所以她勇敢地主动约他："祖光先生，我这儿有一篇东西，领导让我读一下，我哪儿会读？你帮我读读，教教我吧。"我父亲本就尊重妇女，而且又是我母亲那么漂亮的女士提出的要求，哪里能拒绝？骑着自行车就去了。

相处久了，他们却总不去捅破那层窗户纸。有一天，他们一个朋友在跟我父亲的朋友们聊天时说："新凤霞跟我说最近在选婿呢，要求对方得是北京人、导演，最好是剧作家，说是又编又导演的人有文化。年龄33岁就更好了。"然后大家都说："吴祖光，这不是你吗？"这要是别人估计早直接奔过去了，但我父亲比较绅士，反而说："没有的事，这是你们瞎传的。"

没过多久，我母亲请我父亲吃饭时突然就说："祖光，咱俩结婚吧。"我父亲有点犯傻："这个我考虑一下好不好？"他这一说考虑，把我母亲气着了，但她也不能说什么："那行，你考虑吧，过了这个村可没这个店了。"过了没几天，我父亲就说："咱俩结婚吧。"

他们结婚还是遇到了困难的，因为那时候母亲的父母和兄弟姐妹都靠她一人养，她突然嫁人，一家子怎么办？虽然我父亲也是个大人物，但他家比我母亲家人还多，下边十个弟妹，也都由我父亲养。牵涉的问题太多，所以我母亲家里不同意。但这挡不住两人的决心，没多久他们就结婚了。

当时看好我父母的人并不多，毕竟文化差异大，能有共同语言吗？但我母亲很贤惠，个性上我父亲也很满意，加上对我父亲的崇拜心态，我母亲事事百分百地顺从他。所以，两人相濡以沫地走完了一生。在我父亲的支持下，我母亲不仅演了《乾坤带》《金沙江畔》《春香传》等好多戏，还与我父亲共同创作了评剧电影《花为媒》，成为戏曲电影的经典。

我母亲年轻的时候演出频率相当高，在当时是北京市票房最好的演员，后来虽然因为半身不遂不能唱戏了，但从另外一个角度看，其实也是一件好事。为什么呢？因为演员一般都不服老，希望自己演到最后，不认为自己实力会下降，但实际上到了一定年龄后必然不如以往。所以我跟母亲说："您在拍完《花为媒》之后，不露面其实是最好的，让大家永远记住了您最美好的形象。"母亲表示同意。

结束舞台生涯后，母亲晚年致力于写作，写出了几百万字的文章，出了好几十本书。这对她来说，几乎是"不可能的任务"。

我母亲上过半年到一年的小学，后来家里太穷了不能继续念了，学戏时更不可能上，所以成名之后也只是认识几个字而已。但她很聪明，背戏词时，人家念个两三遍她就记住了。老舍先生曾关心地问她："上过学没，认字不？"听说她不认字，他就常劝："你得认点字，万一将来年纪大了，能自己写戏多好！"

后来，母亲在新中国成立初期的时候上了扫盲班，学认字、学数学，还得了一个初中文凭。最重要的是，母亲能看书了。书是能看了，但字写得乱七八糟、歪歪扭扭，父亲管它叫"一笔鬼字"，母亲说："没关系，这是我新凤霞的手笔。"

（原载于《纵横》2017年第6期）

我随尚和玉先生学戏

郑星垣[①]

叶祖孚　孟菁苇　整理

　　京剧武生艺术，俞（菊笙）、黄（月山）之后，一般崇尚杨（小楼）、尚（和玉）两派。我很荣幸，曾在尚和玉先生门下学艺。先师把着手教我，我待先师如生父。记得近五十年前，我离开北京前一日，我向先师告别，他老人家对我说："老四（我排行第四），我可什么也没留下，全教给你啦，今日大概是咱师徒最后一面了吧？"先师悲怆之情，令我难忘。五十年来，这句话常常响起在我的耳边。我怀念先师，我感谢北京市政协文史资料研究委员会以及刘曾复教授，他们要我写一点纪念尚和玉先生的资料，使我有一个报效先师的机会。我要声明一点的是，我在这儿说先师尚和玉先生的艺术高超，并不是意味着其他流派的艺术不好，其他流派的表演艺术都有他自己的长处和特点，都是值得我学习的。因为我是尚和玉先生的弟子，我写本文的目的着重在于介绍先师尚和玉先生的表演艺术，供京剧演员、京剧爱好者研究参考。

---

① 　郑星垣先生是尚和玉先生嫡传弟子，艺名"荥阳少主"。是我国著名票友，现居住在香港。

拜　师

尚先生出身贫寒，一生俭朴，虽然他已自成一派的宗师，可是他待人热情，对艺术要求精益求精。他没有什么嗜好，如果说要有一点嗜好的话，那就是饭前喝一点白酒，平时抽点关东烟。他衣着朴素，冬天嘛，穿棉衣棉袄，还有件老羊皮的皮袄。夏天也是一身布衣。他平时起得很早，起来就练功，练完功吃点东西，有时就遛遛弯儿，找朋友聊天。上午是他为学生教戏的时候，有时下午也教戏。

"受一个总头吧"

我在拜尚和玉先生为师的时候，已经学了一两年武生戏，也演出过。我是经过齐如山先生介绍，才拜尚和玉先生为师的。不过齐先生告诉我：尚先生只是原则上答应，他要看我演出之后再作决定。这使我很觉得为难，因为我学的戏差不多都是杨小楼先生的路子，尚先生看了会儿说你既然学杨，那你就拜杨吧！所以我赶紧在两个礼拜之内，请骆连翔先生教我学了一出《金钱豹》，演给他看，尚先生这才答应收我在门下。举行拜师仪式是在当年香厂路的新丰楼，应邀出席观礼的有很多老先生和老前辈，如萧长华先生、程继先先生、郝寿臣先生、尚小云先生、金少山先生、时慧宝先生，还有本门的师兄弟，我个人在京剧界的老朋友。按照老规矩，拜完了祖师爷，向尚师叩完头之后，我还要向叔叔大爷叩头。可那天人太多了，我有点发怵。我对齐先生说："这么多人，这头非叩晕了不可，你无论如何得帮我想想办法。"齐先生笑了，对我说："这个看着办吧！"等我行完礼后，齐先生很巧妙地对大家说："时间也不早了，叔叔大爷们想也饿了，这么办吧！全都请上，受一个总头吧！"

这样就免去了我叩很多头，算是把我救了。

第一课

拜师之后，我抱着很大希望到先生家去学戏。可是先师对我说："你走个云手，拉个山膀，我看看。"我当着先生的面，走了两三个小时，回家后又练了三四个小时，如是者九天。先师才开始授我《芦花荡》，并声言每天必须拉十次云手和山膀。当时我心中确实感到不快，我六岁半登台演花脸，八岁开始练武生基本功，练了两年，云手岂能不会？不过老师既然这样吩咐了，我就照办。这样过了两年，先生对程四叔（继先）说我的云手练到家了，难以寻出超过我的。先师没有当面夸我，最多说我"还行"，后来程四叔告诉了我。我每天还是练三小时云手，前后总共练了六年多。我体会到只有在最小的地方打好基础，这样才能练好武功。学戏要循序渐进，一步一步地打好基础，最忌讳的是没学走先学跑。云手是每一个演员都会的，它简单而又容易，但往往也是更难的。云手要真正学到家，是要下一番功夫的。其他如练某一样兵器，枪或刀，或大刀，或锤，每一样都要练很久，一丝不苟，才能掌握它。我虽然不是专业演员，是个票友，可我受的训练跟科班没有什么区别，我也一样挨打。先师常说："要是大少爷，不愿挨打，就别学。"我练功之苦，甚于科班。13岁起，为了习惯穿厚底靴，我回家就把便鞋脱掉换穿厚底靴，做作业、家务操作，我都穿着厚底靴，直至上床才脱下，每天要穿六小时的厚底靴，一直穿到17岁。一双靴子只穿四五个月就穿坏了，再换新的，连靴店的人都觉得奇怪，一般演员练功靴可用两三年，我只用四五个月，因为我是把它当作便鞋穿的。后来我每天早晨到戏院台上练功，先陪同练单刀与枪，继之扎靠练大刀、大枪、把子，之后再练整出戏。如《铁笼山》我练了近三年，每晨练一遍，从头演到底。先师曾打趣跟我说："老四，你《铁笼山》比我演出多得多啦，你一练就是三年，一年三百六十次，三年连续上演一千多次，比我演得还多，你的才能有多大呀！"言毕哈哈大笑。先师的音容笑貌，一想起来，犹在眼前，但先师西归已经30多年了，悲哉！

在台上学

刚才说到跟随先师学艺，从云手、山膀学起，再学短打、箭衣、靠背，一直到学整出戏，循序渐进。学会了戏能够演出了，演出之前天天练，演完了还要再练。演出时先由配角演起，然后一步步往上升，由三流角色演到二流角色，一直到先师满意了，认为可由我主演了，才让我主演。并不因为我是票友，学会了一出戏，就可以随便演出，不管演出效果如何。这种先演配角后演主角的方法就是为了使自己主演该戏时对主配角的关系了如指掌。这样做事半功倍，对演员主演一戏有很大帮助。这是老先生们教学的一种方法。我演出的时候，先师总来看，看完后总到后台来，告诉我什么地方还待改善，什么地方还得再练，同时告诉我学无止境，学到老，练到老。他本身就是这样做的。他已经成为一个流派的创始人，可是他每天练功，每天练几场戏，几十年不断，这是难能可贵的。他演戏的时候，我也常到后台在旁边看，受益匪浅。有很多自己演出时没有意会到的问题都能意会到。举个很小的例子，演员扎靠站着的时候，一般总是两手叉着腰。我总觉得我用两手叉着腰在台上站着的时候不如先师站着好看。我就向先师请教：你这样站着，这么好看，什么道理呢？原来先师站着的时候不是两手叉着腰，而是两手在靠里轻轻地托着肚子。很多人忽略这点小技巧。其实叉着腰站在那儿跟两手轻轻地端着肚子站在那儿的确不一样，后者好看得多。这种体会只有在台上看才能学得到。

尚先生谈戏

刚才谈到我学戏也挨打，可是先师对我还是有点偏爱，练完功后赶上下午总要留我在家吃饭。饭很简单，有时吃烙饼，有时吃面条，他喝一点酒。这时，他常常跟我说一点老前辈演戏的情况、老前辈的专长，还有他本人演戏的体会。虽然是闲聊，可对我这后辈学生来说是非常有用的。

不要描红模子

先师在教戏时常常说每一个人都有自己的特长，也有各自的缺点。演戏要尽量发挥每个人的特长。比如说身材高的人要亮低相，身材矮小的人要亮高相。为什么呢？因为他身材高大，再亮高相，就有点过了。相反，身材矮小的人亮低相，就显得没有了。所以每一个演员要注意自己的身材和体形。我身材远矮于先师，先师教我亮相时就让我亮高相，可以显得威武些。我们学某一个老师，就要学他的长处，不能像描红模子似的去描。往往演员有这毛病，学，就死学，描红模子。但是杨小楼先生、尚和玉先生都是宗俞（菊笙）的，就是因为加进去了自己的特点，所以变化成为新的流派。梅兰芳先生也是拜陈德霖老夫子为师，可是梅先生发挥了自己的长处，所以成为梅派的创始人。余叔岩先生宗谭，可是余叔岩先生也加进去自己的长处，发挥了自己的特点，形成了老生里的余派。假如前面说的几位前辈在那里描红模子，那么到今天，就没有杨派，也没有尚派，也没有梅派，也没有余派。我现在这样说，并不是说学老师可以随意改动老师所教的，问题是要尽量发挥自己的长处。先师常说："你学我、死学、学到死，你不如我。可是，你学我，加入了你自己的长处，你就可能青出于蓝，你比我好。"这个话对我说过无数次。后来我发觉这些话全是真理。

演员要做到控制台上的气氛，把握观众的情绪

演员要演好一出戏，不容易，唱念做打，四功都好，当然是难。可是更难的是一个演员怎样做到控制台上的气氛，把握观众的情绪，使观众也投入到戏里来，这是相当难的。要做到使观众投入到戏里来，演员就要掌握剧中人的情况、背景、时间、地点和环境，演起来才能传神，从而使观众和演员成为一体。我们常说的扮谁像谁。比如说岳飞，谁都没有见过岳飞，怎能知道你演出来的就是岳飞呢！这就要靠你平时的修养，演岳飞，你就要多看一些关于岳飞的书籍，熟悉岳飞的故事，使你扮演的岳飞尽量符合岳飞的形象。往往有的演员演岳飞也好，演高宠也好，甚至勾脸演姜维或金钱豹也好，观众一看，就是你。什么时候你一上台，观众就说你来了，而不是说岳飞来了，高宠来了。这样，演员做不到控制台上的气氛，把握观众的情绪，台下就松散得很；观众说话的也有，吃东西，嗑瓜子的也有，这种演出是失败的。演员要做到控制台上的气氛，把握观众的情绪，虽然难，但要做一个好演员，这一点却是必须要做到的。

技术与艺术是不同的

尚先生常对我说，演戏要讲究美。每一个行当，生、旦、净、丑，都有他本行当应有的美。这个美，并不是说扮相的美，而是说身上动作美。生，老生、武生、小生，都有他本行当身上动作应有的美；旦，青衣、花旦、武旦，也都有他本行当身上动作应有的美。甚至于丑，也有他本行当身上动作应有的美；净也是一样。不能理解成美一定是青衣、花旦才有美。每一个行当都应该有他艺术上的美。因为京剧是综合各方面艺术形成的一门艺术，所以美感是不少的。艺术与技术是不同的。艺

术之中有技术。文的方面，如嗓子运用得好，唱得好，就是艺术。武的，武打是技术，但它经过多少演员琢磨、加工、不断改进，就有了舞台艺术的美。原样搬到舞台上不一定美。艺术的技术的分野就在这里。练技术只要刻苦耐劳，有几年，甚至十年八年，总能有成，可是要达到艺术之美，就大不一样了。艺无止境。有些老前辈，演一辈子的戏，但就是偏重技术，缺点艺术。这当然与许多因素有关。可是既然身为演员，就要不断探讨研究怎样在艺术上精益求精，当一个全才的演员。

演自己对路子的戏

京戏的动作，虽然有些地方大同小异，可是每一出戏都有它自己的特点；演员表演它时不能裹乱着演，每出戏都应保留它的特点，不能胡乱往上加东西。因此，很多名演员形成了他自己风格的戏。比如杨小楼先生有适合他自己路子的戏，其他人演的好戏，他不演。还有一位老前辈马德成先生也是这样。他只演对自己合适的戏，不演别人的戏。这样各人都有自己对路子的戏，就形成了自己的风格与流派。这里忌讳的是你演《战马超》，我也演《战马超》，全是《战马超》，或者是你演《挑滑车》，我也演《挑滑车》，全是《挑滑车》。需要说明一点的是，各流派都能演《挑滑车》这出戏，但每一流派的演法是不同的。先师还有一出《窃兵符》，四本，演的是信陵君窃符救赵的故事，只有先师会这出戏。至于《铁笼山》一戏，先师演时很少在前边加戏。杨小楼先生演《铁笼山》时，前面贴《九战中原》，有司马带令、姜维探营等内容。老戏每个流派都演，但有区别，各有特长，互不拆台。这种戏德是值得我们后辈效法的。

尚先生的几出戏

《铁笼山》

《铁笼山》是先师成名杰作之一。先师演《铁笼山》有他自己的特色。

首先在服装方面，"起霸观星"一场，一般人演时不戴"慈姑叶"，先师演时戴"慈姑叶"。虽然是个小区别，可是演起来吃功。因为姜维戴"千斤"，四个坎背旗飘着，所以戴"慈姑叶"表演时难度大一些。

其次在动作方面，一般人演到"打八件"一场，都是七星刀上膀子，然后一磕，交给女兵。而先师演起来，只用一锣。刀（就是七星刀）、鞭、"钓鱼儿"、走甩发，这几个动作在一锣里完全走完，难度比较大一点。"起霸"最后一指"跺泥儿"的时候，一般人表演一指"跺泥儿"，飞脚，"跺泥儿"；先师却多了个翻身，再来个三百六十度飞脚，"跺泥儿"，亮住。再有，最后一场马趟子，在将要下场的时候，一般人表演是跨腿、踢腿、飞脚、"跺泥儿"。先师表演时跨腿、踢腿、飞脚、蹦子落地、挂"踹鸭儿"，然后"跺泥儿"。在一个"四击头"里（只有四下锣）走那么多动作，脚下还穿着厚底靴，这是比较吃力的。还可以说一点的是，"八件"那场有踢刀。这踢刀跟武旦的表演不一样，踢刀往左边去，这刀转着走。《铁笼山》里还有两腿干拔。第一腿是在"起霸观星"回头望月之后，斜踹一个小垫步，然后干拔一腿踢到太阳穴那么高。还有一腿是在末一场马趟子，临下场时拔一腿，也是踢到太阳穴。这种表演一般武生戏里很少见到。

再有，《铁笼山》一剧还应恰如其分地表演出姜维的性格。头一场，"起霸观星"，姜维带着45万铁甲兄弟，头一仗就把司马师围困在

235

铁笼涧，他踌躇满志。但姜维又是个儒将，他受过诸葛亮的传授，熟悉天文地理，所以"起霸观星"的时候，看出满天杀气，觉得虽已初步获胜，但仍然面临一场硬仗，心情有些沉重，又觉得仍有取胜的把握。"起霸观星"时，姜维应该表现出这种心情。后来司马师请来了西羌老大王迷当帮忙。迷当原来和姜维站在一边，现在反目，变成敌人，站在司马师一边。这时姜维要表现出那种无可奈何的心情。他和司马师力战，最后那场马趟子，表示已经到了山穷水尽的地步。他纵马跳过铁笼涧。45万铁甲兵溃不成军。马岱劝姜维回去。姜维觉得无路可走，也只有回去。这时姜维急得吐了血。演员在台上虽然只有一点动作表示，但是要演得悲愤不已，这也是把握观众情绪的一种方法。演员要想法演得入扣，吸引观众的注意力。要是演得不入扣，观众不知道演员在台上的动作意味着什么。所以演员要掌握有关剧中人的境遇、心情，才能在舞台上塑造出一个真的剧中人。

《挑滑车》

《挑滑车》是先师的拿手好戏之一。先师演的《挑滑车》有他特殊的地方。在最后一场挑车的时候，打腿大翻身是六个，不是三个；三个正，三个反，然后下叉。下叉也与其他流派不一样，不是三个叉都一个式样的一个腿在前面叉着，而是左右叉，左右左，然后跪倒。先师演到挑车扔马鞭子的时候，不管他演多少次，马鞭子落地总是落在一个固定的地方。现在演《挑滑车》的演到扔马鞭子的时候总是往后台扔，先师那点功夫已经没人继承了。常有人（主要是老观众）问我："你学过《挑滑车》没有？你扔马鞭子时是不是每次都扔在那儿？"当然我没法跟老师比，但先师总告诉我应该往那儿扔，我扔的时候，马鞭子落地的方向、地点大致不会有太大的出入。

我见过有的演员演到《挑滑车》里挑车的时候加上"倒扎虎"的动作。当年很多老先生，尤其是先师是没有这个动作的。因为高宠挑滑车时人困马乏，不是人仰马倒，所以不适合用这个动作。当年的老先生老前辈每一位基本功都非常好，不是不能走"倒扎虎"，而是考虑到不应该用这个动作。演员要为艺术演戏，不是只为了取悦观众，随便往戏里加东西。

先师的《挑滑车》与其他演员演的《挑滑车》最大的不同地方是"起霸"，一般人的"起霸"，到拉回来的时候有一个"八大仓"，然后"四击头"，踢腿亮相。先师的"起霸"没有"八大仓"；拉回来，"答"就跨腿，"台"已经出腿。这样的演法不一般。还有，每次亮住，锤锣落地的时候，先师总是带挂龙，同时是一起落在底锤上，而不是站稳了脚，用身子着地。我觉得这是先师与其他演员演出不一样的地方。

《挑滑车》里，先师演到大枪下场，背花、上膀子以后，使腿底下过，在腿上有个"串腕儿"，然后左手接"串腕儿"。很多人演到这儿时都是上膀子就交枪就亮相，唯独先师上膀子，腿底下过大枪，然后"串腕儿"。这是他与别人表演不同的地方。

道白方面，先师也有与众不同的地方。当年先师对我说金兀术不能称"孤"。为什么呢？因为金兀术一上台已经说了"奉了狼主之命"或者"奉了老王之命，统领人马，夺取宋室天下"。老王既然在，他只是大金邦四太子，不能称"孤"。过去念："依孤相劝，不若归顺孤家。"这不符合当时兀术的身份，先生主张改。虽然兀术不是先师演的角色，但是他改成"依咱相劝，不若归顺金邦"。这样念白，符合兀术四太子的身份。这种小地方的更动，使剧情符合每个人的身份，是很重要的。从前老先生说，戏要粗枝大叶地演固然可以；细致地演也可以，其中就有这么一点点的分野。有些人说，好角同普通角，所差本来不多，他们的舞台动作都经过基本训练，也可以说差不多。但就在这些普通地方，好角同普通角就显出了不同，这个不同就说明了是粗枝大叶地演戏呢还是细致地演戏呢？其中很主要的一点是演员演戏要切合剧中人

237

的身份，注意研究时代背景，深刻理解剧情。

为了说明这个问题，再举高宠为例。"闹帐"一场，演员要把高宠王爷身份、自傲的态度深刻地表演出来：没受到调遣，心怀不满，想辞官不干。碰见金兀术的时候，一枪把金兀术的耳环子扎下来，套在大枪上；又要表现出你金兀术也不过如此，一副藐视兀术的样子。到了"挑车"时候，要表现出人困马乏，可还是雄心万丈，最后终于战死沙场。这样才符合高宠这员勇将的身份。

《艳阳楼》

《艳阳楼》也是先师一出成名的戏。在这出戏里，其他演员表演时戴扎巾，穿箭衣，穿靴子。先师表演时也是穿箭衣，但外边却穿开氅。为什么穿开氅呢？因为高登是高俅的儿子，高俅是当时的太尉，是世袭公爷，一人之下，万人之上，权高势大，所以穿开氅，衬托出有威风。演到高登和花逢春等开打一场，一般流派演高登都是扎套子、戴小袖，可是先师尚和玉先生不扎套子，不戴小袖。为什么呢？因为那时高登已经酒醉，半夜，花逢春、呼延豹、秦仁等到他家去救许佩珠时，他从睡梦中惊醒，和花逢春等打起来，所以来不及戴小袖、结套子。动作方面，第一场的马趟子动作比较多，有三腿，然后踢"朝天蹬"。还有，五个转身，一般人演时是三个转身。这出戏第一场的动作就比较多，以后每一场都加多，到戏演完的时候就很吃力了。同时一般人表演时不大用髯口上膀子的动作，先师是用髯口上膀子的动作的。还有使用扇子的问题，《艳阳楼》中的高登一上场就拿扇子。这扇子不是拿在手里扇风或插在靴子里做样子，它是有很多戏可以做的。扇子举得高或低，左或右，甚至到上马的时候怎样举，扇子的颤动要跟锣鼓相配合，这里是有很多戏可以做的。再有"扎"，当年先师的扎是很厚很长的，同时戴着"慈姑叶"，旁边还有朵花。扎扔上去，转空掉下来正在膀子上，挂在膀背上。这些虽然是小地方，练起来是很吃力的。《艳阳楼》中开打的时候跟别的戏不同的地方是"串腕儿"多。普通串法是伸平了串，先师"串腕儿"时手背向上伸，伸到什么地方呢？在脑袋向上在那儿转。同是"串腕儿"，可是功就不一样。先师演《艳阳楼》演到抢许佩珠时，用飞脚上马的动作。这是很对的。贾斯文见着高登，高登问贾斯文："可有美貌的女子？"贾斯文说："多着呢！"高登接着说："带马！带马！"用的是飞脚上马的动作。因为高登是酒色之徒，他一听说有漂亮的女人，连上马都顾不得了，蹿了上去。这样表演也贴题。

高登这个角色要表演出他仗势欺人的恶霸本色。第一场高登一出场，演员就要表演出他那种有权有势、不可一世的姿态。在抢许佩珠的时候，一个老苍头，一个老旦上去拦阻。在高登眼里这些人只是小蚂蚁一样，根本不放在他眼里。抢走了许佩珠以后，碰见了花逢春、呼延豹、秦仁，他们打抱不平，要来搭救许佩珠。高登又觉得自己有权有势，抢个把妇女，算得了什么？他本人也会武艺，不把这几个人放在心上。这样表演，才能体现出高登穷凶极恶的恶霸本质。先师在教我们演这出戏时，就告诉我们思想上应该有这种感觉，才能演好这个角色。

《长坂坡》

先师演《长坂坡》里赵云，有特点，就是有些场合不威武，这是有道理的。赵云是员名将，本来应该很威武的，可是他面对着主公刘备、两位主母，不能"威武"。尤其是见甘夫人一场，为糜夫人"掩井"一场，他不能抬头，不能用两眼直盯盯地盯住主母。先师是这样演，杨小楼先生也是这样演的。有的演员认为这样演没有戏，赵云很威武，应该注视着主母。先师和杨小楼先生却认为不能这样演。因为当年的臣下对主公和主母礼节很严，不能瞪着眼看个不休。不用说在汉朝是这样，就是在现在，下级这样对领导也不合适。这样的分析应该说是合理的。再

说"掩井"一场，很多人演"抓帔"的动作。糜夫人要跳井，赵云过去抓，没抓着，把帔抓下来了。本来，这样演是可以的。但是在汉朝，还是那句话，臣下对主母，男对女，男女授受不亲，看见她要跳井，只能干着急，他不敢抓。所以先师演《长坂坡》时没有"抓帔"。他是这样处理这个问题的。

再有，念白方面也有不一样的地方。其他演员演到"得剑"时，都念"青虹剑"；先师念"青罡剑"。"得剑"以后，下场时有个扔"钓鱼儿"的动作，左手持枪，右手拿剑，从左膀子底下过。先扔"钓鱼儿"，然后转身，正好转过来，剑掉下来，接住，"躁泥儿"，由小边下。一般演员演时不扔这个"钓鱼儿"。但先师是这样演的。

《四平山》

《四平山》也是先师一出成名的戏。这里李元霸使双锤。一般演员演到李元霸下场时是右手抡"钓鱼儿"，左手拿锤接住。这个锤"钓鱼儿"下来顶在另一锤上，顶很长时间，然后再颠回来。先师教我时是右手拿锤，左手抡"钓鱼儿"，锤下来时用左手顶住，然后右手锤跟着扔两个"撇挑"，左手的锤再倒向右手，转身儿，左手接锤，把右手的锤夹在膀子底下。这个表演法，好像他人没有。锤是一头沉的，扔"钓鱼儿"很容易，扔"撇挑"呢？就得有点分寸了。一锤扔两个"撇挑"，更不容易。

先师演李元霸演出那种第一条好汉、不可一世的心情。他是李渊的儿子，初生之犊不怕虎，目中无人。几出李元霸的戏中，《金殿比武》和宇文成都比武，根本不把宇文成都放在眼里。《四平山》战裴元庆，起初也看不起裴元庆，后来打了裴元庆三锤，发现裴元庆有本事，才产生了爱将的心理。到了《惺惺惺》时，遇见阿麻怪兽，也是一员勇将，李元霸非常喜欢他，所以戏的名字就叫《惺惺惺》。先师演李元霸时，突出地演出了他的性格。扮谁像谁，使观众喜欢看。

其他

这里我再说一下先师尚和玉先生演戏的几个动作。首先说"踹鸭儿"。"踹鸭儿"分"平踹"与"斜踹"。有的人表演是站稳以后，把脚抬起来，身子往后仰。先师说"鸭儿"就是脚，"踹"就是把脚踹出去，不能演成把脚抬起来，身子往后一仰。先师演"踹鸭儿"时是云手转身，"起范儿"，"踩泥儿"，踹是一个劲儿，脚踹出去，身子躺平了，四肢同时搭到地，这是"平踹"。"斜踹"也是云手转身，"起范儿"，"踩泥儿"斜踹，也是一个劲儿，这比站稳了踹出去难度更要高，因为"踩泥儿"有的时候已经站不稳了，再要"踹鸭儿"踹稳了，演员必须有很扎实的基本功，才能完成这个动作。

再说叉。武生演员都有叉。摔叉，一般都是摔直叉。桌叉，下桌子，也是直叉。直叉就是一个腿向前，一条腿向后，前面那条腿向着观众，后面那条腿向着后幕。摔叉之中，横叉比直叉难得多，就是两条腿分到左右，并不是前后。桌叉由桌子下地时用横叉，也就更难。先师演到劈叉时都是不含糊的。

再说大翻身。武行又叫"狗撒尿"，多数人演都是走正的。老先生们知道京剧所有的动作都是有正必有反。这个大翻身也是走完了正的应该走反的。比如说"望门"这个动作，没有望一边儿的，望完这边必望那边，望完大边必望小边。先师在教戏时都向我们交代了这些。

以上所说就是我对于先师尚和玉先生的点滴回忆。我学得不好，不能全部继承先师的精湛艺术。所述只能供京剧界同行以及京剧爱好者参考。再重申一点，因为我学的是尚派武生艺术，所说当然是介绍尚派表演艺术。各种流派都有不同的表演程式，各有自己的优点，都应发扬光大，以丰富发展我国的京剧艺术。

（选自《文史资料选辑》第114辑，
中国文史出版社2011年9月版）

何香凝书画艺术与爱国情怀

王俊彦

何香凝，不仅作为民主革命的先驱、国民党左派、杰出的政治家而闻名四海，作为一名国际知名的艺术家，她的名字也彪炳史册。她的书画艺术，对近现代中日关系的发展产生过深远的影响。

一

何香凝早年与廖仲恺在日本追随孙中山从事革命活动，1905年加入同盟会成为骨干。何香凝是第一个女性会员。她不但倾囊援助孙中山，而且把他们东京的家作为同盟会的秘密活动场所和联络机关。何香凝虽然出身豪门，不会干家务，不会普通话，与大家沟通起来颇有困难，但是她那颗年轻火热的心与革命党人是相通的。

何香凝是在孙中山的指导下，为革命而走上美术创作道路的。孙中山在东京组织起革命组织"同盟会"后，决定在全国各地发动轰轰烈烈的推翻清朝封建统治的武装起义，这就需要军旗和安民告示及军用票，但是却没有人能够设计，孙中山慧眼识人才，特意选中具有美术潜质的同盟会会员何香凝进入东京本乡女子美术学校学习，何香凝没有想到自已竟然因此一生走上与革命事业息息相关的绘画之路。

何香凝服从革命事业的需要，在本乡女子美术学校师从川端管子先生学画山水、花卉，同时向日本著名画家、帝室画师田中赖章学画狮子、老虎等动物画。何香凝才华横溢，小时候就喜欢中国画，加上有川端管子、田中赖章等名师指教，因此绘画艺术起步很快，栩栩如生的雄狮、猛虎、顽猴跃然纸上；秀丽的山水，灿烂的花卉，高雅的菊花，岁寒不凋、百年常青的苍松，寒冬不谢、冷而弥香的梅花，奇迹般地从何香凝的画笔端流出。何香凝不但画菊，还将其用绢粘糊在厚纸上，砌成形形色色的菊丛，使她的画具有浓厚的日本画风格。何香凝乐观开朗的性格与画风密切相关，她喜爱明亮艳丽的色彩，画中形象便多半生动活泼，反映出何香凝虽然经常追随孙中山颠沛流离亡命奔波，但是对她拥有与廖仲恺一起跟着孙中山过革命生活的愉悦，心情是开朗舒畅的。

在廖仲恺的大力支持下，何香凝五六年如一日为孙中山和同盟会总部机关收转信函、保管文件、看守门户、烧水做饭，因此被孙中山和革命党人称为有才干的好管家。在何香凝的协助下，1922年廖仲恺两次赴日与苏俄代表越飞会谈成功意义深远，苏俄经济、军事援助源源而来。

1971年8月，周恩来在几个会议上回忆1924年任黄埔军校政治部主任时与党代表廖仲恺及夫人何香凝的交往，特别着重讲述了当蒋介石借口追查黄埔军校学生在沙基惨案中的伤亡事件，向中国共产党人兴师问罪时，廖仲恺挺身而出承担责任，粉碎了蒋介石嫁祸共产党的阴谋的事。当谈到国民党元老何香凝及女儿廖梦醒、女婿李少石对中国革命的巨大贡献时，周恩来极力称赞道："廖家对我们党的贡献真是太大了。廖仲恺先生1925年8月20日被国民党右派暗杀，我亲自到现场去看了。廖家女婿李少石同志是在重庆牺牲的，我也亲自去看了……"

二

抗日战争时期，何香凝创建抗敌后援会，不辞劳苦为抗日奔走呼号，积极推动全国妇女踊跃投身抗日战争中做抗敌后援工作；中国妇女慰劳自卫抗战将士会上海分会的成立，标志着以何香凝为首的上海妇女界抗日救亡运动统一战线的形成；何香凝对蒋介石在"一·二八事变"中拒绝支援十九路军和对日本消极抵抗态度异常愤慨，便在致蔡元培的一封信中，附了诗作《为中日事赠蒋介石及中国军人的女服有感而咏》，强烈地鞭笞、讽刺蒋介石："枉自称男儿，甘受倭奴气。不战送山河，万世同羞耻，吾侪妇女们，愿赴沙场死。将我巾帼裳，换你征衣去！"

何香凝看到自己多年为之奔走呼号的国共合作目标得以实现，激动得热泪盈眶，未等身体康复便立即给在延安的儿子廖承志发电报称："国共团结抗战，对于汝父（民国）十三年改造国民党，执行三大政策之主张实现，为之安慰"，热情洋溢地鼓励儿子，"汝须努力奋斗御敌，勉为政府抗战后援，以竟汝父遗志"。

这封仅有65字的电报，既以爱国大义勉励儿子继承父亲未竟之志奋勇抗日，又以慈母之情温暖后辈之心，立即在全国产生了巨大影响，《救亡日报》全文刊载时，热烈赞扬说："寥寥数语，爱国之诚，溢于言表，不特为中国民众之光，亦足为世界母性之楷模"，接着赞扬何香凝说："廖夫人献身神圣之救国事业，达数十年，今已垂垂老矣，而革命之志，老而弥坚，其热烈少壮之精神，犹如青春泼辣之少年。光威所播，令人感奋！"

著名作家田汉为写《全面抗战》到淞沪前线观察战况，在救亡日报社看到何香凝的电报，"感奋兴起之中，使人肃然生敬虔之念"，他欣然为《救亡日报》发表该电跋称："廖先生之远见卓识及其谋国真诚，固绝伦而轶群，其子女亦能绍其伟业，为中国之自由平等与幸福贡其最善之力，是殆缘不仅有英烈之父，且有贤母也。有母性如此，中国不可亡也！"

何香凝在香港积极参加"保盟"的爱国募捐活动，她冒着酷暑炎热到一个祠堂里慰问难民，亲切地与难民们打招呼："老乡们，你们吃苦了！"何香凝亲自给生病的老人喂开水和米粥，代表宋庆龄和"保盟"给他们分发干粮和水果。许多难民拉着何香凝的手哭着说："廖夫人，谢谢你！"何香凝连连摇头说："不要谢我，要谢就谢'保盟'吧！"

何香凝每收到华侨捐献的一笔款项，就把自己的一幅画作为礼品回赠，以示答谢和鼓励。何香凝告诉海外华侨，中国人民就是下山猛虎，一定会奋发团结以猛虎下山之势，把万恶的日本侵略军赶出中国去，以此鼓舞海外华侨更积极地投入抗日洪流之中！海外华侨以得到廖夫人的画为极大的荣耀，更积极地投入支援国内抗战的热潮之中。当海外捐献的物品到达香港码头时，廖承志、廖梦醒经常陪同母亲何香凝到码头迎接，代表宋庆龄和"保盟"对华侨表示感谢，然后亲自组织包装和运输，将这些紧缺物品源源不断地运送到各抗日根据地，送上前线使抗日将士如虎添翼，给日本侵略者以沉重打击。

无论再忙再晚，何香凝只要听说华侨有事来到香港要见她，都要亲自接见亲切交谈，了解他们在国外生活的疾苦，解决他们遇到的困难。1939年1月13日，何香凝在欢迎南洋琼侨代表的招待会上热情洋溢地致辞，对南洋和所有爱国华侨给予抗战的支援，代表宋庆龄和"保盟"表示感谢，诚挚地说："抗战开展后，华侨已做到有钱出钱、有力出力的天地。我们历年受日本人压迫与侵略，河山破碎，至为痛心。盼侨胞今后本过去对祖国光复伟大的功勋，回海外后，为抗战扩大宣传……继续努力，使国家得到独立与平等，使人民恢复自由！"

在宋庆龄、何香凝、廖承志、廖梦醒等人的努力之下，"保盟"成

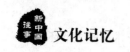

绩卓著，一年时间就从各国朋友和华侨手中筹集抗日经费25万港元，还有抗日前线急需的药品和医疗器械。

何香凝积极参加"一碗饭运动"，《华商报》专门为此出了特辑，何香凝题写刊名"一碗饭运动特辑"。德高望重的何香凝亲自参加募捐活动，亲切地拉着香港首富何东爵士女婿罗文锦的手，幽默直爽地动员道："罗文锦先生，你可要率先垂范，可不要使你香港首富的岳父大人丢面子哪！"在赫赫有名的廖夫人动员下，罗文锦爽快地踊跃捐献，《华商报》称赞何香凝"最善于捕捉有钱的捐献对象，劝说方式极为直爽，硬是逼着罗文锦写下捐款的数额，她让其他名人排成队，挨个来，为一碗饭运动筹得一大笔钱"。

当人们称赞何香凝善于募捐时，何香凝含笑指着宋庆龄说："你们没有看到孙夫人在我身边吗？孙先生、孙夫人最有号召力！"1941年9月1日，宋庆龄亲自主持在英京酒家举行的"一碗饭运动"结束典礼，何香凝兴致勃勃出席，发表热情洋溢的讲话说："'一碗饭运动'在孙夫人、司徒永觉夫人、罗文锦先生的积极支持下，得到了港督罗国富爵士的热烈赞助和中外各界人士的积极帮忙。在这短促的期间，能够得到这样美满的成就，去救济正在水深火热中的国内伤难者，真是值得我们万分的感谢。希望能从这一运动，唤醒全港的同胞，全国的同胞以及全世界的人士，彻底地认清法西斯侵略者的罪恶，共同为反法西斯而奋斗到底！"

汪精卫叛变投敌后，何香凝愤怒地挥毫写下《斥汪精卫》一文，文中何香凝不顾她与汪精卫有"30余年曾共患难的交情"，严厉斥责汪精卫的通电，"太不像中国人讲的话了"，"均只从如何执行'日本政府'所提议者出发，将近卫声明响应一番，不特民族气味全无，连做人的良心都已丧尽"！廖承志看后马上交给金仲华，第二天就在《星岛日报》刊出，立即引起香港同胞的密切关注，争相购买《星岛日报》。

三

"九一八事变"发生后，何香凝毅然放弃宁静的生活和良好的美术创作环境回国，投入抗日救亡运动，发起"救济国难书画展览会"，虽然累得害了严重的心脏病，但仍然抱病为救济伤兵和难民多次举办"义卖画展"，并靠绘画维持个人生计。

何香凝将绘画作为激励上海军民奋勇抗日的有效手段，她获知出租汽车司机顾湜德积极运送抗日物资，就绘制一幅梅花横幅，亲笔题字"先开展风雪"和"湜德先生纪念何香凝壬申春"赠送，赞扬他率先不畏艰险奋勇支前的爱国精神，顾湜德将此配上考究的镜框，恭恭敬敬挂在客厅的正面墙上。

"一·二八事变"后，何香凝不顾疾病，与经亨颐、陈树人、柳亚子、黄宾虹、潘天寿、王祺等老朋友组织起"寒之友社"，取松柏、翠竹虽经严寒而不凋，梅花傲骨英风斗严寒而竞放之意，故有岁寒三友之誉；他们寄情于诗画之中，以诗画继续从事抗日活动。

何香凝着力组织、推动社员们画在严寒冰雪中挺立的松、竹与竞放的梅、菊和水仙，写抨击侵略和时弊的诗歌，把"寒之友社"办成弘扬民族正气、有利抗日运动的书画艺术之家。何香凝注重写生，画寒冬开花、傲雪芬芳的梅和水仙，苍劲有力，以此表达她誓死抵抗日本帝国主义侵略的坚强决心，并与"寒之友社"朋友共勉。

为推进抗日救亡运动，何香凝刻意选取重大历史题材，古为今用，抒发她的抗日情怀和爱国精神。柳亚子等老朋友称赞何香凝的画讲究意境，万千思绪凝聚笔端，又善于借物抒发爱国之情，因此主题鲜明，寓意深远，耐人寻味，既具有国人渴望的救国之情，又富有艺术性，所以邓颖超称赞何香凝这一时期的作品，"充满斗争激情，洋溢

着浩然正气"。

国难当头，何香凝忙于抗日救亡，强烈要求国民党政府接受中国共产党提出的《八一宣言》，作画速度慢了下来。迁居香港后，她与宋庆龄、廖承志等人再次密切合作，推动"一碗饭运动"，华侨每捐一笔款，何香凝就送一幅画，堪称以画救国的典范。

香港沦陷后，何香凝从粤北撤退到桂西，因兵荒马乱流浪逃难，画笔颜彩大都丢失，只好找到什么画笔纸张，就画什么样的画，以此补贴家用。何香凝画的一幅绿梅坚挺如铁，花似有香，是这一时期的代表作，以此结交了不少朋友，但她不肯把画卖给有钱的贪官污吏、土豪劣绅，因此一直过着清贫的生活，她写的这样一首卖画诗便是当时的真实写照：

> 结交自古重黄金，贫贱骄人感慨深。
> 写幅岁寒图易米，坚贞留得万年心。

何香凝在广西以崇高的声望，把许多著名民主人士团结起来组成"昭平民众抗日自卫工作委员会"等组织，带领他们号召青年参军，为抗日队伍募集寒衣和军饷，参加书画义卖、街头献金和劝捐游行等抗日救亡活动，何香凝的两首感怀诗在民主人士中广泛流传：

> 漂泊天涯隐桂林，国仇家恨两相侵。
> 难行蜀道知何故？事出无因却有因。
>
> 戎马关山欲暮天，怕登楼见月团圆。
> 思乡更觉河山碎，劫后余生又两年。

为营救又被国民党特务抓捕的爱子廖承志，何香凝请人把几十幅画带到陪都重庆，举办了一次何香凝画展，成为抗战时期陪都的一道风景线。

昭平县县长韦瑞霖响应何香凝的号召，支持爱国民主人士开展多种抗日救亡活动，何香凝便挥笔手书"尽忠报国"四个大字相赠，见韦瑞霖更积极支持抗日活动，何香凝又亲手画了一幅傲骨英风的《梅菊图》并题诗鼓励：

先开早具冲天志，后放犹存傲雪心；
走遍天涯留画本，不知人世几升沉。

四

抗战的烽火使何香凝的画风更加坚挺，虽然仍以松、菊、梅为创作主体，但是笔法更加苍劲有力，技巧更加成熟，她偶尔也画一些清秀淡雅的小品，从中表现出在民族危亡关头，对有中国共产党领导的八路军和新四军做中流砥柱，中国必定取得抗日战争胜利的乐观主义，也体现出何香凝高雅的精神境界。

1937年6月25日，毛泽东在延安热情地对廖承志赞扬廖仲恺、何香凝夫妇追随孙中山先生对民主革命做出的巨大贡献，称赞宋庆龄、何香凝与中国共产党人在抗日问题上的密切合作，毛泽东感慨万千地说：她老人家也真不容易，就你一个儿子也不溺爱，把你贡献给革命，你可要好好孝顺老人家。老人家在上海《申报》上发表的那首五言古诗写得好极了：目睹破河山，旧事何须说！今朝非昔年，愧对先烈血。历史再重提，羞向人间列。富贵非所愿，五斗岂腰折！愿我后来者，无忘国耻节。民族将危亡，速把雄心决！我们要牢记老人家的教诲，下定抗日到底的雄心，你更要好好孝顺老人家。有人马上到上海，我给令堂大人写

了回信，你也写一封带上，怎么样？说着把已写好的信，交给廖承志看，只见毛泽东笔走龙蛇，以遒劲有力的笔法写道：

香凝先生：

　　承赠笔，承赠《画集》和《双清词草》，都收到了，十分感谢。没有什么奉答先生，惟有多做点工作，作为答谢厚意之物。先生的画，充满斗争之意，我虽不知画，也觉得好。今日之事，惟有斗争乃能胜利。先生一派人继承孙先生传统，苦斗不屈，为中华民族树立典范，景仰奋兴者有全国民众，不独泽东等少数人而已。承志在此甚好，大家都觉得他好，望勿挂念。十年不见先生，知比较老了些，然心则更年轻，这是大家觉得的。看了柳亚子先生题画，如见其人，便时乞为致意。像这样有骨气的旧文人，可惜太少，得一二个拿句老话叫作人中麟凤，只不知他现时的政治意见如何？时事渐有转机，想先生亦为之慰，但光明之域，尚须做甚大努力方能达到。

五

　　新中国成立后，何香凝出任国家华侨事务委员会主任委员，坚决反对日本当局迫害华侨，洪进山事件就是最典型代表。洪进山原籍台湾，毕业于日本警官学校，曾经在国民党政府中当过公务人员，是个精忠爱国的侨胞。他热烈响应何香凝、廖承志的号召，志愿到东京华侨总会要求归国参加社会主义建设，被安排在1955年11月乘坐"兴安丸"随同第六批155名归国华侨回国。洪进山兴冲冲地前往舞鹤港登船时，被台湾当局勾结日本警察逮捕。

　　第六批归国华侨听到洪进山被捕的消息，立即成立营救洪进山小组展开斗争，一面给中国侨委主任何香凝和红十字会会长李德全拍电报求援；一面向各报馆记者发表抗议声明，同时向东京日中友协等三团体呼吁援救，请东京华侨总会会长陈琨汪出面与日本警视厅交涉。何香凝、李德全接到求援电报，立即把廖承志等请来商量对策。

廖承志指出台湾当局早就勾结日本政府，把许多要求归国的进步华侨拘留在静冈县滨松的"入国者收容所"，企图强行送回台湾。经中国方面和旅日华侨据理斗争，1955年2月至3月即有100多名华侨被释放出来，其中50余人回到祖国；11月4日凌晨，日本警方进入收容所，把洪全修等100多名华侨强行装进送往台湾的轮船，顾敏生等十多人奋起反抗而受伤。

何香凝拍案而起怒声斥责道："此可忍孰不可忍！立即用中国红十字会名义向日本当局发出抗议，对旅日华侨予以声援！"于是，廖承志抓紧时间准备，请示周恩来批准，1955年11月5日以中国红十字会总会名义致电日本红十字会三团体联络事务局，严重抗议日本政府把一批华侨强行送往台湾："如历来事实所表明的那样，我国人民和政府从促进中日两国人民友好的愿望出发，对于愿意回国的在华日侨的回国有关事宜，是一贯地予以各种便利和协助的，但是根据日中友协第五次大会所公布的材料，日本政府对于被拘押在滨松'收容所'的中国侨民曾施加各种虐待和迫害；同时，根据共同社10月31日和11月4日的报道，日本政府竟把中国侨民120人强制送交台湾，并且对拒绝强制送交台湾的中国侨民施行殴打。我会对于日本政府这种反人道的暴行，表示严重抗议。"

何香凝、廖承志指示中国侨委发言人11月23日向日本政府提出严重抗议，谴责日本当局无理拘捕要求回国的洪进山，指责其无理地继续拘留潘广坤、郭全灶、顾敏生、蔡晋修等华侨，这是中国政府和人民绝不能容忍的，要求日本政府释放华侨，使他们能够按照本人的意愿返回中国；并致电东京华侨总会，支持他们的正义行动。

经中国人民、旅日华侨和日本人民的强烈反对、谴责，中国政府积极帮助日侨回国，日本政府却阻挠、迫害要求回国的华侨，二者形成鲜明的对比，迫使日本政府释放洪进山，让他乘船回国，何香凝、廖承志对洪进山热情关怀，予以很好安置。

洪进山事件只是旅日华侨归国过程中的一次风波，何香凝、廖承志热情关怀奋力援救，受到广大华侨的赞扬，因而洪进山事件使旅日华侨归国更壮行色，更助归国兴致，更增新中国的威望。

何香凝、廖承志密切注视着岸信介政府在日本侨民回国问题上玩弄的调查"下落不明"之日本人的阴谋诡计，不断把有关材料报送周恩来总理，因此周恩来于1958年7月15日接见以田尻正泰为首的日本民间广播联盟代表团和日本共同社、《朝日新闻》记者的时候，专门就日本岸信介政府提出的调查所谓"下落不明"的日本人的问题发表谈话，予以严厉批驳。

六

1959年10月日本自民党重镇松村谦三访华时，拿出一幅牡丹画交到廖承志手里说："我去年得到你母亲的一本画集，我特地请日本画家乡藏千仞画了这幅牡丹，请转交令堂作为回赠！这是与你母亲有缘的日本画！"

廖承志双手接过仔细观赏，对乡藏千仞的画技赞不绝口，但是沉思片刻，又把画交还给松村谦三。松村谦三大惑不解："廖先生转交有何困难？"廖承志故意把眼一挤说："如果这是带给我母亲的，您能不能直接交给她呢？"

松村谦三一听，乐得眉开眼笑："太好了，那真是求之不得的呢！"第二天上午，松村谦三携带那幅画来到北京王大人胡同拜访，廖承志陪同何香凝欢迎日本客人。松村见何香凝身体非常健康，一点儿也不像82岁的老人。76岁的客人恭恭敬敬向82岁的主人鞠躬问候。

何香凝回忆起当年追随孙中山在东京搞革命活动的难忘岁月，接着话题一转，对岸信介政府的反华行径进行抨击："岸信介内阁极力推行敌视中国的政策，不但千方百计阻挠升中国国旗，而且对侮辱国旗事件未做任何遗憾的表示。"

松村表示回国后一定向日本政府转达。何香凝便话锋一转谈起了往事："我让承志这孩子上了早稻田大学，因为他父亲也曾就读于早稻田。"廖承志疑惑地问道："爸爸也是早稻田的？"何香凝回过头对儿子说："怎么，我以前没有告诉过你吗？你爸爸是早稻田的呀！"

松村赶忙说他是与廖仲恺同期在早稻田大学读书的，三人越说越投缘。廖承志趁热打铁点提出主题："希望早日恢复邦交，这样我们又可以去东京吃金枪鱼了！"

松村谦三表示要敦促日本政府认真考虑发展中日关系后，把乡藏千仞画的牡丹送给何香凝。何香凝戴上老花镜仔细观看，喜笑颜开地说："我目前已经放下了画笔，但为了留个纪念，我也给您画一幅回赠吧！"

几天后，廖承志给松村带来一幅画，松村谦三打开一看，见是一大幅梅花图，显出明显的日本"四条派"风格，看着这幅象征中日友好的梅花图，松村不由啧啧称赞道："了不起！虽说出自82岁的老人之手，但笔锋仍是那么潇洒，功力丝毫不减当年！"

松村谦三将画带回日本仔细收藏，此画至今仍然陈列在福光町的松村陈列馆。

何香凝从事美术创作达70年之久，一生笔耕不辍作画千余幅，抗日爱国是她画作中最突出的主题，传播中日友好也是她的艺术追求。1979年2月中旬，何香凝画展在北京隆重举行。前来参观的各界人士络绎不

绝，都被何香凝一幅幅风格独特的诗画所吸引，称赞她不仅是一位杰出的革命家和政治活动家，而且是一位在海内外享有盛誉的著名爱国画家。知母莫如子，中国美术家协会为配合这次画展，请廖承志撰写的《我的母亲和她的画》一文，则是对何香凝老人的爱国艺术生涯作出的权威性总结。

（原载于《纵横》2008 年第 2 期）

"美髯翁"于右任晚年生涯

傅德华

　　1949年4月21日，正当中国人民解放军以排山倒海之势，迅速突破长江防线的时刻，一位身穿国民党高级军官制服的不速之客突然来到于右任的寓所，声称奉"总裁"之命，请他马上离开南京。就这样，时已71岁高龄的于右任与居正等人，由蒋介石用早已准备好的专机送去台湾。这位曾叱咤中国报坛和政坛的"美髯翁"，从此过着离乡背井、骨肉分离的生活，心情沉寂，晚景十分凄凉。

　　于右任原名伯循，字诱人，晚年号太平老人，1879年出生于陕西一个破落的商人家庭。于右任幼年丧母，由二伯母房氏抚养成人。少年时代，在牧羊时险为恶狼所吞噬，从此常以"牧羊儿"自署。后避难至上海，为马相伯所赏识，先后在上海创立复旦公学、中国公学。1906年，于右任在日本拜访孙中山，加入同盟会。同年回国，在上海创办《神州》《民呼》《民吁》《民立》等报刊，为反对清王朝，建立中华民国临时政府，立过汗马功劳。于曾出任孙中山政府的交通次长，后继任国民党监察院长，时间长达30余年。于右任资深历老，为官清廉，有爱国心，富正义感，深为人们所景仰。他的诗词，特别是书法饮誉海内外，有"于草"之称，为世人所珍视。

　　于右任本人就其内心而论，是不愿意离开大陆去台湾的。就在蒋介

石派人迫令他离开南京的前一星期，即1949年4月15日，正当国共和谈在北平达成和平协议之际，时任南京国民政府代总统李宗仁曾拟派于右任作为特使去北平代表南京方面协助谈判。当时于右任连行李都准备好了，打算一去而不复返。只是由于参加和谈的国民党首席代表张治中电告李宗仁"请于暂缓去平"，待南京政府正式批准和谈协定后，再请于赴北平主持签字。这一耽搁，于右任准备长期留在大陆的心愿，便永远不能实现了。他曾痛心地说："文白（指张治中）先生害了我，他不应该阻止我去北平，不然我现在北平，战争再打起来，我就留在那里不回来了。"

于右任到台湾后，原配夫人高仲林、长女于芝秀等亲属仍留居大陆，其他子女除于望德在台任职外，于彭、于念慈等五人均居留国外。尽管蒋介石为了稳住于右任，继续让其担任国民党监察院院长等职，于对此并不稀罕。他身居台湾，心向大陆，无时无刻不在思念大陆的亲人，甚至做梦都在惦念着他们。他经常突然从梦中惊醒，久久不能入睡。在漫长的岁月中，于右任有感而发地写下了不少有关思念大陆亲人的诗篇。在《有梦》等诗中发出了"夜夜梦中原，白首频泪滴"等发自肺腑的心声，读之使人怆然涕下。1956年，他还在《鸡鸣曲》一诗中痛苦地问道："福州鸡鸣，基隆可听。伊人隔岸，如何不应？"同年，他辗转托人给仲林母女汇寄台币600元，以表达对大陆亲人的怀念之情。

一天，正当于右任愁眉不展，在书房里踱来踱去，惦念着高夫人能否收到自己第一次寄去的一片心意时，突然接到香港友人从大陆捎来的一个包裹。他忙打开一看，内有一封来信及他平日最喜欢穿的布鞋布袜，不禁老泪横流。他手捧布鞋布袜，慢慢走到窗前，面朝大陆，久久地沉浸在深深的回想之中。

1961年，尽管于右任已届83岁高龄，但记忆力仍然很好。他近来一直为一件事感到焦虑不安。按时间推算，今年系高夫人80寿辰。他是多么希望能为自己的夫人好好做一个寿，以表达夫妻的恩爱之情呀！这本是人之常情，但由于台湾当局对大陆实行封锁，致使于右任对此一筹莫展……于右任的这一心事，终为章士钊先生知道了。

8月的北京，早晨5点来钟，天已经大亮了。中南海西花厅四周的松柏上鸟雀啁啾。周恩来像往常一样劳累了一个通宵，正准备休息，突然秘书送来一封急件，打开一看，是党外民主人士章士钊先生写的。周总理沉思片刻，当即决定让人转达于右任在大陆的女婿屈武：绝不能为这件小事使于先生心中不安，让屈武以女婿的名义为于夫人做80大寿。直至处理完此事以后，周总理才放心地就寝。屈武遵循周总理的指示，约于先生在大陆的其他亲属，以及老朋友孙蔚如、茹欲立等20余人，聚集在西安，为于夫人举行了寿宴。事隔不久，屈武就把祝寿盛况以及祝寿时的合影，请吴季玉（于右任在香港的好友）捎到台湾面交于右任。当于得知此事是在"莲溪先生"（指周总理）的关怀下得以圆满办成时，不禁感慨系之，即让吴先生转请屈武向"莲溪先生"表达他诚挚的谢忱。

1962年元旦，于右任在监察院参加了开国纪念会以后，回首半个世纪的往事，不禁黯然神伤，加以身患疾病，心绪不宁，自知在世之日不会太久，因而在日记中写下了对身后事的意见。但这意见的内容，直到他作古后才为人们所知。

于右任先生比高仲林女士长四岁。高仲林女士80寿辰的第二年，即1962年4月11日，是于右任先生的84岁诞辰。就在这一年春天，一件使于右任先生痛心疾首的事件发生了。

于右任的好友吴季玉，为使于右任在84岁诞辰时不致感到寂寞，决定从香港专程赴台为他祝寿。谁知吴的台湾之行，早为台湾国民党特务侦知。就在吴季玉抵达台湾不久，即遭暗杀，于右任闻此噩耗，不胜哀悼，亲往极乐殡仪馆吊唁吴先生。一气之下，竟病倒在床。从此，于右任的身体每况愈下，一蹶不振。在他卧病期间，蒋介石曾假惺惺地派人前往慰问，并向于右任保证一定将凶手从香港引渡台湾法办。结果却不

了了之。

1963年4月18日，于右任因喉炎住院治疗。由于住院费太昂贵，不久即出院。5月7日，他在日记中写道："病多日不见轻，出院大大的错。"26日，他在喉炎疼痛难以忍受的情况下，不得已再次去医院检查，但病情并未见好转。

1964年1月1日，于右任带病出席台湾国民党监察院一年一度的团拜会。他和往常一样在会上发表了致辞。但由于喉疾声哑，足肿艰于步履，却未能在国民党中央党部元旦团拜会上发表致辞。为此，他感慨地说："看样子我是不行了！"谁知一语竟成永诀。

同年11月10日，于右任因拔牙引起高烧，转致肺炎，经注射大剂量抗菌素，热虽退而肝肾两脏俱已病变，经用各种方法抢救无效，于台湾荣民医院与世长辞。终年86岁。

于右任逝世后，据他身边的人回忆，到生命快要结束之前，他曾试图写下一份遗嘱，但几次执笔，因心绪不定，写了又撕，撕了再写。在那种情况下，他能写点什么呢？所以，于右任最后没有能够留下遗嘱。其亲属在一个他生前不让别人随便打开的铁箱中，发现他逝世前两年写的两篇日记，一篇上写着："我百年之后，愿葬在玉山或阿里山树木多的高处，可以时时望大陆（旁注：山要高者，树要大者）。我之故乡，是中国大陆"；另一篇上写着这样的诗句：

> 葬我于高山之上兮，望我大陆；
> 大陆不可见兮，只有痛哭！
> 天苍苍，野茫茫，山之上，国有殇！
> （天明作此歌）
> 葬我于高山之上兮，望我故乡；
> 故乡不可见兮，永不能忘！

这短短6行12句摧肝裂肺的哀伤之音，凝练而沉痛，催人泪下，再一次表达了这位背井离乡的白发老人眷恋祖国大陆和故乡亲人、盼望国家民族早日统一的真诚愿望。

在这只铁箱中，亲属除发现上述两张纸条外，既没有寻到钱财珍宝，也没有寻到股票证券，有的多为于右任生前的日记和书札，以及为其三公子于中令上半年出国留学筹集旅费所出具的借款单底稿，还有平日挪借副官宋子才数万元的账单，再有就是夫人高仲林女士早年为他亲自缝制的布鞋布袜。在场的人目睹这些遗物，无不凄然。于右任为官达半个世纪以上，所遗者唯几千册书以及日常衣物和普通用具而已！

（原载于《纵横》1990 年第 6 期）

人生亦学问：启功先生的人情世故

李　强

称呼也是一门学问

先从有关称呼的事情说起。

启先生在世时，大家在启先生的当面，大多是称呼启先生。启先生教了70多年书，这"先生"，是学生——先生的意思，不是女士——先生的意思。也有称启老的，透着更加尊敬和一些生分。启先生有时会回以"岂（启）敢"，这是启先生的说话风格，客气，还风趣。

启先生有很多学界和社会兼职，罗列下来篇幅会很大（所谓盖棺论定，可以在此列一个"标准文本"，插图之外的"插文"）。按现在的风气，有称呼人家"张处""王局"的，也有称呼"张总""王董"的。在启先生这儿，很少有人称呼启先生的职务、官衔。有称启老师的，那是弟子，主要是多年来启先生的古典文学弟子。我们觉得自己不配。一些身边亲近的人，背后说起来称他"老头"。

启先生是清宗室，清雍正皇帝第九代后人。所以在清朝说来，启先生的世系是贵族。启先生的曾祖颇有作为，辞去了朝廷封爵，科场登第，入了翰林。启先生的爷爷也随乃父，18岁中举，20岁为翰林，从此这一族就变成书香门第了。启先生诞生于民国元年，因近代历史及家族的一些原因，启先生的姓氏也是有作为的：辞去了爱新觉罗皇家大姓，自小就是"姓启名功，字元白"。

启姓，百家姓中是真没有。但启先生既然姓启，按照中国人传统的称呼，同辈或晚辈学人称"启元白先生"就没有什么不对了。

也有些公共场合，启先生被称为启功。现在的传媒，无论怎样的大人物，一样是直呼其名。启先生是公众人物，按现在的习惯，好像也没有什么。不过有两件事，可见得启先生是不以为然的。

启先生有很多同辈好友，都是文化大家。有一位先生，习惯于"启功、启功"地当面直呼。中国人的名，是师长叫的；朋友相熟，不愿称兄，直呼其字，才是亲切。启先生的莫可如何，对于有名无字的我们，其感受需要比方一下。比方我有一个好朋友，坐在我车的副驾位置上，把鞋脱掉脚架在仪表板上——亲切有余，可有些令人消受不起。我们习惯上是不当面提意见的，那感受应当相似吧。

启先生晚年眼睛不好，出版社请求他为陈垣老校长全集题签，我们用电脑集了"陈垣全集"四字请启先生过目，先生用笔改画了样子："陈援庵先生全集"，下署"受业启功敬题"。并且，"启功"两字低一格。启先生教我们：虽然出版社有设计、制版的过程，但我却是一定要这样写的。

20世纪80年代，启先生自己设计一种名片，我印象深刻，附在一边好玩。这形式简之又简，是一张名副其实的"名片"。

启先生对人礼数周全，哪怕相处是晚生小辈。我第一次到先生家里，先生起来到门口相迎，令我惶恐。想想先生对客人都是这样，心里依然惶恐。先生送书给我，题字认真，我只好自己藏起来，不敢给别人看。

启先生有件手札："刘墉于人无称谓，上款每书某某属，不得已而有称谓者，又无求正之语。曾见其为果益亭书联，上款题'益亭前辈'

四字；为铁冶亭书册，上款题'冶亭尚书鉴'五字。故余于刘宝，但呼其名。"刘罗锅官大气势大，说话写字自信过度，有失文雅。这样，别人"但呼其名"，就是一件文雅有趣的事情了。

我服膺启先生，私下称呼老先生启夫子——老"老师"嘛，经纶满腹，风采循循，做事令如我口服心也服，说话能言常人所不能言。"学为人师，行为世范"，实为夫子之道。嘴上说起来，还是称启先生。

一位贵族后裔的人情世故

我平时爱说启先生如何如何，当朋友问崇拜启先生什么，一时一句还说不清楚。我自己想一想，想到一个故事。

国门初开，启先生访问港澳。那时候，出境都是公事，国家有专门的"出国制装"，一律是公款灰色西服。启先生和几位随同来到一位香港工商名人府上访问。进门人家就有利市红包，每位一个，首先就给启先生一个红包。夫子笑吟吟双手接下，口中称谢，随同也依样接下。在访问结束时候，夫子来到这家佛龛前（香港人家都有一个佛龛），口称吉祥，将红包献上。随同于是依样拜一拜，奉上红包，心中安详。这是个合情合理的故事，其实是个机智内敛的故事。

我崇拜夫子，觉得用这个故事能说明我对夫子的服膺。我们有为埋单打架的文化，也许，正在发展为逃单比聪明的文化。复杂的送礼、受礼等人情世故，怎样做得人人心安，是做人综合水平的测验。当年国内的月工资仅仅几十元人民币，是无法在港澳消费的。香港人送红包，一是有派利市的习惯，二是对大陆客人的体贴。这是人家的人情，却之不恭。夫子上门造访，事涉收钱，却又伤了本意。人人都说启先生为人随和、客气，夫子虽然从无疾言厉色，也从不丧失自己的原则。我总觉得，夫子这样的贵族后裔、文化通人，修养极深。对人谦恭有礼令人崇敬；内心的骄傲更令人佩服。精神的尊严，是从随和与通达中显露的。

其实那时候有人戏称夫子是礼品公司，因为他替学校、替有关机构写了太多作品。海关有规定，没有正式的手续，夫子的作品不得出境。有一次，夫子得意地说起，出海关的时候，关检人员问夫子：您没有随身带自己的字画吧，没有手续也不能通关。夫子变色说道：还真带了。海关人员的笑话说不下去了：这就不好办了。夫子制造的火候到了，于是举起手腕，摇一摇说：在这儿呢，不违反规定吧？这是一个诙谐的故事，淘气一把，大家轻松。

"贵人"与小人共同成就夫子

20世纪初，中国有一些外国教会办立的大学。这其实是西学东渐的一个实绩。"以文会友、以友辅仁"的辅仁大学，就是在北京有影响的一所。新中国成立后被师范大学合并，旧址仍在。

启夫子幼年丧父，由爷爷、寡母和未出嫁的姑姑抚养。这样的孩子，本来就懂事孝顺，加上"贵胄天潢之后常出一些聪明绝代人才"（叶恭绰先生评价启夫子语），20岁的夫子因为"写作俱佳"（陈垣老校长评价夫子语），经傅增湘先生推荐，来到辅仁教书。

来到辅仁，是夫子涉世之初，也是夫子生平最传奇的一段。夫子在这所大学三进两出，最后在这里教书一辈子，也在这里遇到了一生的贵人和小人。所谓小人也只是相对运主，勿解贬义。贵人和小人合作的命运双簧，分别由校长陈垣先生和属下的主管张先生出演。

老校长看启夫子能力，请他教附中国文——张先生看文凭，辞退。一个回合。

老校长再仔细看，还是觉得启夫子的才学胜任，请他教美术系绘

画——张先生仍看美术文凭，辞退。再一个回合。

老校长自己想了又想，没有收过启夫子的钱，真的只是认为这个青年有前途，三请他做自己的助教——这回张先生可能是烦了，不管这爷儿俩了。启夫子于是跟着陈老校长39年，教书73载，成为后来学界的"国宝"。

陈垣老校长，字援庵，早年曾任民国众议院议员，教育部次长，故宫博物院理事。是史学大家"南（寅恪先生）北（援庵先生）二陈"之"北陈"，长期担任辅仁和北师大校长。陈老校长长启夫子32岁，对夫子多有教导扶掖，夫子一生以老师、父亲之礼事之。

张先生为湖南人氏，生于19世纪末，与当时许多著名革命家同学，参加新民学会，参与"驱张运动"，好生了得。后来张先生出国勤工俭学，皈依天主教，考了好几个博士，回国进行教育救国。

陈老校长和启夫子的师生之谊，是一段教育佳话，在学界十分知名。"天地君亲师"，启夫子独得师字，最有师缘。

张先生新中国成立之前再度出国，从此就离开辅仁。张先生毕竟是影响启夫子命运的人物之一，夫子晚年，感到人生鞭策即将不再，为张先生写过一联。

夫子"聪明绝代"，又长期在老校长鼓励、张先生鞭策的大学环境里，可以想见，这些都是夫子成就博大学问的重要因素。

80年代的明媚春天

20世纪80年代初，我和启夫子先后来到师大——这就是大话欺世，强于说"我的朋友胡适之"，捆绑大师以自重。也是说了好玩。实际情况是我进门上学，而教了50年书的启老师终于在学校有房子住了。不管怎么说，都是好事。

现在想来，那可是美好的80年代。

学校离二环很近，可依然是城边儿的样子，没有什么汽车，人也比较稀少，马路边上没有牙子，是一米多宽的排水明渠。那时学校显得安静，树木也多。梧桐的大叶子从路两边遮过来，形成一条绿色通道。行走其间，某株树上就吊一个蓝色小牌：什么树种、什么科目、什么拉丁文的学名。有人迎面走来，穿衣比较保守，精神面貌淳朴，目光坚定。如果是两三人，还互相讨论，比如诗歌、西方哲学，甚至真理。

我清楚记得，有一天看到启夫子一个人在路上走，那时我经人指点认得了夫子，还没有说过话。我立定了仔细看他，夫子一人走路的样子，像走又像是玩儿，可以说是"兴致盎然"。那种小孩一样的欢喜，也许就是"登欢喜地"的境界吧。

后来我留校，有机会替夫子法书拍照，留做资料，听夫子说话，看夫子写字，和夫子渐有交道。再后来，缘分殊胜，替夫子编书，而且住到了夫子楼后。无事路过浮光掠影楼，想到夫子大德只在咫尺，我也心生欢喜。有一天带着相机，拍了一张绿荫中的浮光掠影楼。

说回20世纪80年代，那是启夫子一生迟来的春天。夫子给学生做书法讲座，现场示范，写很多张字。学校小餐厅，挂六张夫子写的条幅。我还在上学，学校庆祝80年校庆，我们美术兴趣组参加展览布置。我们把夫子写的"校庆展览"大字，反过来直接涂上糨糊，贴在窗户上。有人说，启夫子的书法写满了师大校园。借用这样的夸张说法，也可以说，师大校园人人都有启夫子赠送的法书。那时的人没有商品意识，大家喜欢先生的字，就求夫子动笔，当时只道是平常。我有一个朋友，负责学校电话维修，也喜欢夫子的字。发挥从我做起的精神，这哥们儿拧松夫子的电话线，过会儿背着工具上门检修电话。夫子果然发现了电话的故障，看哥们儿忙上忙下之间，送了一件自己的作品。于是电话修好，哥们儿卷了夫子的法书回家。

启夫子平生经历几个特色鲜明的时代，20世纪80年代后是光明珍贵

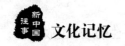

的一段时光。夫子身怀绝学凡40年，"人不知而不愠"，终于可以用自己的学问做些事情，以慰平生。夫子在一首自况的诗中说："昔日艰难今一遇，老怀开得莫嫌迟。"

（原载于《纵横》2010年第4期）

张光年与风暴过后的《人民文学》

周　明

如今我再叙说将近20年前的事，恐怕不合时宜，引不起某些读者的兴味。可那是一段历史，一段令我以及和我一起经历过的文学界朋友们难以忘怀的往事。

一

当时，是粉碎"四人帮"的第二年，依然是百废待兴。全国文联及所属各协会、中国作协均未恢复。所谓文艺界，只有几家两年前经中央批准恢复的大型期刊，而《人民文学》是其中的主要刊物。如果不是周总理的指示，《人民文学》也不会这么早地复刊。此时，几个刊物均归属国家出版局主管。《人民文学》的主编乃是不久前恢复工作的诗人、评论家张光年，即光未然。

张光年，"文革"前就是中国作协党组的领导人，一位老布尔什维克。"文革"中受到残酷打击和迫害。恢复工作后，他意气昂扬，恨不得将十年"文革"失去的时间夺回来！在当时，他和同样先后恢复工作的诗人李季、贺敬之，评论家冯牧形成一个领导群体、一个坚强的核

心,由他牵头,勇敢而机智地运用刊物这块阵地,冲出牢笼,迈出了新时期文学发展的第一步!尽管步履是沉重而艰难的。

那时,"文艺黑线专政"论的枷锁还紧紧地套在人们的脖子上呢!

张光年上任伊始,为了推动创作,凝聚力量,他以《人民文学》的名义,主持召开了一个小型但影响并不小的"短篇小说创作座谈会",地点是在前门外的"远东旅社"。找了什么人参加呢?他精心选择了新老两类小说家。十年了,作家们不曾进京开什么会!那时节,在那个荒唐的岁月里,文友们如若聚会,定会被造反派追查,认定你开的是黑会。所以当与会者接到通知后,又惊又喜,统统都来了。

沙汀、周立波、孙犁、马烽、林雨、蒋子龙及刚刚在《人民文学》崭露头角的业余作者叶文玲、邹志安等都在这个小型座谈会上认真发表了对当前短篇小说创作的思考和意见。人少,有人少的好处,可以充分交换意见,相互都有启发和收获,孙犁同志本来是由于体弱,极少参加外面活动的,而这个会他破例出席了。这次座谈会,虽说人数少,却覆盖面大,参加者来自东南西北的省份。这次会议之后,与会作家均在《人民文学》陆续发表了有影响的作品。这是作为刊物的目的。然而张光年还有更长远的考虑,这就是如何重新组织这样一支被"四人帮"打散却并没有打垮的创作队伍,并且要着眼于发现新人、培养新人,使这支队伍后继有人。

蒋子龙、叶文玲、邹志安等青年业余作者的苗壮成长证明了张光年的眼光。

这时,编辑部小说编辑崔道怡收到了北京某中学教师刘心武的来稿——《班主任》。这是一篇反映同"四人帮"斗争的别出心裁的作品,一篇正视现实生活、勇于提出社会问题的作品。毕竟是涉及尖锐的社会问题,编辑部有关同志犹豫不决,拿不准:究竟这样的作品能不能发?或者直截了当地说:敢不敢发?

于是,稿子送到了主编张光年手里,请他裁决。

不料，张光年仔细看过后，经过审慎的考虑，果断地拍板：可发！而且他说，揭露"四人帮"之作，尖锐点不怕，越尖锐越好！

他说这话的时候，做出彻底否定"文化大革命"正式决议的中国共产党第十一届中央委员会第六次全体会议还没开呢。这需要魄力和眼光。

接着是徐迟的报告文学《哥德巴赫猜想》。这个选题是编辑部提出的。因为当时我们获悉全国科学大会即将召开，科学的春天将要到来了！这当儿，如能有一篇写科学家的报告文学在刊物上发表，一定会受到读者的欢迎。

写谁好呢？恰好当时听说科学院数学所有位数学家陈景润，经过多年刻苦钻研，突破了世界难题"哥德巴赫猜想"，饮誉国际数学界。写陈景润吧？然而同时，在社会上也流传着关于陈景润是一位"科学怪人"的种种离奇故事。有的朋友好心劝徐迟不要承担这个采访任务，因为陈景润是个是非之人、有争议的人，何必自找麻烦呢？但徐迟却为陈景润攻克数学难关的毅力和精神而动心，他想接触接触试试看。

于是，1977年，一个北风飕飕的寒冬腊月天，我陪徐迟到了京郊中关村科学院数学研究所。第一个采访的便是数学所的党支部书记李尚杰。老李是位部队转业的工农干部，难得他非常理解和爱护知识分子，理解和爱护陈景润。陈景润也视他为亲人，心里话都愿意对他讲，有事同他商量。陈景润在老李眼里，非但不是"科学怪人"，而且还是一个通情理、懂人事、事业心很强的可爱的科学家。

我们和老李谈话间，忽然走进一个陌生的中年人。个头不高，身着一套普通蓝布棉制服，戴着一副近视眼镜，说话南方口音，略带稚气。老李赶快介绍说："这就是陈景润，小陈。"真巧，没想到这么快我们见了面。

我向他介绍徐迟说："我们邀请作家徐迟来采访你，采访数学所……"

他高兴地握住徐迟的手说："噢，徐迟先生，诗人，我中学时代读过你的诗，读过你的诗……"

彼此间无形中拉近了距离。

徐迟对他说："我不懂数学，我是来数学所学习的。但我想看看你的论文，有关'猜想'的，可以吗？"

陈景润说："哎呀，徐老，你可千万别写我，我有什么好写的呀？你还是写写工农兵吧！写写老前辈科学家吧！"

徐迟笑了，对他说："我不是来写你的，我是写科学界的，来写四个现代化的。你放心好了。"

我们随意交谈起来。问他最近在做什么？

他说，对于"猜想"，在突破的基础上进一步攻关呢。然后他说，最近他收到国际数学会主席的邀请信，请他去芬兰参加国际数学家学术大会，并作45分钟的学术报告，这件事正在处理。

徐迟问他处理的情况如何？

他说："我报告了李书记，所里报到了科学院。院领导很信任我，要我自己决定，自己直接写信答复。可是这个数学会的国际机构目前台湾占据着我国的席位，因此我写信告诉他们：一、我国一贯重视发展与世界各国科学家之间的学术交流和友好关系，因此，我感谢数学会主席先生对我的盛情邀请；二、众所周知，世界上只有一个中国，就是中华人民共和国。台湾是中国不可分割的一个省。目前，台湾占据着数学会我国的席位，因此，我不能出席。"

听着，我们都不约而同地笑了。回答是多么原则而圆满！简直像外交文件。这说明陈景润有一定的政治头脑，并非人们所传说的那样：一个傻瓜，一个走"白专"道路的人。

高兴了，他还向我们讲述了一些他在"文革"中被荒唐批斗的情况，以及他如何施计躲避参加批斗他的老师华罗庚教授的故事。

听到这些令人心酸的故事后，至少，我和徐迟消除了对他的某些误解，增进了了解。当然他也有一些怪癖，恐多半属于性格所致。他人还是蛮善良的。何况在那样艰苦的条件下，坚持攻克"猜想"，需要很大的毅力。这是主流。面对陈景润，徐迟激动地抓住我的手，连连说："周明，我爱上他了，爱上他了，可以写他了。"

对于刊物来说，这是一个重要的选题，一个需要慎重对待的选题。虽然这件事运作前我们已经报告主编张光年，他表示支持。但今天这些新的情况仍须向他及时汇报。

于是当晚，我安排徐迟住进中关村的招待所后，即刻返回城里，直奔张光年家，当面向他讲述了我们的所见所闻所感。张光年颇有兴味地听着，还不时提问，用他那诗人般的激情、理论家的冷静，经过一番考虑后，斩钉截铁地说："好哇，写陈景润！丝毫不要动摇。'文革'把知识分子打成臭老九，不得翻身。现在党中央提出要搞四个现代化，这就需要靠知识分子！陈景润如此刻苦钻研科学，突破了'哥德巴赫猜想'，这是很了不起的！这样的知识分子为什么不可以进入文学画廊？！你转告徐迟同志，我相信这个人物他一定会写出一篇精彩的报告文学！明年1月号《人民文学》上发表，就这么定了。"他说话的语气是坚定的、有力的，并且充满激情。这就导致了后来那篇轰动全国的报告文学的顺利出世。

《哥德巴赫猜想》，又是张光年的果断决定。前述刘心武的短篇小说《班主任》，也是张光年一锤定音。作为刊物主编，为这两篇在新时期带有突破性的作品问世投了决定性的一票，拍了板，定了局，这是了不起的！现在看来也许不觉得什么，当时的形势是，"四人帮"虽然倒了，垮了！但"四人帮"强加给人们的许多枷锁，还远未彻底打碎、打垮。冲破了一些禁锢，但还有许多障碍。加之还有两个"凡是"在作祟。特别是中央关于彻底否定"文化大革命"的决议还没有做出。而这两篇作品恰恰却都是尖锐地触及了"文革"，抨击了"文革"。这个分寸如何把握？若是换一个人，一位无胆无识的主编，大概打死也不肯拍

这个板。这在当时不是没有风险呀！

正是由于张光年的魄力与胆识，远见与目光，《班主任》《哥德巴赫猜想》得以问世，得以成为新时期文学发端的里程碑式的优秀作品。这两篇作品的出现，也为新时期文学发展的走向开辟了新的道路。当然，它的现实性与深远意义绝不仅仅局限于是两篇作品的问题。

这点，作为《人民文学》杂志主编，张光年功不可没！

二

到了1977年底，为了响应党中央的号召，深入揭批"文艺黑线专政"论，彻底打碎"四人帮"强加于文艺界的精神枷锁，解放文学艺术的生产力，经请示中宣部批准，由《人民文学》编辑部出面，召开在京文学工作者座谈会。这时，中国文联和中国作协仍未恢复。张光年同李季、冯牧等同志反复磋商、反复研究如何开好这个会。为此，他们做了精心的策划。鉴于这是粉碎"四人帮"后最大最重要的一次集会，除了邀请在京的作家、诗人、评论家外，还特意邀请了艺术界许多名家。这可好，通知起来就麻烦多了。许多人的住址由于"文革"中受到冲击变迁很大，东搬西迁，很难找到。还有人从"五七"干校返回后原来的房子被占，临时住在招待所。而张光年让我们想尽一切办法把一些老同志找出来，邀请他们到会。

这样，我便和当时编辑部的一批年轻朋友阎纲、刘锡诚、吴泰昌、颜振奋、向前、杨筠等，各手持一批请柬和名单，走街串巷，去寻找，去邀请。有时为了"追踪"一个人，要钻好多胡同，要跑许多冤枉路。接到请柬的人心情都很激动，表示一定出席。结果到会一百多人！大家济济一堂，欢声笑语，握手相庆，互致问候，互道平安。十年了！不曾有过这么一天！今天难得相逢，个个心情舒畅，畅所欲言。

会议地点，在北京东城海运仓总参一所。主持人：《人民文学》主编张光年。

这是历经"文革"十年浩劫后文艺界的首次聚会！毫不夸张地说，参加者，几乎个个都是劫后余生！几乎都是江青一伙欲置死地而后快的那份黑名单上的"黑线"人物，只是"四人帮"还没来得及下手便完蛋了。

都来了什么人呢？

那边，你瞧，坐着：叶圣陶、冰心、夏衍、周扬、冯乃超、魏传统、曹靖华、臧克家、曹禺、周立波、姚雪垠、周而复、严文井、冯至、魏巍、吴组缃、李季、蔡仪、林林、冯牧、草明、阮章竞、李何林……

这边，坐着：茅盾、赵朴初、王瑶、唐弢、骆宾基、徐迟、秦牧、李准、峻青、雷加、吴伯箫、曲波、胡奇、袁鹰、叶君健、朱寨、许觉民、王愿坚、曾克、柯岗、李讷、严辰、张志民、柯岩和丁宁、侯宝林、王匡、王子野……

还有其他协会的负责人：蔡若虹、李超、吕骥、张庚、邵宇、孙慎、贾芝、袁文殊、陶钝、盛婕、陆静、罗扬、吴群、陈勃等。

当时的中宣部长张平化，副部长朱穆之、廖井丹，文化部长黄镇，副部长刘复之、周巍峙、贺敬之、林默涵，总政文化部部长刘白羽等都出席了会议。

郭沫若同志由于身体不好，未能出席，他给会议主持者张光年写了一封信，提交了他的书面发言。

会上，大家见面都十分兴奋，都说：我们又会师了！我们又会师了！主持人张光年致开幕词后，德高望重的老作家茅盾首先发言。他说："今天，我很兴奋，也很愉快。……刚才主持会议的张光年同志要我以作家协会主席的身份来讲几句话，作家协会主席是曾经担任过，中央也没有命令撤销过。'四人帮'却不承认我们，他们连作家协会也不

承认，连文联也不承认。他们不承认我们，我们也不承认他们的反革命决定；所以今天，我还是要以作家协会主席的身份来讲几句话……"话音未落，全场报以热烈掌声！

老作家草明发言说："今天的会，我心情非常激动！我们是憋了十年的劲儿，虽然自己头发白了，心脏也不那么听话了，还是要干！不仅自己要努力写，还要培养青年人。"诗人李季激动地说："'四人帮'剥夺了我们写作的权利，我们都停笔十年了！现在笔又握在我们手中，我们要写出更多更无愧于伟大时代的作品！"黄镇部长讲话说："'四人帮'抛出'文艺黑线专政'论，把广大文艺干部和文艺工作者说成是'黑线人物'，这完全是捏造、诬蔑，是颠倒是非，混淆黑白。"张光年严正指出："文艺黑线专政"论是"四人帮"制造的大冤案，是强加于文艺界的精神枷锁，今天我们要起来打烂这个枷锁！他自豪而充满自信地说："'四人帮'把我们的队伍打散了，但没有打垮！党中央又把我们集合起来了！我们要团结起来，对'四人帮'进行义正词严的声讨和批判。"

许多同志在会上含着义愤的眼泪，揭露和批判了"四人帮"祸国殃民的滔天罪行。大家争先恐后地发言，既揭露批判了"四人帮"，又互相鼓舞了士气。

特地从湖北赶来参加大会的诗人徐迟、从广东赶来的作家秦牧，以及在京老作家夏衍等都在发言中提出希望尽早恢复文联、作协，恢复《文艺报》，恢复我们这一支有着优良传统的文艺队伍……

读者朋友，我之所以在此不厌其烦地连篇累牍地抄录出席会议的人员名单，援引会议众多的发言，叙说召开会议的情况，无非想告诉大家，这样一次在特殊时期、由一家刊物主持召开的特殊会议，开得是何等隆重热烈、圆满而成功！要知道这个会议幕前幕后的策划者、指挥者就是张光年，当然还有他的几位得力的战友作辅助。应该说，这次会议是文艺界具有历史意义的一次重要会议。它将漫漫十年中被"四人帮"

打散了的文艺队伍，重新聚集起来，联合起来，团结起来，鼓舞士气，向新的历史发展阶段迈开新的步伐。

难道在我们新时期的文学发展史上，能够忘记曾经为之呐喊、呼号、呕心沥血，付出了百倍辛劳的张光年这个名字？

我想不会。

三

在那段难忘的岁月里，为了推动创作，繁荣创作，发现新人，培养新人，促进社会主义文学事业的繁荣发展，《人民文学》杂志受中国作协的委托，在茅盾同志的关怀下，于1978年首次举办了全国优秀短篇小说评奖，受到社会各界的瞩目。之后，在20世纪80年代初期随着创作形势的蓬勃发展，又相继设立并开展了全国优秀诗歌、散文、报告文学、儿童文学、少数民族文学、中篇小说等的评奖活动。这期间，茅盾病逝（后又增设茅盾文学奖），继任中国作家协会主席的巴金同样十分重视评奖工作。他亲自主持了1979年的全国优秀短篇小说评奖，并在颁奖大会上发表了重要讲话。后来因为巴金家居上海，参与工作诸多不便，中国作协的各项评奖任务便由张光年副主席执掌，他还有冯牧的得力协助。评奖，这是一项极端繁杂烦琐而繁重的工作。而张光年将这项工作抓得很漂亮，做得很出色，年年评，年年总结，年年上一个新台阶，使得中国作协的评奖在社会各界的威信逐年提高，在作家心目中的分量日益显重。开始阶段作家们也许并未意识到它的分量，但是后来大家越来越看重中国作协这项国家级的大奖，它毕竟是对一个付出了艰辛的创造性劳动的作家的劳动成果的认可、肯定和公正评价。评奖活动，积极推动了社会主义文学事业的繁荣和发展。

写到这里，我悔恨由于自己的懒惰，没有在历次评奖活动中记下详

细的笔记而造成今天的遗憾。中国作协的评奖，始于1978年，由《人民文学》承办开始，我一直参与具体工作。后来我还忝列由夏衍、张光年两位前辈担任主任委员的全国报告文学评委会的副主任委员。其实，我主要还是协助两位主任委员及另一名资深副主任委员袁鹰做些具体工作。每一次召开评委会，张光年都有不少精辟的意见，若是当场记录下来，就是精彩的文章哪！可惜了。但是留在我印象中的并没有磨灭。我记得他曾为评奖入选作品拟定过一个通俗易记的四句话标准。

哪四句话呢？即：反映时代，创造典型，引人深思，感人肺腑。反映时代，就是我们的作品要反映社会主义的新时代，就是写历史题材，也要有新的时代的观点。创造典型，就是写出活生生的有典型性的人物来。引人深思，就是作品要有深刻的思想内容。感人肺腑，就是使人看后能够很受感动。他很强调作者要写那些在生活中感动了自己，自己认为最有意义、感受最深的东西。作品总是要以情动人。

对于报告文学，张光年颇为重视。他认为这是最能迅速反映时代、反映现实的一种文学样式。他曾高度评价新时期活跃的报告文学创作异军突起。在《人民文学》召开的一次报告文学创作座谈会上，张光年即兴发言，热情表述了他对当前报告文学的崛起与繁荣的欣喜之情。他说：粉碎"四人帮"之后，报告文学一直是打先锋的。报告文学的兴起，确实值得祝贺。在拨乱反正、除旧布新的斗争中，在向人民报告时代的佳音，描绘社会主义新人，反映群众的喜悦、疾苦、愿望和要求这些方面，报告文学有时起着直接推动生活前进的作用。

在中国作协主持的多项评奖工作中，张光年起着主导作用。其中有的是一年评一次，有的是两年评一次，有的是三年评一次。反正年年都有评奖活动。究竟经过他的手评出多少优秀作品，推出过多少文学新人，他自己恐怕是不计其数。可谓只问耕耘，不问收获。他曾呼吁文艺界需要大批养花、育花、护花的热心家，我看首先他就是。那个阶段创作上出现了新的繁荣，大量的新生力量涌现，大量的新作品涌现，文坛，呈现出百花齐放的新局面。

这其中，当然有许多同志的辛勤劳动与贡献。然而张光年为此项事业以及为整个文学事业所洒下的汗水、费尽的心血、绞尽的脑汁、结出的硕果，是人们永远不会忘记的。

（原载于《纵横》1997 年第 1 期）

我率香玉剧社在朝鲜前线

常香玉

1953年3月，遵照上级的安排，我和香玉剧社40多位演职员，参加了中国人民赴朝慰问文工团第五团，到朝鲜前线为中国人民志愿军进行为时半年的慰问演出。第五团团长是西北艺术学院教务长钟纪明，我和西安易俗社社长杨公愚、新疆歌舞团的巴吐尔等担任副团长。由香玉剧社组成的豫剧队，陈宪章任队长，赵义庭、荆桦任副队长。此外，第五团还有秦腔队、曲艺队、新疆歌舞队、木偶队，共150多人。全团先在边境城市安东（今丹东市）作了短期学习、排练，4月1日，轻装登车向朝鲜进发了。

平壤一夜

为了适应战争环境，慰问团的几位负责同志乘坐美式吉普车，其他同志每20人坐一辆敞篷卡车。我们的车队浩浩荡荡穿过安东大街。街上，人群熙熙攘攘，车辆川流不息，大多是为支援前线而奔忙。当行至鸭绿江大铁桥的时候，那钢架雄伟的气势，汹涌奔腾的江水，使我的心头顿时产生一种庄严神圣的感觉。"雄赳赳，气昂昂，跨过鸭绿江……"的歌曲旋律，在我的耳畔回响。大桥西头站有全副武装的中国人民解放军战士，东头是精神抖擞的朝鲜人民军官兵。我们经过的时候，值勤官兵都行礼致敬。

不久，我们便来到朝鲜边境城市新义州。这座城市和安东市虽只一江之隔，却已是残垣断壁。在公路两旁，许多朝鲜妇女在修路，她们目送车队，向我们频频招手。

傍晚，到达朝鲜民主主义人民共和国的首都平壤。展现在眼前的景象，使我的心情格外沉重。全城看不到一幢完整的房屋，到处都是碎砖烂瓦和烧黑的梁柱及残破的家具。为了车辆通行，街道是清理出来了，但路面上有数不清的用黄土填平的弹坑。

当夜，我们分散住在平壤市郊外的农户家里。我住的那家，是一位60多岁的阿妈妮，她身边只有一个小孙女。老大娘姓金，灰白的头发，白衣白裙，慈祥的面孔隐隐露出忧伤。她家的三间房被炸毁了一半，院里挖有防空掩体。我和金大娘住在一起。当我把被褥铺好，准备就寝的时候，金大娘打开了她的小木柜，取出一盘散发着芳香的苹果摆在我面前，说道："吃吧，孩子，你们这么老远的到朝鲜来，够辛苦的啦！"我说："阿妈妮，谢谢，谢谢。"金大娘一口熟练的中国话使我惊奇。经询问，才知道她年轻的时候，丈夫在我国东北做过生意，她随丈夫在中国住过几年。金大娘说，她家原有六口人：老伴和她及儿子、儿媳、女儿、孙女。儿子和儿媳都是学校教师，女儿是医生，家庭和睦、幸福、温暖。美军飞机轰炸平壤时，老伴、儿媳、女儿先后被炸死，儿子参加了人民军，只有她和孙女留在家里。老人向我诉说她的不幸遭遇时，没有眼泪，没有悲伤，坚毅的神态中显示出深沉的仇恨。

一军的狂欢

我们在志愿军后勤部三分部演出几场以后，接着到一军（中国人民志愿军第一军。军长黄新廷，政委梁仁芥，参谋长杨文安，政治部主任吴融峰。该军于1953年1月入朝参战）慰问。因为接近前线，为了防止空袭，我们都是晚上行军。4月上旬一天晚上9点多钟，汽车在一座傍山建筑的礼堂前停了下来。伴着手电的亮光，陪同的政治部主任介绍，在车旁迎接我们的是军长、政委。一军的两名女文工团员献给我一束用松树枝叶烘托的纸花。礼堂门外，黑压压的人群组成了一条甬道，热烈的锣鼓声伴随着此起彼伏的口号声："热烈欢迎来自祖国的亲人！""向来朝鲜慰问的文艺工作者学习！""向爱国艺人常香玉同志学习！"我正在和指挥员们握手，忽然被一群女战士抬了起来。这些女文工团员是那样的热情、有力，一直把我抬到舞台正中才放了下来。

礼堂里是另一番景象：台口挂着几盏雪亮的汽灯，主席台上摆着一列长桌，桌上铺着崭新的军毯，摆着一排印着"赠给最可爱的人"字样的洁白的搪瓷茶缸，两个用炮弹壳制成的花瓶里，插满做工精细的纸花。台下，坐满了服装整齐的志愿军战士，许多战士胸前戴着光芒耀眼的勋章和军功章。

掌声持续了很久才停息下来。先由军首长致欢迎词，接着钟纪明团长致慰问词。这时，有许多战士递条子，要求我讲话。我已化好了妆，尚未穿演出服装，便带妆讲话。我说："志愿军英雄们，亲爱的同志们，你们辛苦了！"话音未落，就被掌声淹没了。待掌声停下来，我接着说："同志们受祖国人民的委托，跨越万水千山，踏雪卧冰，浴血奋战，英勇顽强，抗击强敌，终于挫败了美国侵略者的疯狂气焰。你们用鲜血援助了朝鲜人民，用生命保卫了祖国安全，为中国人民和全世界爱好和平的人民长了志气，使侵略强盗望而生畏，你们是祖国人民衷心崇敬的最可爱的人。祖国人民感谢你们，我们要向英雄的人民志愿军学习！"又是一阵暴风雨般的掌声。

欢迎仪式结束，慰问演出开始。先是由一军文工团表演几个曲艺节目，其中还有一个欢迎祖国人民慰问团的诗朗诵。接着，由我们慰问文工团中年龄最小的12岁女学员用豫剧板式演唱《志愿军叔叔打胜仗》。这个12岁的小学员，个子不高，红扑扑的脸颊衬托着一双十分有神的眼睛。她梳着长长的双辫，头顶是粉红色的蝴蝶结，身穿浅蓝色的连衣裙，胸前飘着鲜艳的红领巾。她唱道：

> 志愿军叔叔们打胜仗，
> 我们慰问到前方。
> 千山万水虽然远，
> 祖国的人民心意长……

几乎是一句一阵掌声，唱到最后，小演员被抱下台去，传来传去，整整在礼堂里传了几个来回。在战火纷飞的朝鲜战场上，战士们见到了祖国的亲人，见到了未成年的孩子竟然也来前方慰问，他们能不激动吗？最后，由我主演大型古装豫剧《花木兰》。观众情绪的高涨，反应的热烈，在我们剧团的演出史上是空前的。这天的联欢演出，持续到午夜以后，战士们才秩序井然地整队离去。

两个热鸡蛋

在志愿军中生活，仿佛沉浸在温暖的海洋里，我们每时每刻都能感受到那种无微不至的友爱与关怀。在这里，有一件细小的事使我至

今难忘。

朝鲜的春天是很冷的，因为经常夜行军，加上连续演出，到达六十三军（中国人民志愿军第六十三军。军长傅崇碧，政委龙道权。该军于1951年2月入朝参战）的时候，我因感冒引起发烧，身上那曾经动过手术的肋部，这时也在阵阵发疼。为了不给志愿军找麻烦，我服用了随团医生给的一般药物，当天晚上就提前休息了。次日一早，军长、政委特到驻地来看望我。军长是中等身材，黑红的脸膛，年龄有三十七八岁。政委面色白净，衣着整洁，潇洒、文雅。他们后面跟着一位戴黑色宽边眼镜的军医和一位活泼可爱的女护士。军长进房后大声说道："哎呀，对不起，对不起，把我们的香玉同志累病了！我和政委刚刚知道，要是出了问题，怎么向祖国人民交代！"我边让座边说："不要紧，一点小感冒，很快就会好的。首长这么忙，还来看我，实在叫人过意不去。"军长说："你来到这里，我们就要对你负责。艺术家是国家的财富，不能让你发生任何差错。"说到这里，军长面向军医："赵教授，请您给香玉同志仔细诊断诊断。"噢！是医学教授，他也到前方来了。我用尊敬的目光注视着他。教授量了量我的体温，用听诊器听了听心肺，看了看舌苔，问我有哪些不适的感觉，说要打一针。小护士十分熟练地消毒、安针头、吸药水，极其轻柔地进行了注射。赵教授留下几包药，写明了服量和次数。这时，文雅的政委说话了："感冒是歌唱家的大忌，它容易使咽喉发炎，引起声带充血、嘶哑，弄不好，十天半月恢复不了。要是出现这种状况，你演不成戏，我们也看不成戏，那该多急人啊！"没想到，政委在这方面还是个内行。我说："今天晚上我就演出，不能让首长和战士们空等。"政委温和地说："香玉同志，不要着急，今天晚上是绝对不能演的。明天晚上能不能演，还要看你身体恢复的情况。等到病治好了，您尽情地演，我们尽情地看。一下子唱它三天三夜，让战士们看足看够，岂不皆大欢喜！"他的话，把大家都逗笑了。这时，政委从怀里掏出一个白布包，然后小心翼翼地打开。我一看，是两个又大又圆的鸡蛋。政委指着鸡蛋说："在前方，搞到鲜蛋很不容易。这两个鸡蛋，还是刚才从朝鲜老乡那里买来的，也可以说是才从鸡窝里掏出来的。用它冲成鸡蛋穗，加上白糖，清嗓子败火。"说到这里，他把鸡蛋递了过来："你摸摸，还热着哩！"我捧着微温的鸡蛋，热泪不禁夺眶而出。在场的人也都格外激动。志愿军的情谊，深深地感动着慰问团的每一个同志。

在开城

我们到达六十五军（中国人民志愿军第六十五军。军长萧应棠，政委王道邦。该军于1951年2月入朝作战）的时候，已是5月下旬，但见满山青翠，溪流淙淙，许多不知名的野花竞相开放。按照慰问团的安排，我们休整三天。虽说是休整，仍有许多活动。第一项议程就是听志愿军英雄事迹报告。恰巧，志愿军第六十三军的孤胆英雄刘光子正在第六十五军，应慰问团的邀请，他给我们作了一次报告。

入朝前，我就听说过刘光子一人俘虏63个英军的事迹，当时就深深地被他的大无畏精神所感动。今天能和他见面，的确是件很荣幸的事。刘光子四方脸膛，身材魁梧，年龄35岁左右，朴实、腼腆，像个地道的农民。他简单地述说了俘虏63个英军的经过。他的唯一震慑敌胆的武器，是手中那颗手雷。当敌人包围上来的时候，他抠着手雷的引线，心想，纵然与敌人同归于尽，也不能给中国人丢脸。就在手雷拉响之前，怕死的英国兵乖乖地举手投降了。他命令缴了械的敌人集合站队，一查，63个。当一个人心里装着祖国，为了人民的利益敢于牺牲一切的时候，什么奇迹创造不出来呢？

休整过后，迎来了六一国际儿童节，朝鲜青年同盟开城分部邀请我们慰问团的20名少先队员参加他们的庆祝活动。开城是中立区，没有受

到战火的摧残，各种建筑保存得比较完整。我们乘坐两辆中型吉普车，在开城小学门前停下。朝鲜儿童们穿着色泽鲜艳的民族服装，手中摇着花环，在校门外夹道欢迎。入朝两个月来，我还没有见过这么多的朝鲜儿童聚集在一起。只见一个个苹果似的小脸泛着红晕，齐声用汉语喊着："欢迎，欢迎，热烈欢迎！"朝鲜青年同盟开城分部的负责同志告诉我们，这些学生大多数是孤儿，是按照金日成首相的指示安排他们在这里学习的，全部费用由国家负担。另有一大批儿童在中国境内学习。

联欢会上，150名朝鲜儿童组成的合唱队，演唱了《志愿军战歌》和《金日成将军之歌》。这本是极熟的歌曲，但在节日里由儿童们演唱，却是那样地令人激动，那样地震撼人心，使每个人都感到心潮澎湃，热血沸腾。联欢会上，我们喝了用高丽参泡成的茶水，吃了学校自制的饼干和学生们采集的野果。

当天下午，全团同志应邀参观开城名胜"来凤庄"。来凤庄属于园林式建筑，亭台楼阁和中国古典建筑一模一样，每座建筑上的匾额和木刻对联，写的全是汉字，有的遒劲有力，有的潇洒飘逸，有的凝重浑厚，有的清秀端庄。它雄辩地说明了中朝两国悠久的交往历史和唇齿相依的关系。

彭总看我们演出

到了夏季，我们踏上朝鲜国土已经五个月了。那段日子，是少有的充实和富有意义，我们几乎是每天行军，每天演出。志愿军中数不清的英雄模范事迹，使我们振奋、激动；朝鲜国土上虽然残破却又十分美丽的山山水水，萦系着我们的情肠。但是，什么时候能见到彭德怀司令员，让彭老总看看我们的演出，实现全团同志这一梦寐以求的愿望呢？

就在朝鲜停战协定签字后的第二天上午，我们突然接到志愿军司令部的通知，说彭总要会见我们慰问团的全体同志。钟纪明团长最先知道这个消息。当他向我们宣布这个喜讯时，脸上的胡子早就刮光了，他那多皱的脸上，看上去好像年轻了10岁。我也特地换了一身不常穿的衣服，把头发分开扎了起来。两个12岁的小演员担负着给彭总献花的任务，她们提前化了妆，辫梢飘动着蝴蝶似的绸带，脖子上围着鲜艳夺目的红领巾。早饭以后，全团同志和十九兵团司令部的干部们整齐地坐在礼堂里，大家露出喜悦的神色，兴奋而安静地等着。上午9点半，兵团司令员韩先楚和兵团政委、政治部主任陪同我和钟纪明向山下走去，两个"红领巾"跟在后面，我们要去山下的大路边迎候彭总。10点整，从公路南端飞快驶来两辆美式吉普车，把翻卷的烟尘抛在车后，在我们面前戛然停了下来。接着，第一辆车门打开，彭德怀司令员敏捷地下了车，向我们健步走来。两个"红领巾"跑得最快。她们站在彭总面前，行了少先队礼，说声："彭伯伯好！"双手把鲜花捧上。彭总接过花束，满面笑容，慈祥地看着两个孩子，用手摸着她们的头发，说道："好哇，红领巾也到前方来啦，怕不怕呀？"两个小朋友齐声回答："不怕！"彭总说："你们很勇敢，好样的！"兵团首长们给彭总敬礼说："彭总辛苦啦！"彭总说："我不辛苦，辛苦的是你们。"韩司令员向彭总介绍了我。彭总握着我的手，高兴地说："咱们是老相识，我在西安看过你的戏。你和你的剧团给志愿军捐献了一架飞机，这种爱国精神是了不起的，我们志愿军感谢你！"我忙说："不，不，我们做得很不够，比志愿军差得远。志愿军流血牺牲，保卫了祖国的安全，应该感谢志愿军。"彭总说："你很谦虚，这很好。抗美援朝，保家卫国，我们都有责任。这叫互相支持，互相鼓舞，对不对呀？""对，对。"我激动地回答。上山时，警卫员请彭总上车，彭总说："山不高，路不远，一块儿走走。"

彭总走进礼堂，全场立即响起热烈的掌声。他几次摆手，掌声才停息下来。彭总坐定后，我仔细端详，他中等身材，面色黑中透红，额上

285

有几道皱纹，目光坚毅、严肃，炯炯有神，粗硬的头发中已杂有根根银丝，一身洁净的半旧军服，面貌倒像一个农民。我心想，这就是我们的彭老总，他功勋卓著，举世闻名，朋友敬仰，敌人害怕，却又是这样的质朴、平易。

韩先楚简短致辞后，接着请彭总讲话，礼堂里又是一阵雷鸣般的掌声。彭总缓缓站立起来，他腰板笔直，神态庄重，声音洪亮有力地讲道："同志们代表祖国人民，来朝鲜慰问，大家辛苦了，我代表志愿军向来自祖国的文艺工作者表示慰问！我昨天在板门店签了字，这场战争终于打到底了。毛主席说过：'凡是反动的东西，你不打，他就不倒。'对于美国侵略者，更是这样，只有狠狠地打他们，把他们打疼了，他才会老实。要不是打疼了，美国佬决不会坐下来和我们谈判。战争开始的时候，一个美国将军说过，朝鲜战争是无边、无底的，中国人必将陷入无底的深渊。这是吓唬人。海洋那么大，也是有边、有底的嘛！打了三年，不就见底了吗？他美国离朝鲜几万里，朝鲜人民并没有去请他，谁叫他们来咬人？既然找上门来，中朝人民就不客气，就要狠狠地揍他，小米加步枪就是要打败他们的飞机、大炮。"讲到这里，彭总看了看坐在一边的兵团首长，接着说道："打了胜仗，有人就可能骄傲，尤其你们这些将军们，要特别注意。骄傲意味着什么呢？它意味着摔跤子、失败！骄傲不得啊，没有祖国人民的支援，没有朝鲜人民的支援，我们能胜利吗？我提醒你们，美国侵略者现在是无可奈何，但他并不甘心，疯狗总是要咬人的，他什么时候要打，我们一定奉陪到底……"

大家出神地听着，彭总一口水也没有喝，一气讲了45分钟。他那深刻、精辟、充满信心、饱含鼓舞力量的讲话，紧紧地吸引着我们，打动着我们，使我们忘记了时间，忘记了疲劳。

下午，得知彭总尚未离去，晚上还要看我们的演出，演员们都提前去后台化妆。几个平时好说好笑的青年，此时也是缄口不语，他们在保护嗓子，积蓄精力，要尽力把戏演好。

夜幕降临的时候，指战员们精神饱满、井然有序地坐在礼堂里面。前面空有一排座位，那是给彭总留的。礼堂内的长桌和条凳全是用朝鲜红松做成，没有上漆，散发着新鲜木头的清香。礼堂不大，仅能容纳五六百人，是志愿军自己动手修建的。礼堂侧面，矗立着一座葱郁苍翠的山峰，使礼堂不易被敌机发现。前天，我们在里面演出时，为了防备空袭，窗子上蒙着厚厚的两层防雨布，场内十分闷热。现在已经停战，防雨布全都取掉了，舞台上四只500瓦的大灯泡，照得全场通明，灯光透出窗洞，礼堂外面也是明晃晃的。这个突然的变化，使大家将信将疑，真的停战了吗？不怕敌机发现目标吗？晚7点半钟，就像急雨骤起，台下响起了热烈的掌声，彭总从侧门走进礼堂，亲切地向指战员们频频招手，然后缓缓落座。演出开始后，先由西北艺术学院音乐系的王霞独唱陕北民歌《宝塔山》：

宝塔山那个宝塔喽，

顶顶儿连着那天。

哎咱毛主席他跟咱们喽，

心呀心相连……

彭总随着音乐节奏，右手轻轻拍着左手，嘴唇在轻轻翕动。显然，他对陕北民歌是熟悉的，对他战斗过的地方具有特殊的感情。接着是新疆歌舞团维吾尔族姑娘王霞独唱《新疆好》。她明眸皓齿，粉腮丹唇，满头蓬松油亮的黑发，苗条丰满的身姿，长得十分美丽，尤其是有一副运用自如的好嗓子。她唱道：

我们新疆好地方呵，

天山南北好牧场；

287

戈壁沙滩变良田，

积雪融化灌农庄。

咪咪咪，咪咪咪……

我们美丽的田园，

我们可爱的家乡。

　　她用维吾尔语、汉语各唱一遍，那一串"咪咪咪"的花音拖腔，犹如行云流水，响彻九霄。听着她那悦耳迷人的歌声，使人自然而然地联想到一幅十分美好壮丽的图景，热爱祖国、热爱家乡的感情，油然而生。彭总听得很入神，很动情。他戎马倥偬，驰骋疆场，食不甘味，夜不安枕，不就是为了让亿万人民过上这种幸福安适的生活吗？在雷鸣般的掌声中，王霞谢幕三次，又演唱了一首《各族人民心向共产党》，才算满足了大家的要求。彭总满面笑容，站起来给她鼓掌。这不只是对王霞歌唱艺术的赞赏，也是对兄弟民族文艺使者爱国主义精神的鼓励。

　　歌舞节目演完，我们豫剧队演出的《花木兰》开始了。随着一阵响亮急促的打击乐声，那饱含中原泥土气息的豫剧弦乐拉起了前奏，激越、柔婉、缠绵、深沉，荡气回肠，沁人肺腑。演到第三场《征途相遇》，当刘忠对出征不满、发出怨言时，花木兰对他晓之以理，喻之以义，耐心劝道：

尊壮士再莫要这样盘算，

你怎知村庄里家家团圆？

边关的兵和将千千万万，

谁无有老和少田产庄园？

若都是恋家乡不肯出战，

那战火早烧到咱的门前！

唱到这里，彭总现出会心的微笑，带头鼓起掌来。

剧终时，有节奏的掌声此起彼伏。彭总由十九兵团首长陪同，上台和演员一一握手，并把一束鲜花献给了我。彭总大声说："同志们的演出很精彩，我们都爱看，向大家表示感谢，祝贺你们演出成功！"他接着对我说："你唱得好，表演好，每个字每句话我都听得清，这很难得。《花木兰》这出戏有教育意义，可以给战士们多演。封建社会的女子能这么勇敢，女扮男装，血战沙场12年，这种英雄行为是了不起的。花木兰的爱国精神应该发扬。"彭总精力旺盛，容光焕发，谈得兴致勃勃，好像把多日的疲劳全忘掉了。在兵团首长的提醒下，他才在热烈的掌声中离开舞台。

回到驻地，演员们仍然沉浸在兴奋欢乐的气氛之中。时近午夜，同志们毫无睡意，有的在写日记，有的在向家人写信，述说这永远难忘的一天。

进入8月下旬，我们入朝慰问已经将近五个月了。在这几个月里，我们到过炮火连天的前沿阵地，钻过幽深莫测的山中坑道，住过原木搭成的简陋小屋，参观过秩序井然的志愿军总部，领略过美国鬼怪式战斗机刺耳的呼啸声，踩踏过B-29轰炸机轰炸后留下的巨大的弹坑，观看过一颗颗贼亮贼亮的悬在半空中的照明弹。尤其是那一片片荒无人烟的废墟、一家家妻离子散的惨相，使我对侵略者的暴行更加痛恨。然而，最难忘的是千千万万个英雄的中国人民志愿军战士，是那些平凡、质朴却又创造了震惊世界的伟大业绩的最可爱的人。朝鲜人民那种勇敢、坚毅、吃苦、耐劳、永不屈服的民族精神，使我感动和敬佩。

按照上级指示，慰问工作结束了。我们就要返回日夜思念、哺育我们的祖国了。当我们的车队驶到平壤附近的大同江桥的时候，钟纪明团长吩咐停车。我们走到桥心，靠栏杆站下，只见宽阔浩渺的大同江在我

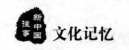

们面前铺开，江水滔滔，碧绿晶莹，像一匹巨大的绿色锦缎在不住地抖动。"逝者如斯夫，不舍昼夜。"江水，歌唱着朝鲜人民光辉的斗争历史；江水，赞颂着中朝两国人民用鲜血凝成的友谊。

（原载于《纵横》1998 年第 1 期）

"秘书长"眼中的"主席"

——华君武忆齐白石

朱冬生

　　白石老人画了一辈子画，85岁之前没当过官，一辈子当的唯一一个正经官，是新中国成立之后就任中国美术家协会主席，一直到1957年93岁去世。

　　白石老人任主席，"无为而治"，不管具体事。中国美协是个大机关，老人不管事，可美协却有不少事要老人管，老人对此很不适应，有点不胜其烦。为了减轻老人的领导压力、照顾老人的情绪，政务院指示，选一位既是画家又熟悉领导工作的老资格当美协的秘书长。就这样，1953年，华君武到了美协任秘书长。

　　文化部部长沈雁冰（茅盾）找华君武谈话，说他的任职是周总理亲自考虑的，他的任务除了负责美协的日常领导工作外，就是联系和照顾好白石老人，美协的事务性工作不能让老人操心。因为有了一个能力很强的秘书长，白石老人在人生的最后四年，主席当得非常舒心。

　　华君武每次谈到这段经历也很高兴，常说，白石老人这位主席是他工作经历中最好伺候的领导，因为老人对他的工作从不干预，除了支持还是支持。

我与华君武的相识相交

从1985年开始，我与华君武相识20多年，有过许多交往，时间长了也就成了朋友。

1985年1月，《解放军生活》杂志创刊，我任主编。当时军队公开出版的刊物很少，因而得到中央和军队许多领导和专家的支持和鼓励，也收到了不少来自他们的稿件。

收到的稿件之中，就包括华君武为杂志画的漫画《为错误装订作像》。画面是四个军人列队，其中一个军人背对正面，漫画图注是："一本书装订颠倒，四分之一倒装了。解放军如果列队，喊口令向后转，四分之一向后，成何体统。因作漫画一幅，引以为鉴。"漫画发表后，华君武让秘书跟我联系，相约见面。

1985年3月15日上午，在中国美协华君武的办公室，有了我们的第一次见面。华君武同志身材魁梧，讲话中气很足，声若洪钟。他不仅是漫画家，也是新闻出版工作的专家，对我们这本新生的刊物和我这位年轻的主编寄予厚望，还用唐代李商隐的诗"桐花万里丹山路，雏凤清于老凤声"相勉励。

新中国成立之初，华君武任《人民日报》美术组组长，后又改任文艺部主任。从1953年起，华君武兼任中国美术家协会秘书长，一直到1966年。"文化大革命"期间，他到天津团泊洼"五七"干校劳动，种了一年粮，种了一年菜，养了四年猪。1980年回到美协后，担任副主席、党组副书记，主持日常工作，并兼任中国文联书记处书记。

"宁肯为盗难逃，不肯食民脂膏"
——白石老人拒绝美协为他改善住房

　　华老对我说过，到美协任领导工作，起初他是不太情愿的，因为美协名人大家太多，恐怕难伺候。但考虑到他的任职是周总理点的将，他只有服从组织的分配。到美协任职以后，他做了自己认为很得意的一件事，就是为白石老人解决住房。

　　白石老人原住在西单教育部街跨车胡同的一个小院子里。这是一个极普通的民居小院，正房小三间，每间12平方米左右。居中为客厅，两侧为卧室和画室。客厅正面是一个条案，条案下塞进去的是一张八仙桌，两把太师椅置于凸出条案的桌子的两侧，东西两面墙各放了两把待客的椅子和高脚茶几。客厅正面墙上是一幅老人画的中堂，中堂两侧有对联，东西两侧墙上各挂了花、鸟、鱼、虫四条屏，都是老人的作品。

　　屋子太小，一到了过节或重要活动，五位来客就能把屋子塞得满满的。院子也不大，正房与厢房、厢房与北屋相邻的空地上，各有一棵不高的枣树和石榴树。院门的大门坎一尺高，正房的地面高于院面，有两级台阶，正房的门坎也有一尺高。这样的住处，对于一个90岁的老人来说十分不便，作为一个领导和知名人士的居处，尤其要在此处接待来访的外宾，更是不便。

　　张罗着为老人改变居住环境，成了华君武这位秘书长的心事。因为白石老人是他的领导，也是他最尊敬的师长，关心美协主席的工作生活他觉得是他这位秘书长分内的事。

　　没想到华君武把这一想法跟老人一说，却遭到了老人的强烈反对。华君武说，听到我要给他找房子，老人很是不悦，立即吟诵了一首诗："宰相归田，囊底无钱，宁肯为盗，不肯伤廉。宁肯为盗难逃，不肯食

民脂膏。"并找出《盗瓮图》的画稿，给我讲述这首诗和画的来历。

白石老人作《盗瓮图》意在为晋朝毕卓纪事。毕卓年少时好饮酒，官至吏部侍郎后，不肯贪赃枉法，无钱买酒，夜间便偷食邻家的酒喝。醉后被捉，天明一看，竟是毕吏部，此事传为千古佳话。白石老人先有这首诗，后来才有了这幅画。他画毕卓偷酒吃醉的样子，精妙处就在于人物的醉后情态，面部微红，眼似睁似闭。诗句也极富人民性，意思是说，旧社会不贪赃枉法的官吏太少了，像毕卓宁肯偷盗也不肯做官伤廉、伤害老百姓的更是少之又少。因诗而有画，讽刺意味深长。白石老人以此诗画婉拒组织上为他安排新房，既见老人的人品，也见老人的机敏。

尽管老人不同意，华君武还是把他的想法向沈雁冰部长作了汇报。此事逐级反映到了周总理处，周总理很是重视，最后由文化部出面将白石老人的住处安排到了南锣鼓巷的雨儿胡同。白石老人很是感动，主动将自己家中的外汇和金条送到美协。

白石老人在西单教育部街跨车胡同住了30多年，最后在南锣鼓巷雨儿胡同又住了四年，一直到去世。

"从没见一个人如此虔诚、诚惶诚恐"
——李苦禅拜见齐白石

"绝后空前释阿长，一生得力隐清湘。胸中山水奇天下，删去临摹手一双。"此诗本为白石老人谈石涛画时写的诗，意为中国画是描绘现实的，石涛却能摆脱临摹的套路，大胆创造，达到空前绝后的成就。老人也几次用此诗，评价李苦禅的画和李苦禅对绘画艺术的追求。

华君武谈到白石老人与李苦禅的师徒之情时，总有那么一份诚挚的仰慕之情。他说，中国得益于白石老人的画家很多，有些是真崇拜，崇拜白石老人的绘画艺术，学习白石老人的绘画精神；有些画家是假崇拜，意在盗用白石老人之名，粉饰自己。而苦禅先生不是这样的，苦禅先生也是中国美术界的大师，是白石老人的得意门生，他一生敬仰、崇拜白石老人。白石老人也非常欣赏苦禅先生，曾用自己的题画语品评李苦禅："作画先阅古人真迹过多，然后脱前人习气，别造画格，乃前人所不为者，虽没齿无人知，自问无愧也。"

白石老人与李苦禅师徒30多年，战乱年代颠沛流离，见面很难。全国解放后，他们都在北京，见面的机会有了，来往也无障碍，但苦禅先生无事请教的话绝不干扰老人。他每见老人，就像朝圣、拜佛那么恭敬。

华君武说，1953年4月20日上午，他到跨车胡同白石老人家中。此时已是仲春，天气暖和，院中的枣树和石榴树早已绽出新叶，但白石老人仍穿着灰布棉袍子。白石老人告知，今天将有贵客前来，这个贵客就是苦禅先生。苦禅先生前来拜见老人的时间是三个月前就约定了的，他每次拜见老人，总是早早预约，来前一周，不进荤腥，每天焚香沐浴。老人劝诫于他，不可拘礼，但苦禅先生总以这是学生应尽的礼数作答。

10点半钟，准时应约而来的苦禅先生未进院门，先已激动得扑倒在大门外，然后双膝双手着地，匍匐着从院门外爬过大门槛，爬过小院，再从两级台阶上，爬过客厅的门槛，再爬进客厅。进院之后，白石老人连忙招呼家人把苦禅先生搀扶起来，但苦禅先生坚持不肯，径直爬到了恩师的面前。见到白石老人，李苦禅先行跪拜之礼，之后又用双手轻轻地抚摸白石老人的棉鞋，哆哆嗦嗦地亲吻白石老人的双脚。

此时的李苦禅已经激动得泣不成声，他语无伦次地再三向老人表示谢意，祝老人健康长寿，并说老人能在百忙之中接见他是他的福分。

顶礼膜拜、行礼如仪之后，李苦禅才在白石老人家人的搀扶之下，恭恭敬敬地面向老人斜坐到客座上。他双眼满含激动的泪水，但为了不分神聆听老人的教诲，始终不敢以手拂面。

华君武说："面对此情此景我也很感动，我走遍了差不多半个中国，去过无数名山大川，见过许多大德高僧，见过善男信女不计其数，但是没有一个是像苦禅先生拜见白石老人那么虔诚，那么诚惶诚恐。"

李苦禅1923年拜白石老人为师，到这时已有30多年，他在国画创作上的极高造诣也使他在中国画坛上已自成一派，但他认为这都是受益于恩师。白石老人自然是他心目中的神，他心目中的圣，他心目中的佛。他心诚以待恩师，无人能够企及。这种虔诚，是他对艺术的虔诚，对中国画的虔诚。唯有这种虔诚，造就了他的勤奋，激发了他的努力，催生了他大师的境界。

对白石老人与苦禅先生，华君武都非常尊敬。白石老人曾说："艺术之道，要能谦，谦受益，不欲眼高手低，议论阔大，本事卑俗。有识如此数则，自然成器！"他正是以这种精神以上率下的。

华君武说，白石老人、苦禅先生都是他艺术生涯的前辈，是他精神领域的楷模，他希望这种精神能植根到所有搞艺术的人的心灵中去，我们的艺术就能"无量寿佛"。

（原载于《纵横》2018 年第 10 期）

沈从文和萧乾：从师生到陌路

傅光明

沈从文用毛笔在菜单上写下菜名，萧乾唤住转身欲走的伙计：“这个菜单您给我吧，我再给您抄一遍。”

萧乾的第一个文学师傅是沈从文，他们结识于1931年。当时，萧乾正在辅仁大学同安澜合编《中国简报》，经国文课老师杨振声介绍，去采访沈从文。已是著名小说家的沈从文对这位文学青年十分热情，头一次见面便请他到东安市场下馆子吃饭。沈从文从伙计手里要过菜单，用毛笔在上面写起菜名。萧乾很崇拜这位作家，见他写的一手秀逸的书法，急忙唤住转身欲走的伙计，说：“这个菜单您给我吧，我再给您抄一遍。”沈从文冲他一摆手，说：“要菜单干吗？以后我会给你写信，写很长的信。”打这以后，还在青岛大学任教的沈从文，给萧乾写过很多信，而且总是以“乾弟”相称，透出亲情般的关爱。他们的友谊由此开始。

1932年夏，萧乾因实在无法忍受心地善良但脾气暴躁、喜怒无常的雷德曼，而离开辅仁大学南下福州，跑到苍前山英华中学教国语。雷德曼是位爱尔兰裔美国神父，萧乾读辅仁英文系时，他是英文系主任，培养起萧乾对爱尔兰诗歌、小说以及戏剧的爱好。萧乾觉得雷德曼好像是爱尔兰的苏曼殊，他不光酒喝得冲，而且完全沉浸在19世纪爱尔兰浪漫主义文学里。萧乾时常听他吟诵叶芝的诗，或朗读约翰·沁、奥凯西以及葛瑞果蕊夫人的剧本。

1933年夏秋，萧乾由福州回到北平，即转入燕京大学新闻系。没过多久，他就收到沈从文一封信：

> 秉乾弟：
>
> 　　见某日报上，载有燕大编级生一个你的名字，猜想你到了北平。我已从青岛跑来北平，目前住西城西斜街五十五号甲杨先生家里，想出城来找你，可一时不能出城。你看有事进了城，爱依然骑你那自行车到处跑，高兴跑到我住处来玩玩。我大多数总在家中，晚上不便回校可住在我住处。
>
> 　　很念你。
>
> 　　　　　　　　　　　　　　　　　　　　　　　　　从文
>
> 　　　　　　　　　　　　　　　　　　　　　　　　八月九日

收到沈从文的信，萧乾满怀喜悦，骑上自行车，直奔西斜街的杨振声家，见到阔别已有一年的师长。很快，沈从文与妻子张兆和在府右街达子营安了家，萧乾便成了这里的常客。当时，他正和女友高君纯热恋，也梦想着建立起属于自己的温馨甜蜜的家。

萧乾这时已经把写小说当作人生的终极目标，他在1929年和1930年的《燕大月刊》上发表过小说《梨皮》和《人散后》，但自己并不满意，渴望得到一位师傅的引导。沈从文很喜欢这个勤奋、生气勃勃、勇敢结实的青年，已把他看成同自己一样的"乡下人"，并"希望他永远是乡下人，不要相信天才，狂妄造作，急于自见。应当养成担负失败的忍耐，在忍耐中产生他更完全的作品"。

沈从文对这位徒弟要求很严，让他写好一篇小说后反复润色，告诉他："文字同颜料一样，本身是死的，会用它就会活。作画需要颜色且需要会调弄颜色。一个作家不注意文字，不懂得文字的魔力，有好思想也表达不出这种好思想。"

沈从文对语言的这种认知，深深影响了萧乾。他明白"字不是个死板的东西。在字典里，它们都僵卧着。只要成群地走了出来，它们就活跃了。活跃的字，正如活跃的人，在价值上便有了悬殊的差异"。萧乾跟师傅学着把文字当成绘画者的颜料，"在把笔尖点在纸上那刻，他心智的慧眼前已铺出一幅连环图画，带着声音和氛围，随着想象的轮无止息地旋转。绘画者的本领在调匀适当的颜色，把这图画以经济而有力的方法翻移到纸上去"。

萧乾每次来达子营沈家，都觉时间过得太快。师傅的每一句话都深深扎进他的脑海："据我经验说来，写小说同别的工作一样，得好好地去'学'。又似乎完全不同别的工作，就因为学的方式可以不同，从旧的各种文字，新的各种文字，理解文学的性质，明白它的轻重，习惯于运用它们，这工作很简单、落实，并无神秘，不需天才，好像得看一大堆'作品'，做无数次试验，从种种失败上找经验，慢慢地完成他那个工作。"

有一次，萧乾问师傅一个文学青年最爱问的问题："你为什么要写作？"师傅告诉他一个"乡下人"的意见："因为我活到这世界里有所爱。美丽、清洁、智慧以及对全人类幸福的幻影，皆永远觉得是一种德性，也因此永远使我对它崇拜和倾心。这点情绪同宗教情绪完全一样。这点情绪促我来写作，不断地写作，没有厌倦。只因为我将在各个作品的各种形式里，表现我对于这个道德的努力。人事能够燃起我感情的太多了，我的写作就是颂扬一切与我同在的人类的美丽与智慧。若每个作品还皆许可作者安置一点贪欲，我想到的是用我的作品去拥抱世界，占有这一世纪所有青年的心。生活或许使我平凡与堕落，我的感情还可以向高处跑去。生活或许使我孤单独立，我的作品将同许多人发生爱情和友谊。"

萧乾听得醉了，骑车回燕园的路上，他脑子里始终在回味着师傅诗一般的写作哲学。他相信师傅说的，在文学道路上，不要迷信天才，全靠埋头苦干。有这样的师傅引路，没有理由不努力，一定要多看别人的作品，拣那些最好的看，多经历人生。要紧的是要写下去！更要紧的是要读下去，看下去，想下去！想到这，萧乾心里充满了欣悦，也增添了自信。

自打沈从文把有点怯生生的萧乾引进林徽因著名的"太太的客厅"，他就几乎成了人们惯称的"京派作家"中年轻的一员

达子营沈家成了萧乾文学的精神家园，他恨不能天天就长在沈家，聆听师傅的教诲。师傅鼓励他多写，却不愿他滥写。不要当多产作家，要写得精。沈从文对萧乾说："我希望你每月只写三两个短篇，然后挑出最满意的再来看我。没有写成不要来见我。"

不久，萧乾满怀激情地创作了一篇名叫《蚕》的小说，随后认真誊抄在印有燕京大学字迹的红格稿纸上，寄给了沈从文。这一天是1933年9月29日。

过去了一个月，11月1日，萧乾在燕大文科楼的阅报栏前不经意地浏览《大公报》。当他看到副刊版上发表了一篇小说《蚕》，作者就是萧乾，他起初不敢相信自己的眼睛。不是做梦，他太兴奋了，整个心仿佛一下泡到了蜜罐里。那份激动的紧张使他的大脑瞬间成了空白。这毕

竟是自己真正意义上的文学处女作。萧乾从心底感激师傅的鼓励和提携，细心的萧乾发现师傅在许多处作了修改，这使他获益匪浅。他后来写道：

> 看到印出来的文章时，你就不曾理会删改的痕迹吗？我是曾这样麻烦过另外一个朋友的。我曾脸红。我觉得是犯了罪，那样过分地麻烦一位满心帮我而又负着很重责任的人。我日夜咬住牙，想拼着写一篇用不着他动笔改的文章。自然，到如今我还只是在努力着。但从那以后，我把别字看成鼻尖上的疮，对赘字养成难忍的反感。学着他那简练的榜样，我少用"虚"字，少说无力的废话。自然我还不行，我仍得努力下去的。

没过几天，萧乾收到沈从文的信，说"有一位既聪明又高贵的小姐"要见他，因为那小姐说《蚕》是沈从文主编《大公报》副刊两个多月来她读到的最好的小说。

星期六下午，萧乾穿着一件新洗的蓝大褂如约先到了达子营沈家，才知道那位小姐是赫赫有名的一代才女林徽因。这可有点出乎萧乾的意料，谁不知道她那"太太的客厅"名满京城，能到那里聚会的几乎全是学界文坛的翘楚。

自打沈从文把有点怯生生的萧乾引进林徽因著名的"太太的客厅"，他就几乎成了人们惯称的"京派作家"中年轻的一员。他在创作上也更加用心，一有空闲，便跑到诗情浓郁的未名湖畔，面对如水墨画般的湖光塔影出神构思。然后把写好的小说誊清，挑出最满意的，蹬上自行车赶到达子营，让师傅过目。就这样，萧乾最早的几篇小说，如《小蒋》《邮票》《花子与老黄》《邓山东》《印子车的命运》，全经沈从文之手，发在《大公报·文艺》上。《大公报·文艺》是萧乾文学创作的摇篮。

1935年7月，萧乾刚一毕业，就由杨振声和沈从文介绍，进入《大公报》工作。萧乾刚在天津接替沈从文主编《大公报·文艺》的时候，每月至少来京一次。而每次必由杨振声和沈从文两位负责，把朋友们召到一起，或中山公园来今雨轩，或"太太的客厅"，常常是边吃喝边天南地北地聊。常来的有杨振声、沈从文、金岳霖、林徽因、冯至、朱光潜、卞之琳、李广田，后来巴金、靳以由沪北上，也加入进来。

沈从文对萧乾的副刊编辑工作总是力所能及地给予关心和支持，他还为萧乾的第一个小说集《篱下集》写了《题记》，称"他的每篇文章，第一个读者几乎全是我。他的文章我除了觉得很好，说不出别的意见"。可以看出来，师傅对徒弟的努力成果是满意的。另外，沈从文将萧乾的《篱下集》和散文集《小树叶》推荐给商务印书馆编入"文学研究会创作丛书"出版。同时，师徒俩联名出版了文艺书信集《废邮存底》。书中收有14篇沈从文的"废邮存底"和萧乾的22则"答辞"，阐释了他们俩的艺术观点。由于是以书信体形式写成，文字真切平实，论理深入浅出，而且可以看出师徒俩一脉相承的艺术审美情趣和价值取向。

"八一三"以后，《大公报》缩版，萧乾被遣散。流亡到武汉，又是杨振声和沈从文两位恩师为他找到栖身之处，还让他参加他们从1933年就开始进行的中小学教科书的编撰工作。在以后的几个月里，杨振声和沈从文每月都送给萧乾50元钱贴补家用。那时，他和"小树叶"正困居在昆明。萧乾知道那钱是两位恩师硬从自己的薪水中撙节出来的，心里对这份雪中送炭的至情友谊充满了感激。他会珍视这份人世间最美好的感情。

萧乾不能忘怀的是，1946年他刚从英伦回国不久，因不满现状，以"塔塔木林"为笔名，假托洋人之口，写了一组反讽现实的杂文《红毛长谈》。沈从文继以"巴鲁爵士"为笔名，写了一篇模仿"红毛"笔法的俏皮文章《怀塔塔木林》，以响应《红毛长谈》，并流露出批判现实、追求民主的自由主义思想。他对自己带出的这位徒弟颇为得意，称："塔塔对中国本位文化，既理解透彻，文章写来，自然亦庄亦趣，不古不今，驳杂如诸子、精悍有稷下辩士风，引喻设义，奇突幻异，又兼有墨学家宋荣子、法国学人服尔太翁风味。"

1948年，《红毛长谈》由储安平主持的上海观察社出版单行本时，萧乾收入了沈从文的这篇妙文《怀塔塔木林》作为附录，也算对师徒友谊的一个纪念。但不幸的是，这竟成了师徒俩最后一次真诚的联袂合作。

新中国成立以后，沈、萧分道扬镳的迹象开始显现，真有一点"道不同不相为谋"的架势

新中国成立以后，萧乾在对外宣传的岗位，安心当起"人民的吹鼓手"。沈从文则是硬被逐出了文学阵营，搞起了古代服饰研究。他一定不想放弃钟爱的文学，一度精神失常。他曾用小刀割破血管试图自杀，以求解脱。许多朋友知道沈从文自杀未遂后，都到他家安慰。萧乾更是以弟子学生之谊，多次到沈家探望、叙旧，使沈从文深受感动，绷紧的紧张情绪慢慢松弛下来。

沈从文心里很清楚自己当时所处的位置：若想平安度日，只有放下笔，远离文学，古代文物里才没有是与非和阶级斗争。所以，他在历史博物馆一干就是整十年的讲解员。

沈从文也是矛盾的，他虽然做着文物讲解员，似乎远离尘嚣，可也一直巴望有机会出头露面。他希望能得到表明自己政治进步的机会，哪怕违心地说话做事都在所不惜。萧乾清楚记得1957年反右时，在文联的批斗会上，沈从文发言揭露萧乾早在20世纪30年代就同美帝国主义勾结上了。他不敢相信这话出自沈从文之口，他想，我30年代与安澜合编

303

《中国简报》的情况你沈从文是了解的，怎么可以这样恶语中伤。萧乾真想就此割断两人的友谊，朋友之间这样做太伤人心了。但事后萧乾想，沈从文对我的恩太重太重，何况当时他那样做一定是出于强烈的自保意识，不能怪他。

20世纪60年代初，萧乾下放劳动刚一回京，就去沈从文家拜访，并在有了住房以后还曾请沈从文夫妇来吃过饭，表明自己又安了窝。友情在持续，70年代初，沈从文在咸宁干校劳动期间，还给萧乾写过两封长信，虽然称谓上由"乾弟"改为了"萧乾同志"，但还是能推心置腹，叙谈自己的近况和心境。沈在1970年9月22日致萧乾信中谈到他正在摸索新诗道路："这次疏散下来，因血压常在二百，心脏又膨大，已不能劳动，多半躺在床上。虽无书可看，且不明本地语言，向乡人学习也难具体。因此又写了些诗，试着在'七言说唱文'和'三字经'之间，用五言旧体表现点新认识，不问成败得失，先用个试探态度去实践，看能不能把文白新旧差距缩短，产生点什么有新意的东西。或许还可以搞出些样品。"然后他提到中国人民在伟大领袖毛主席领导下，万千民众不断努力，人间奇迹得以一一出现，自己便在兴奋之中"写了首《红卫星上天》长诗，如有机会在另一时公开。可惜照目前情形说来，我大致不会看到这首诗发表了。这也没有什么关系，因为时代多伟大，个人实在小得可笑"。

正是沈从文在政治上的激进思想和行为，导致了沈、萧二人40年的师生情谊到了无法弥合的地步

沈从文在1970年10月17日致萧乾的另一封信中，表明这样的态度："解放以来，凡事多得党和人民厚待，一家人过了廿年特别好日子，却

做不了多少对人民有益工作真是有愧余生……近廿年在社会剧烈变动中，能免大错，已属万幸，哪里还能妄存非分之想，说什么'壮志雄心'……一切工作都永远只抱着个学习试验态度，不存什么个人名利野心，因此直到如今，还能好好活下。"他在信的最后希望萧乾"学习进步，工作积极，态度端正，少出差错"。

这时的沈从文早已不是"对人生具有深厚同情与悲悯，对个人生命与工作又看得异常庄严，来用宏愿与坚信，完成这种艰难工作，活一世，写一世，到应当死去时，倒下完事"的那个沈从文。他已被扭曲成政治的驯服工具，政治意识在他头脑里占了第一位。他活得谨小慎微，不求有功，但求无过。没有了朝气和勇敢，也没有了坚强和乐观。他的人生意识，在精神上早已把五四的民主理想丢到脑后。难道他会为了简单地迎合政治，而把自己的真实想法封存起来吗？未可知。事实上，正是沈从文在政治上的激进思想和行为导致了他和萧乾40年师生情谊的终结。

那是1972年，沈从文从咸宁干校回到北京不久，萧乾去看他，见他一人住在东堂子胡同的一间房子，而夫人和孩子则住在小羊宜宾胡同，中间隔得很远，生活极不方便。就想通过在北京市委工作的一位青年朋友，找到历史博物馆的领导，给沈从文一家解决住房上的困难。后来没办成。萧乾很觉得过意不去，就把事情经过告诉了沈夫人张兆和。不想沈从文得知此事后，极为不高兴，当即给萧乾写了一封措辞严厉的信，指责他多管闲事。有一天在路上，两人偶然相遇，萧乾还想解释，不想沈从文劈头就是一句："你知不知道我正在申请入党？房子的事你少管，我的政治前途你负得了责吗？"萧乾哑然，呆立良久，惊愕不已。

萧乾想起1950年对改良主义的自我批判，政治思想上积极要求进步，并提出想加入共产党的请求，自己当时的心情不也很像现在的沈从文吗？他曾在一份上交党组织的"自传"里这样写道："我的向上爬思想及中间路线的看法都发源于一个错误的人生观，为自己而活、生存至

上的人生观，也即是个人主义。这个人生观与为人民服务的人生观是不调和的，与整个革命是背道而驰的。在文学上，这个是表现在唯美颓废主义，追求不朽；在政治上是表现在我的中间路线上。"他表示要通过进一步学习，彻底清算个人主义思想。"唯有精读报纸，勤听报告，熟读文件和马列文献来克服自己的缺点，学习掌握原则，以成为人民胜任的公仆。"

这已经完全不是两年前在为《大公报》写的社论里，提倡民主政治和自由主义思想的萧乾了。他已经在如此短的时间里，自愿接受思想改造，表面上彻底清算了民主个人主义思想。

萧乾真的将他自由主义的民主思想锁进保险箱了吗？他只是憋住自己的"意识流"，不敢说出来。到1957年毛泽东提出"百家争鸣"时，他还是"跳"了出来，这八年可把"自由"惯了的他憋坏了。他在《放心·容忍·人事工作》这篇文章里，借西方资本主义国家一句非常豪迈的话，"我完全不同意你的看法，但是我情愿牺牲我的性命，来维护你说出这个看法的权利"。以提醒党的人事部门对知识分子放下心来，健康地开展"鸣"和"放"的工作。所谓"民主精神"，应该包括能容忍你不喜欢的人，容忍你不喜欢的话。

但不幸的是，萧乾像50多万中国知识分子一样，在1957年的那个初夏，向党交心，一吐肺腑之言之后，被错划为右派。

萧乾设身处地地替沈从文想，自己当时不也是从真诚的自我批判开始，要求靠拢党组织，并向党交心，表示要"做毛泽东文化军队里的一名战斗员"的吗？虽然结果是划为右派的命运，但沈从文照样可以并有权利以他自己愿意的方式在政治上要求进步，申请入党。他说不定早就对自己写过的、被郭沫若在《斥反动文艺》里骂为"桃红小生的作品"进行了清算，才有了今天的政治觉悟。由那句西方名言的观点，他这样选择无可厚非，哪怕自己不喜欢，也要容忍。所以，萧乾在房子的事过去不久，还是给沈从文去了信，进行解释。可沈从文硬是不能原谅萧乾，并在信中继续怪罪他。两人由此绝交。这真是件令人遗憾而又无奈的事。说导致他俩关系最终破裂的元凶是那个特定年代的政治一点不为过。

在这之后，直到1988年5月10日沈从文去世的16年里，有许多朋友想从中撮合萧乾和沈从文言归于好，不知是双方都执拗地碍于情面，还是另有原因，双方未能恢复"邦交"。沈从文那里无从知晓，倒是萧乾亲历的一件事，使他对沈从文失望，也许是他始终不肯吐口和好的一个原因。

那已经是20世纪80年代了，杨振声之子杨起先生为出版《杨振声文集》找到萧乾，请他写序。萧认为请沈从文写最为合适，因沈当初同样受惠于杨振声，包括沈去西南联大中文系任教也是杨振声介绍的。杨起便去找沈从文写序，不想沈从文的那篇序写出来，不光没有一点文采，里面也没有谈及半点与杨振声的友情和对杨振声文学创作的评价，而是写的近乎批判证明材料。序文题为"我所知道的杨振声先生"，文中有这样的证明："民十三前后在北大任教，曾著中篇小说《玉君》。陈源于《现代评论》介绍十篇作品时，曾对此书加以赞许。""1930年任青岛大学校长……学风维持北大自由民主传统，不受山东军阀韩复榘干预——但仍难免受青岛主持海军并市政的沈鸿烈及韩复榘干扰。""当时联大国文系所有教授必须担任一年级国文教学……对于学术自由风气起过一定的积极和提高作用。"全文仅720个字。杨起拿着这序又去找萧乾。萧乾读罢沈序，连连摇头，叹气，马上答应由自己另作一序，即《他是不应被遗忘的——怀念杨振声师》，以饱含深情的笔触追忆了这位曾参加火烧赵家楼的五四闯将。

萧乾可不是忘恩的人，虽然他风闻沈从文去世前遗言不许他参加追悼会，他还是在沈去世两天后，以最快速度为台湾《中国时报》撰写了一篇《没齿难忘》的悼文，在万分悲恸之中，流露出对老师的深刻缅怀和真挚感激。文中写道："他是我的恩师之一，是最早（1930

年）把我引上文艺道路的人。我最初的几篇习作上，都有他修改的笔迹，我进《大公报》，是他和杨振声老师介绍的。在我失业那八个月时间（1937—1938年），他同杨老师收容了我。这些都是我没齿难忘的。……希望正直的批评家和学者对从文先生一生丰富的著作进行缜密的研究，并做出公道的评价。"

（原载于《纵横》1999 年第 2 期）

郭沫若与萧乾的恩怨

傅光明

生于1891年的郭沫若比1910年出生的萧乾大将近20岁。1921年，当作为狂飙诗人的郭沫若以浪漫主义的《女神》开创中国一个新的诗歌时代的时候，萧乾正在教会办的崇实小学当工读生。待他1926年在北新书局做练习生，开始对文学感兴趣，郭沫若已是当时最著名的大作家、大诗人之一，心里只有崇拜的份儿。1930年，萧乾同安澜合编英文的《中国简报》时，曾根据杨振声的文学讲义，这样介绍郭沫若："先是浪漫主义者，后成为新现实主义者及无产阶级作家。译过辛克莱的小说，并用当代民主观点写过历史题材的剧本。"1932年，萧乾就读辅仁大学，参编校刊《辅仁杂志》，把郭沫若的《王昭君》翻译成英文。并在译文前写了一整页的介绍。这是他当时最爱读的三个剧本之一，另两个剧本是田汉的《湖上的悲剧》和熊佛西的《艺术家》。他都译成了英文。1933年，斯诺编译《活的中国》时，萧乾和杨刚帮他选译的短篇小说中，有郭沫若的《十字架》。1942年，萧乾在英国出版了他的第一本英文著作《苦难时代的蚀刻——中国现代文学一瞥》，他在评论郭沫若时写道："创造社领导人郭沫若反抗十四行，是因为他的自我表现被这种严格的形式窒息了。他不拘泥诗行的形式，不估量每一个词听觉和视觉上的意象，而是任情感山洪暴发般喷涌。……事实上，他被当成英雄。

他所要反叛的不仅仅是影响自由精神表达的僵硬的形式。像鲁迅一样，他反叛的是象牙塔派的矫揉造作的时髦。"谈到郭沫若的戏剧时，认为他的《三个叛逆的女性》"把现代思想和历史主题糅合在一起，获得很大成功"。

萧乾几乎与郭沫若差了两代人，本该井水犯不着河水，谁料1947年5月5日《大公报》上发表的"五四文艺节感言"《中国文艺往哪里走？》给他"惹出了乱子"。

1946年萧乾从英国回来以后，虽名义上仍分管《大公报·文艺》，实际工作主要是写国际社评。那时，他兼着复旦的教职，与文艺界的洪深、靳以同住校园。有一天，靳以要萧跟报馆交涉，推荐洪深编个戏剧周刊，报馆答应每周四出一整版。一天，洪深用院内传达室的唯一一部电话给人打电话。萧乾听到的意思大概是：他们正准备给田汉搞祝寿活动，洪深请那人写祝寿词，一定是那人不大想写，洪深大声嚷道："戏剧这碗饭你还想不想吃了？"萧乾和靳以当时听了，都觉得很不是滋味儿。戏剧专版跟报馆讲好用新五号字排，可祝寿词登出时全排的是大了一号的四号字，老板为此向萧乾提出抗议，因为这一版是他拉来的。

作为自由主义者的萧乾最反感政治的专制和文化的霸气，换成今天的说辞，就是要垄断话语权。再加上这件事，终于使他忍不住了。正赶上报馆社评委员会要他为配合五四写篇关于文艺的社评。于是就有了这篇《中国文艺往哪里走？》。萧乾写道："过去30年来，中国文坛可说是一连串的论战：有的是派与派争，如'语丝'与'现代'，有的是针对着问题，如'艺术为艺术'还是'艺术为人生'。那些论战，看来似是浪费，然而却一面代表当时作家对事的不苟，一面由派别主张之不同，也可以表征中国文坛盛极一时的民主。近来有些批评家对于与自己脾胃不合的作品，不就文论文来指摘作品缺点，而动辄以'富有毒素'或'反动落伍'的罪名来抨击摧残。在国家患着贫血，国人患着神经衰弱的今日，这些现象是大可原谅的。我们希望政治走上民主大道，我们对于文坛也寄以民主的期望。民主的含义尽管不同，但有一个不可缺少的要素，那便是容许与自己意见或作风不同者的存在。……作家正如公民，应有其写作的自由，批评家不宜横加侵犯……

"每逢人类走上集团主义，必有头目招募喽啰，因而必起偶像崇拜作用。此在政治，已误了大事；在文坛，这现象尤其不可。真正大政治家，其宣传必仰仗政绩；真正大作家，其作品便是不朽的纪念碑。近来文坛上彼此称公称老，已染上不少腐化风气，而人在中年，便大张寿筵，尤令人感到暮气。萧伯纳去年90大寿，生日那天犹为原子问题向报馆投函。中国文学革命一共刚28年，这现象的确可怕得令人毛骨悚然。纪念五四，我们应革除文坛上的元首主义，减少文坛上的社交应酬，大家埋首创作几部硬朗作品。那样方不愧对文学革命的先驱。那样，中国文艺才有活路可走。"

显而易见，萧乾是善意地希望中国作家要保持创作生命的长久，得少些虚荣浮华的场面，革除只准一种作品存在的观念，多点民主的雅量。悲天悯人的大无畏精神是作家写作永远的动力。一个有理想和良知的作家，要勇敢而不畏艰苦地创作，对黑暗势力要百折不挠地抨击下去。他希望中国文坛能由一片战场而变为花圃，在那里，平民化的向日葵与"贵族化的芝兰"可以并肩而立。

萧乾的"称公称老"无疑是指郭沫若和茅盾，"大张寿筵"则更有可能是特指当时为田汉祝寿。因为郭沫若的50岁生日是1941年11月10日在重庆过的，出席者有周恩来、董必武、茅盾、老舍、夏衍等六七十人。而茅盾，只是在他1945年7月9日50岁生日那天，由陕甘宁边区文协和文抗延安分会拍了贺电。萧乾在文中是把"称公称老"和"大张寿筵"一起作为文坛的腐化和暮气来反的。

历史无法预料。倘若萧乾当时能神仙般料到新中国成立后变幻莫测的政治走向，他一定不会写这篇社评，就好比明知烧红的煤球烫人，还

非要用手到火炉里去夹。没谁自甘引火烧身。这样也就能理解倒了几十年霉之后的萧乾在忆及此事时的懊悔心情。有次聊天他跟我说："我真愚蠢啊！离国七年，而且是最关键的七年，对国内情况一无所知，竟然回沪后在文艺节社评中，无端地为了'称公称老'几个字，给自己带来几年一连串的灾难。称公称老，本来就是民族的好传统，无可厚非。何况当时国统区文艺界郭、茅二位前辈，也是为了团结起来共同反对国民党的法西斯专政。茅盾先生是忠厚长者，心里当然也不悦，但新中国成立初期在《译文》编务上，他仍不断给我以支持和指导。另一位长者刚到了香港就向我大泼粪水，恨不得置之死地。"

这位长者正是郭沫若，他是在1948年3月香港《大众文艺丛刊》第1辑《文艺的新方向》上发表了《斥反动文艺》一文，恰恰以萧乾社评中所指摘的那种"动辄以'富有毒素'或'反动落伍'的罪名来抨击摧残"的方式，来向萧乾发难了。此文把作家分成五颜六色，沈从文是桃红色。"作文字上的裸体画，甚至写文字上的春宫"；朱光潜是蓝色，"人们在这一色下还应该想到著名的蓝衣社之蓝，国民党的党旗也是蓝色的"；萧乾是"黑色"的，最反动。他写道："什么是黑？人们在这一色下最好请想到鸦片，而我想举以为代表的，便是《大公报》的萧乾。……自命所代表的'贵族的芝兰'，其实何尝是芝兰又何尝是贵族！舶来商品中的阿芙蓉，帝国主义者的康伯度而已！摩登的很，真真正正月亮都只有外国的圆。高贵的很，四万万五千万子民都被看成'夜哭的娃娃'。这位'贵族'钻在集御用之大成的《大公报》这个大反动堡垒里尽量发散其幽缈、微妙的毒素，而各色的御用文人如桃红小生、蓝衣监察、黄帮兄弟、白面喽啰互通声息，从枪眼中发出各色各样的乌烟瘴气，一部分人是受他麻醉着了，就和《大公报》一样，《大公报》的萧乾也起了这种麻醉读者的作用。对于这种黑色反动文艺，我今天不仅想大声疾呼，而是想代之以怒吼：御用，御用，第三个还是御用，今天你的元勋就是政学系的大公！鸦片，鸦片，第三个还是鸦片，今天你的贡烟就是《大公报》的萧乾！"

"夜哭的娃娃"指的是萧乾写于1947年10月的另一篇文章《吾家有个夜哭郎》，当时他的长子铁柱刚刚降生，夜哭不断。萧乾是那种直觉异常敏锐的作家，望着自家的夜哭郎踹着小脚，挥动着小胳膊，在哽咽里皱起小眉毛，向上抽搐着嘴角，便倏忽联想到治国与育婴同理。"大凡育婴，有处非放任不可，有处又非束缚不可。倡绝对自由的母亲，其糊涂成分丝毫不减于那迷信巴掌和绑带的。"婴儿夜哭的主因是"饿"，对付夜哭最有效的方法是"喂"，而绝非"管教"。"奶汁"即民主，正因为"华夏"这个"婴儿"没有喂足他"奶汁"，所以"5000年来，摇篮里躺着的依然是个又黄又瘦，满身伤痕的娃娃"。"妈妈是很换了些位，每位接过手来都对天拍胸脯起誓说，我一定疼他；又对孩子说，唯我才是你的亲妈。然而，到现在他还是用原始的农具锄地，还是用十字画押，还是时疫的好主顾，（前天联总卫生专家说，去年仅死于黑热症的华人便有300万人）还是个嗷嗷待哺的可怜虫。"萧乾认为，即便中国有了议院、内阁、总统这些民主国家的全副行头，并不等于有了民主。"民主化的基础不在制度，而在一个深入家庭社会传统，附于每人心灵对人生博大的态度。……过去5000年是浪费在谁当妈妈的争端上了，近50年又闹起当娃娃应该弹钢琴呢还是拉琴，是进洋学堂呢还是官学堂。老实说，眼前的问题根本是奶汁，奶汁，更多的奶汁。谁喂也罢，只要奶喂得勤，不掺石灰，不总给橡皮奶头吮！"

这篇象征寓意深刻的文章反映出萧乾非常平民化的民主思想，而绝非郭沫若责难的贵族化倾向。萧乾无疑是用来暗指国民党专制独裁，堵塞言路，用绑条、巴掌和空奶瓶上的橡皮奶嘴对付"夜哭郎"。

画家徐悲鸿不但读懂了萧乾的寓意，甚至以为萧乾是中共地下党，特绘制了一幅"奔马图"相赠。郭沫若大概是急于报"称老"的私怨，当然更有可能是批判萧乾那样满脑子英美民主政治的自由主义知识分子

313

思想，才武断地"以革命的名义"给萧乾们贴上了"反人民"的标签："反人民的势力既动员了一切的御用文艺来全面'戡乱'，人民的势力当然也有权利来斥责一切的御用文艺为反动。但我们也并不想不分轻重，不论主从，而给以全面的打击。我们今天主要的对象是蓝色的、黑色的、桃红色的这一批'作家'。他们的文艺政策（伪装白色，利用黄色等包含在内），文艺理论，文艺作品，我们是要毫不容情地举行大反攻的。"他号召读者和这些作家的文字绝缘，不读他们的文字，并劝朋友不读。这真是一篇火药味十足"辱骂和恐吓"的檄文。

但郭沫若并未就此罢手。他还在1948年3月14日《华商报》上发表了题为"自由主义亲美拥蒋，和平攻势配合美蒋"的文章，提出："对提倡'自由主义'运动的报纸也要作正面的挖根的打击！他们强调美国的'自由'，我们便具体地指出美国的不自由；同时对苏联人民自由的实况多加报道，处处着实地给它打击。"第二天，郭沫若又在《华商报》"'社经研究会'的批判"一栏发表了《提防政治扒手》，把组成"中国社会经济研究会"的段锡朋、邵力子、朱光潜等人，斥为接受美蒋俸禄的政治扒手，继而把矛头对准了萧乾："我们已经明确地知道TV宋（宋子文——笔者注）出了260亿，政学系的宣传机构派出了开路先锋萧乾。萧乾被派去做《新路》的主编，这和得了大量美元外汇到香港来进行宣传攻势，是有密切联系的……他们已经将一部分过去不曾和国民党合作过的文化和文艺工作者扒过去了，这分明是钱昌照、萧乾经手扒过去的。……他们更大的目标是在替蒋朝扒民意，扒民心，而最后呢是替美帝国主义扒中国主权！"

萧乾后来听说，是周恩来劝阻郭沫若不要再写这种文章，因会对共产党搞统战产生不良影响，郭才算偃旗息鼓。但这样颠倒黑白、无中生有的文字竟出自萧乾多年景仰的郭沫若之手，着实叫人寒心。如果谣言是一般人所造，辟一辟，或干脆不理也就算了。可郭沫若是继鲁迅之后的文艺界泰斗，背上黑锅，怕是跳到黄河也洗不清。直到20世纪80年

314

代，茅盾在写回忆录时还坚持认为："他们还创办了一个刊物，来宣传他们的主张，刊物就叫《新路》，主编是萧乾。"

关于《新路》，萧乾是在家庭遭人破坏，心情极度郁闷，精神受到很大打击，急于离开上海的时候，朋友姚念庆告诉他：北平几家大学的教授们计划出一份刊物，内定由清华大学吴景超教授主编，钱端升主持政治栏，刘大中主持经济栏，正物色一个编国际问题和文艺栏的人选。他觉得萧乾最合适。萧乾几乎未加思索就同意了。刊物后来定名"新路"。但没等刊物问世，他由于受到复旦大学地下党学生和由美归国的杨刚的劝告，就坚辞谢绝了。这里有两个明摆着的事实：一、刊物封面上每期都标有吴景超主编；二、萧乾根本没去北平，而是留在上海，继续编《大公报》并兼着复旦大学的教职。即便从萧乾碍于情面给《新路》写过的几篇文章看，如《联合国：美国的牺牲品》《柏林那趟》《詹姆斯轶事》《爱·摩·福斯特》《维·吴尔夫与妇权主义》等，也远够不上"政治扒手"，更何况没多久，《新路》即遭国民党查禁。

萧乾曾跟我说，当时他年轻气盛，无法咽下这口气，很快写了篇措辞激烈的回击文章，准备发在储安平主编的《观察》杂志。后来是《大公报》的地下党员李纯青劝他不要感情用事，说郭沫若开罪不得。但依萧乾的性格，他又不甘就这么吃个哑巴亏，为了表白心迹，他就写了《拟丁·玛萨里克遗书》作为回答，文章发在1948年4月16日《观察》上。

1945年欧洲战火熄灭后，东欧立即按雅尔塔约定的，成了苏联的势力范围，政权自然就由各国的共产党掌握。位于中欧的捷克，当时的外交部部长是党外的小玛萨里克。他的父亲托马斯·玛萨里克在第一次世界大战捷克建国后，曾是第一任总统，地位相当于中国的孙中山。小玛萨里克在捷克政府二次大战流亡伦敦期间，主持外交事务。胜利后，就蝉联为外长。1948年2月的一天，他在布拉格跳楼身亡。究竟是自杀还是他杀，始终是个谜。萧乾感兴趣的并不是他的死，因为即便他当时不

死，外长也不会当下去，且未必就能善终。萧乾以拟玛萨里克遗书形式写此文，一方面是剖白他在1948年的心境，同时，也是要借玛萨里克之口，表表自己的心迹。

萧乾本意是要说明，他像玛萨里克一样"离开本土过久"，虽然自信是忠于祖国人民利益的，但与七八年前的祖国，"终于还是脱了节"，竟因一篇《称公称老》招致不共戴天的仇恨。他还在文尾明确表达了对自然包括郭沫若在内的任何攻击者的态度："现在整个民族是在拭目抉择中。对于左右我愿同时尽一句逆耳忠告，纵使发泄了一时的私怨，恐怖性的谣言攻势，即便成功了，还是得不偿失的，因为那顶多造成的是狰狞可怕，作用是令人存了戒心。为了不替说谎者实证，为了对自己忠实，为了争一点人的骨气，被攻击的人也不会抹头就跑的。你们代表的不是科学精神吗？你们不是站在正义那面吗？还有比那个更有力更服人的武器吗？今日在做'左翼人'或'右翼人'之外，有些'做人'的原则，从长远说，还值得保持。"

萧乾一直把自己在新中国成立后政治命运的跌宕起伏归因于郭沫若的这篇《斥反动文艺》，其原因就是他曾经写的《称公称老》一文所惹的"乱子"。他当时自然觉不到这是个"乱子"，即便真当"乱子"看，新中国成立后，他这个"最反动的黑色文艺"是没有理由比"桃红小生"沈从文更幸运的。说到《新路》的包袱，在1955年胡风事件后进行的肃反中，组织上在清查萧乾的历史后，做了一个澄清的结论："《新路》是1948年北平高级民主人士创办的一个刊物，后为国民党所查封。萧乾接受了地下党的劝告，后来并未参加编辑工作。"他真正的背运实际上是从1957年被"引蛇出洞"，打成"右派"开始的，并不能把账完全记到郭沫若头上。

事实上，萧乾在1949年底已经开始有意识地对自己的思想进行清理和批判了，很难说当时不是出于真诚。郭沫若文中骂他是"标准的标准型"，他在1950年1月5日《大公报》上的《试论买办文化》里，首先批判了自己崇洋媚外的心态，表示要"用苏联的真相来彻底洗涤英美在我们血液里灌输的反苏毒素；学习灿烂的社会主义文化，以代替腐朽颓废、脱离群众的资本主义文化"。同时他还批判了自己是"以个人为中心的个人主义"。

紧接着，1950年9月，萧乾又向党组织写了一份重在检查自己思想的"自传"，他深挖思想根源，甚至说在很早就产生了"向上爬"（当然是他晚年回忆录中说的"个人奋斗"）的思想，"为了不再吃上顿不保下顿，也为了从'人下人'的地位翻过身来，我向上爬。在发展上，我的错误在没有坚持把这种个人翻身的要求扩大为阶级的翻身——也即是因为没有坚持在无产阶级政党的领导下奋斗。因此，19岁以后的我，一直是走着个人主义的瞎路"。他与英国著名小说家E.M.福斯特结下的深厚友谊，在这里成了"我能和他谈得那样投契，也可说明那时我中毒之深了"。"今日想来，他与我实在是属于两个世纪、两个世界的人。他代表的是19世纪的自由主义，代表着英国资产阶级的'开明分子'。"

有了这样的思想觉悟，再加上经历了从1951年批《武训传》开始的以知识分子为批判对象的政治运动后，他自然不敢在1954年英国文化代表团访华时接受福斯特的挚友斯普劳特教授私下约见的邀请。萧乾拒绝了福斯特的友谊，不敢冒政治风险是一方面，另一方面是因他当时已与资产阶级的自由主义划清了界限，哪里还能要福斯特托友人带来的书、信。这让把友情看得比国家还重的福斯特伤透了心，绝交是自然而然的。幸好他没有看到萧乾上述"中毒之深"的文字，要是那样，尽管萧乾晚年重新追述了与他的友谊，对20世纪50年代的事表示了愧疚，他在上帝那里恐怕也不会原谅萧乾。

毛泽东早在延安时期就在《大量吸收知识分子》一文中指出："对于一切多少有用的比较忠实的知识分子，应当分配适当的工作，应该好好地教育他们，带领他们，在长期斗争中逐渐克服他们的缺点，使他们

革命化和群众化。"萧乾是1948年春，在《大公报》的地下党员李纯青的领导下，"开始批判我由英国贩来的一些糊涂思想，同时也就主动地想靠近人民"，"开始呼吸到革命空气，了解到共产党人的高贵品质"，"右的路在我从未认为是路过；中间路线（《新路》）我走过了，我猛猛碰了个壁，把我碰醒了。那绝对是死路。我面前，清清楚楚只有一条路：左的路，马列主义的路，共产主义的路"。他最后向党组织提出了入党的申请。

我到现在才弄清楚，萧乾为何写这份向党交心的"自传"。萧乾在晚年回忆录中曾提到："1950年冬天，乔冠华要我参加访英代表团并任秘书，临动身前又取消了我出访的资格，说像我这样的人还是在国内走走算了，事后还明白地表示了对我的不信任。"萧乾临去世前不久，在一次和我聊天中，纠正了记忆上的偏误，说这事就发生在他写这份自传的前几天，这给他打击不小，为了让组织充分信任，只有让自己在组织面前变得透明。学习、反省、改造，并不是那么容易就可以完成的。

萧乾像大多数知识分子一样，自我改造的动力一部分是出于自觉，不甘人后。立志要追上时代的步伐，另一动力则来自客观世界改造的参与。通过采访妓女改造、土地改革和参加各种斗争会，接受了"革命化""群众化"的洗礼。从1951年12月萧乾参加"学习无产阶级的立场、观点、方法，批判改良主义思想座谈会"上的发言和发表的《我决心做毛泽东文化军队里的一名战斗员》可以看出，他"已经清楚地认识到马列主义和毛泽东思想是唯一造福人类造福中国的真理"。他重新审视自己的创作，虽没感觉到郭沫若斥为"反动"的程度，却已认识到"崇拜技巧，迷信直觉，强调个人自由"是完全错误的文艺思想和违背艺术良心的。总之，他把过去坚持的"文艺的自由主义"清算成脱离人民大众，脱离真理的中间路线。"我的笔从今以后要服从政治、服从人民大众的需要。我要呼吸工人阶级的空气，感受马列主义的阳光；努力学习，加紧改造。我决心倾一辈子剩下的日子，做毛泽东文化军队里的一名战斗员。"这一定是郭沫若乐于看到的。

历史学家汤因比认为"历史是胜利者的宣传"。一个人在阅读别人历史（我想大体上指传记）的时候，也面临着是听任"胜利者"的宣传，里边可能有歪曲了的真相；还是去做一个真正的历史学家，提防"胜利者"垄断对后人叙述故事的权利。很遗憾，郭沫若作为"胜利者"写作《沫若自传》时才三十几岁，以后几十年的兴衰荣辱都打下了真正的历史印迹，"宣传"真得由史学家来作了。无论《斥反动文艺》，还是"扬李贬杜"，吹捧江青，都是无法一笔抹掉的。

萧乾是幸运的，他晚年作为"胜利者"不断地在"宣传"自己，而且他活着看到了三本自传回忆录的出版。他的可贵在于，他的"宣传"是深刻的剖析、反思，真诚地面对历史的"真相"，不加粉饰，更没有几十年之后的"升华"。不用借助史家，他自己就让自己"透明"了。

（原载于《纵横》2000年第2期）